Die Sprache des Web: HTML 4

 Robert Tolksdorf ist Hochschulassistent am Fachbereich Informatik der TU Berlin und kann auf umfangreiche praktische Erfahrung aus WWW-Forschungsprojekten und eigenen Seminaren, Workshops und Lehrveranstaltungen zurückgreifen.

Robert Tolksdorf

Die Sprache des Web:
HTML 4 Informationen aufbereiten und präsentieren im Internet

3., überarbeitete und aktualisierte Auflage

Robert Tolksdorf
Mussehlstraße 23
12101 Berlin
tolk@cs.tu-berlin.de
http://www.cs.tu-berlin.de/~tolk

Lektorat: Dr. Michael Barabas
Satz: Mit LaTeX2$_e$ erstellte Vorlage des Autors
Copy-Editing: Ursula Zimpfer, Deckenpfronn
Umschlaggestaltung: Helmut Kraus, Düsseldorf
Herstellung: Josef Hegele
Druck und Bindung: Druck- und Verlagsanstalt Konrad Triltsch, Würzburg

Die Deutsche Bibliothek – CIP-Einheitsaufnahme
Die Sprache des Web: HTML 4: Informationen aufbereiten und präsentieren im Internet /
Robert Tolksdorf. – Heidelberg: dpunkt-Verl.
  2. Aufl. u. d. T.: Tolksdorf, Robert: Die Sprache des Web: HTML 3
  ISBN 3-920993-77-2
NE: Tolksdorf, Robert
Buch. – 3., überarb. und aktualisierte Aufl. – 1997
CD-ROM [zur 3. Aufl.]. – 1997

Copyright © 1997 dpunkt – Verlag für digitale Technologie GmbH
Ringstraße 19
69115 Heidelberg

ISBN 3-920993-77-2
3. Auflage 1997

Die Verwendung der CD-ROM erfolgt unter Ausschluß jeglicher Haftung und Garantie. Insbesondere schließen wir jegliche Haftung für Schäden aus, die aufgrund der Benutzung der auf der CD-ROM enthaltenen Programme entstehen. Die Zusammenstellung der Software wurde nach bestem Wissen und Gewissen vorgenommen. Bitte berücksichtigen Sie die jeweiligen Copyright-Hinweise, die bei den Programmen enthalten sind.
Das Copyright des dpunkt-Verlages an der CD-ROM bezieht sich auf die Zusammenstellung der Software in der vorliegenden Form.

Die vorliegende Publikation ist urheberrechtlich geschützt. Alle Rechte vorbehalten.
Die Verwendung der Texte und Abbildungen, auch auszugsweise, ist ohne die schriftliche Zustimmung des Verlags urheberrechtswidrig und daher strafbar. Dies gilt insbesondere für die Vervielfältigung, Übersetzung oder die Verwendung in elektronischen Systemen.

In diesem Buch werden eingetragene Warenzeichen, Handelsnamen und Gebrauchsnamen verwendet. Auch wenn diese nicht als solche gekennzeichnet sind, gelten die entsprechenden Schutzbestimmungen.

Alle Informationen in diesem Buch wurden mit größter Sorgfalt kontrolliert. Weder Autor noch Verlag können jedoch für Schäden haftbar gemacht werden, die in Zusammenhang mit der Verwendung dieses Buches stehen.

Das verwendete Papier ist aus chlorfrei gebleichten Rohstoffen hergestellt und alterungsbeständig.

5 4 3 2 1

Inhaltsverzeichnis

1	**Informationen im Web präsentieren**	**1**
1.1	Geschichte und Entwicklung des Web	2
1.2	Aufbau dieses Buchs	7
2	**Die Hypertext Markup Language HTML – Seitenaufbau**	**9**
2.1	SGML und HTML	9
2.2	Tags und Attribute	10
2.3	Aufbau von HTML-Seiten............................	13
2.4	Der Kopfteil einer HTML-Seite	14
2.5	Seitenbeschreibungen – Metainformationen	19
2.6	Der Inhaltsteil einer HTML-Seite...................	22
2.7	Hintergrundgrafiken................................	23
2.8	Farben in HTML	24
2.9	<BODY>-Attribute für Farbgebung und Plazierung	27
3	**HTML – Textauszeichnung**	**29**
3.1	Zeichendarstellung.................................	29
3.2	Textauszeichnung – Größe, Farbe und Schriftfamilie	32
3.3	Logische Markierung von Text	37
3.4	Schriftrichtung und Sprache	38
3.5	Grafiken	39
3.6	Linien, Zeilenumbruch und Absätze	42
3.7	Laufbänder	47
4	**HTML – Textstrukturen**	**49**
4.1	Überschriften	49
4.2	Listenstrukturen	49
4.3	Textspalten	52
4.4	HTML-Zitate und vorformatierter Text	53
4.5	Anker, Links und URLs	55
4.6	Fußnoten und Hinweise	59

Inhaltsverzeichnis

5	**Formulare**	**61**
5.1	Eingabefelder	64
5.2	Auswahlelemente	66
5.3	Formulare bestätigen und rücksetzen	68
5.4	Erweiterte Formulare in HTML 4	70
5.5	Tasten zum Wechsel zwischen Formularfeldern	73
5.6	Versteckte Formularfelder	74
5.7	Ein Beispielformular	75
5.8	Dateien per Formular schicken	75

6	**Grafik**	**81**
6.1	Grafiken erstellen und verwenden	81
6.2	Transparente GIFs	82
6.3	Interlaced GIFs	84
6.4	Progressive JPEG-Bilder	85
6.5	Animierte GIFs	86
6.6	PNG: Portable Network Graphics	88
6.7	Neue Linienformen mit Minigrafiken	90
6.8	Leerraum und transparente Minigrafiken	91

7	**Imagemaps**	**95**
7.1	Anklickbare Grafiken – Imagemaps	95
7.2	Map-Dateien	96
7.3	Map-Dateien erstellen	98
7.4	Browser-seitige Imagemap-Verarbeitung	99

8	**Objekte in Web-Seiten einbetten**	**103**
8.1	Plugins in Browsern	103
8.2	Das <EMBED>-Tag	105
8.3	Das <OBJECT>-Tag	106

9	**Tabellen**	**113**
9.1	Tabellenauszeichnung	114
9.2	Tabellenzeilen	117
9.3	Tabellenzellen	118
9.4	Zeilengruppen	120
9.5	Spaltengruppen	121
9.6	Tabellenlinien	123
9.7	Formulare und Tabellen	123

10	**Framesets**	**127**
10.1	Framesets	127
10.2	Frames	131
10.3	Seiten gezielt in Frames laden	131
10.4	Eingebettete Frames	134

11	**Überlagerte Seiteninhalte**	137
11.1	`<LAYER>`- und `<ILAYER>`-Schichten	137
11.2	Schichten aufdecken und verstecken	140

12	**Style Sheets**	141
12.1	Einbindung von Style Sheets in HTML	144
12.2	Aufbau von Style Sheets	145
12.3	Darstellungsklassen	146
12.4	Freie Klassenverwendung	148
12.5	Vorrang von Eigenschaften	149
12.6	Pseudoelemente und -klassen	150
12.7	Werte für Eigenschaften	151
12.8	Ausmaße und Umrandung	153
12.9	Positionierung	155
12.10	Farben und Hintergründe	161
12.11	Schrifteigenschaften	163
12.12	Texteigenschaften	167
12.13	Elementeigenschaften	168
12.14	Ausrichtung	170
12.15	Gleitende Elemente	171
12.16	Listen	171
12.17	Eigenschaften bei Ausgabe auf Papier	172

13	**Das Hypertext-Transfer-Protokoll HTTP**	175
13.1	Allgemeine Header	176
13.2	Request-Mitteilungen	178
13.3	Request-Header	179
13.4	Response-Mitteilungen	184
13.5	Response-Header	188
13.6	Inhaltsinformation	189
13.7	Client-Pull und Server-Push	190

14	**Dynamische Dokumente, Suchanfragen, CGI-Skripte**	195
14.1	Umgebungsvariablen	196
14.2	ISINDEX-Seiten	199
14.3	Formular-Eingaben verarbeiten	200

15	**Erstellen von HTML-Seiten**	205
15.1	ASCII-Editoren	205
15.2	HTML-Editoren	207
15.3	Export-Filter für Textverarbeitungen	213
15.4	Site-Editoren	215
15.5	Konverter	217
15.6	Online-Generierung von Seiten	218
15.7	Auswahlkriterien	219

16	**Stilempfehlungen**	**221**
16.1	Mindestbestandteile einer Seite	221
16.2	Sonderzeichen	222
16.3	Leerzeichen und Zeilenumbrüche	223
16.4	Textauszeichnung	224
16.5	Grafiken	225
16.6	HTML-Layout	226
16.7	Gute Textauszeichnung	228
16.8	Links	229
16.9	Gute Seitengestaltung	230
16.10	Gute Hypertextgestaltung	231
17	**Test und Wartung von HTML-Seiten**	**233**
17.1	Testen von HTML-Seiten	233
17.2	Test auf korrektes HTML	234
17.3	Informationsangebote bekanntmachen	235
17.4	Wartung von Informationsangeboten	239
17.5	Wartungsprogramme	239
18	**Programme im Web – Java und Skriptsprachen**	**243**
18.1	Java – Ausführbarer Programmcode im Netz	243
18.2	Applets in HTML-Seiten einbetten	245
18.3	Skripte im Netz: JavaScript	248
18.4	Ereignisse und Skriptaufrufe	249
19	**Ausblick**	**253**
19.1	Erweiterbares HTML: XML	253
19.2	Formelsatz im Web: MathML	254
19.3	Dynamisches HTML mit Skripten	255
19.4	Die Virtual Reality Modeling Language VRML	256
19.5	Verteilte Anwendungen im Web	258
19.6	Das Web in 12 Monaten	261
A	**Sprachcodes nach ISO 639**	**263**
B	**Ländercodes nach ISO 3166**	**265**
C	**Übersicht der HTML-Tags**	**269**
C.1	Struktur	269
C.2	Tags im Kopfteil	269
C.3	Umbruch, Trennungen	270
C.4	Überschriften	270
C.5	Schriftarten	270
C.6	Schriftauszeichnung	270
C.7	Schriftgröße	271

C.8	Blöcke	271
C.9	Listen	272
C.10	Formulare	272
C.11	Tabellen	273
C.12	Abbildungen	274
C.13	Formeln	274
C.14	Browser-Darstellung	274
C.15	Applets, Skripte und Objekte	275
C.16	Sonstige (aber nicht unwichtige) Tags	275
D	**Symbolische Werte von Attributen**	**277**
E	**Eigenschaften in Style Sheets**	**283**
E.1	Zeichensätze	283
E.2	Seitenhintergrund	283
E.3	Zeichen- und Wortabstände	284
E.4	Ränder	284
E.5	Umrandungen	285
E.6	Ausmaße und Position	285
E.7	Listen	286
E.8	Lage	286
E.9	Seitengrenzen	286

Literaturverzeichnis **287**

Index **289**

1 Informationen im Web präsentieren

Das World Wide Web ist seit 1993 das wichtigste weltweite Informationssystem im Internet ([20]) geworden. Diese Entwicklung ist nicht – wie so oft – auf die USA beschränkt; auch hierzulande stellen sich immer mehr Institutionen, Verwaltungen und Firmen elektronisch dar und binden das Internet in ihre Mediakonzeption ein.

Während noch vor kurzem HTML-Seiten durch externe Agenturen teuer bezahlt hergestellt wurden, geht man mehr und mehr dazu über, diese dieser Aufgaben im Haus durch eigene Mitarbeiter zu erledigen. Dieses Buch soll dafür eine schnelle Qualifikation ermöglichen und das notwendige Handwerkszeug vermitteln.

Aber auch in der ursprünglichen Domäne des Internet, dem Ausbildungsbereich, nimmt die Vernetzung und Verbreitung des Web auch außerhalb der Universitäten, beispielsweise in Schulen, stark zu. Hier besteht ein großes Interesse, sich mit persönlichen Seiten im Web darzustellen und spielerisch dessen Möglichkeiten auszuprobieren. Dabei soll das Buch als Grundlage zum schnellen Selbststudium helfen.

Für dieses Buch setzen wir Grundlagenkenntnisse in der Nutzung des Internet voraus. Wir nehmen an, daß Sie bereits vernetzt sind, daß Sie einen Browser installiert haben und mit ihm umgehen können. Vom passiven Leser im Web können Sie aber durch die Kenntnisse um HTML zum aktiven Anbieter werden.

In diesem Buch sind Ausschnitte aus HTML-Seiten oder andere Texte, die in dieser Form in Dateien stehen, in `Schreibmaschinenschrift` dargestellt. Sind Teile davon Platzhalter für andere Texte, wird `kursive Schreibmaschinenschrift` verwendet.

Die Abbildungen mit Bildschirmausschnitten wurden teils unter Windows 95, teils unter Unix (Sun Solaris und Linux) und der grafischen Oberfläche X-Windows erstellt. Als Browser haben wir überwiegend Netscape verwendet. Es ist durchaus möglich, daß die Beispiele auf Ihrem System etwas von den Abbildungen abweichen.

✗ An vielen Stellen dieses Buchs finden Sie Hinweise, die auf Besonderheiten eingehen. Beispielsweise werden Sie öfter Tips zur Gestaltung Ihrer HTML-Seiten antreffen. All diese Stellen sind – wie dieser Absatz – mit dem Zeichen ✗ markiert.

Am Entstehen eines Buchs sind neben dem Autor viele indirekte Helfer beteiligt. Dank gilt dem Verlag und allen, die durch Bereitstellung von Ressourcen oder durch Hilfestellung und Geduld am Entstehen dieses Buchs mitgewirkt haben.

Dank gilt auch den Lesern der bisherigen Auflagen, durch deren Anmerkungen einige Korrekturen und Erweiterungen möglich wurden. Sie sind auch bei dieser Auflage eingeladen, Kommentare, Korrekturen und Fragen an den Autor per E-Mail zu schicken.

Um einen noch regeren Kontakt zwischen Lesern und Autor zu ermöglichen hat der dpunkt Verlag ein Forum für die Leser auf seinem Web-Server eingerichtet. Sie finden es unter der URL

```
http://www.dpunkt.de/html
```

Wenn Sie sich per E-Mail an den Autoren wenden vermerken Sie bitte, ob die Frage auch in diesem Forum mit Ihrem Namen veröffentlicht werden darf.

1.1 Geschichte und Entwicklung des Web

Das World Wide Web hat eine schnelle, aber sehr erfolgreiche Geschichte. Begonnen hat sie mit der ursprünglichen Idee für das Web von Tim Berners-Lee vom Europäischen Labor für Teilchenphysik CERN, Genf, Schweiz, die im März 1989 erstmalig niedergeschrieben wurde. Nach dem Start eines konkreten Projektes entstand im November 1990 ein erster Prototyp auf einem NeXT-Rechner. Im Dezember konnten erste grafische und zeichenorientierte Browser demonstriert werden.

In den Jahren 1991 und 1992 wurden die experimentellen Systeme weiter ausgebaut und verfügbar gemacht. Auf verschiedenen Konferenzen warb man für die Idee und berichtete über den Fortschritt der Entwicklung.

Anfang 1993 zählte man circa fünfzig Web-Server weltweit. Im Februar 1993 wurde der Browser XMosaic, basierend auf dem X-Windows für Unix, in einer ersten Version freigegeben. Im Laufe des Jahres verzehnfachte sich der HTTP-Verkehr in den amerikanischen Internet-Netzen. Mit der gleichen Rate stieg die

Anzahl der Web-Server. Das Jahr 1993 kann man als den Durchbruch des Web bezeichnen, da eine ausreichende Anzahl von Informationsangeboten bereitstand und immer mehr Software fertiggestellt wurde.

1994 wurde die Entwicklung des Web auf festeren Boden gestellt. Das CERN gründete zusammen mit dem MIT (Massachusetts Institute of Technology, Cambridge, Massachusetts) die World Wide Web Organisation (kurz W3O), die Ende 1994 in das – um das französische INRIA (Institut National de Recherche en Informatique et en Automatique, Le Chesnay Cedex, Frankreich) erweiterte – W3-Konsortium (kurz: W3C) mündete. 1996 wurde das Konsortium um die japanische Keio Universität erweitert, während das CERN als aktiver Entwickler des Web ausschied.

Dieses Konsortium stellt eine Zusammenarbeit verschiedener industrieller Mitglieder unter Leitung der drei Forschungseinrichtungen dar. Seine Aufgabe ist es, das Web durch die Definition von Standards weiterzuentwickeln.

Das W3C bietet ein Sammlung praktisch aller relevanter Informationen zu allen Aspekten des Web an, hält Referenzimplementierungen der Web-Bestandteile zur kostenlosen Benutzung bereit und demonstriert neue Anwendungen auf dem Web durch Prototypen.

Aktuelle und vollständige Informationen zu allen technischen Aspekten des Web findet man auf dem WWW-Server des W3-Konsortiums. Dort findet man jede Art von Dokumentation, verschiedenste Software und auch die Diskussionsforen der Web-Entwickler. Die URL lautet:

```
http://www.w3.org
```

Da das Internet keine zentrale Leitung oder Steuerung kennt, hängt das Funktionieren der verschiedenen Protokolle und Dienste davon ab, daß sich alle Teilnehmer an bestimmte Vorgaben halten. Im Internet können diese aber nicht als rechtlich verbindliche internationale Standards vorgegeben werden.

Vorgaben über Protokolle und anderes gibt es im Internet als sogenannte »Requests for comments« oder kurz »RFC«. Mitte 1997 existierten circa 2 200 solcher Dokumente, in denen alles Mögliche festgelegt wird.

Einem RFC geht in der Regel ein Diskussionsprozeß voraus. Üblicherweise leitet die Veröffentlichung eines »Internet-Drafts« diese Diskussion ein. Jeder Internet-Teilnehmer kann ein solches Dokument erstellen und veröffentlichen. Koordiniert werden diese Aktivitäten von der »Internet Engineering Task Force«, kurz IETF, die Arbeitsgruppen einrichtet und Richtlinien über den Ablauf der Standardisierung erstellt. Eine wichtige Vorgabe ist, daß ein Internet Draft in der Regel nur eine Gültigkeit von sechs Monaten hat und dann durch eine neue Version ersetzt sein muß.

Obwohl das World Wide Web seit langem arbeitet und funktioniert, sind seine Kernbestandteile vergleichsweise spät standardisiert. Die Sprache HTML 2.0 wurde erst im November 1995 zum RFC 1866 ([2]) – definiert von Tim Berners-Lee und Dan Connolly. Inzwischen ist eine ansehnliche Anzahl von Internet-Standards zum Web vorhanden, wie Abbildung 1.1 zeigt.

Abbildung 1.1
RFC-Standards zum Web

Jahr Nummer	RFC-Titel
1994:	
1630	Universal Resource Identifiers in WWW: A Unifying Syntax for the Expression of Names and Addresses of Objects on the Network as used in the World-Wide Web
1737	Functional Requirements for Uniform Resource Names
1738	Uniform Resource Locators (URL)
1995:	
1808	Relative Uniform Resource Locators
1866	Hypertext Markup Language – 2.0
1867	Form-based File Upload in HTML
1996:	
1942	HTML Tables
1945	Hypertext Transfer Protocol – HTTP/1.0
1980	A Proposed Extension to HTML: Client-Side Image Maps
2016	Uniform Resource Agents (URAs)
2017	Definition of the URL MIME External-Body Access-Type
2056	Uniform Resource Locators for Z39.50
1997:	
2068	Hypertext Transfer Protocol – HTTP/1.1
2070	Internationalization of the Hypertext Markup Language
2141	URN Syntax
2145	Use and Interpretation of HTTP Version Numbers

W3C HTML 3

HTML 3 war zur Zeit der ersten Auflage dieses Buchs am Anfang der Diskussions- und Standardisierungsphase. Am 28.

März 1995 erschien der umfangreiche Entwurf für HTML 3 von Dave Raggett, der bis Ende September 1995 Gültigkeit hatte ([16]). Die Elemente, die durch den HTML 3-Entwurf eingeführt wurden und heute noch Bestand haben sind im Text wie dieser Absatz markiert.

Inzwischen hat die Standardisierung von HTML 3 eine andere Richtung genommen: Der genannte Internet-Draft ist ausgelaufen, und es wurde keine neue Version entwickelt. Statt dessen setzen die HTML-Entwickler nun auf eine schrittweise Erweiterung von HTML 2 und bearbeiten einzelne Teile jeweils als Internet-Draft. Der Grund für diese Entwicklung liegt in der Komplexität der Sprache HTML 3: Sie war nicht mehr in einem einzigen, monolithischen Dokument zu handhaben.

Im Mai 1996 hat das W3-Konsortium eine Sprachdefinition unter dem Titel HTML 3.2 vorgestellt. Die dabei definierten Tags und Attribute sind wie dieser Absatz markiert. Bei HTML 3.2 handelt es sich – im Vergleich zum HTML 3-Entwurf – technisch um eine enttäuschende Entwicklung: Lediglich einige Konzepte, die seit langem im Netscape Browser implementiert sind, wurden von dem Konsortium, das HTML weiterentwickeln will, nachträglich abgesegnet.

W3C HTML 3.2

Die Gründe für diese Entwicklung sind politischer Natur: Das Web ist inzwischen von kommerziellen Interessen beherrscht – die Firmen Netscape und Microsoft kämpfen um die Vorherrschaft in einem Markt, dessen Profite auf Milliarden geschätzt werden. Für das W3C bleibt dabei kaum Raum. HTML 3.2 ist daher ein Versuch, die Rolle des W3C als nicht-kommerzielle Organisation zu stärken. Es kann seinem ursprünglichen Anspruch auf eine technische Vorreiterrolle aber nicht mehr voll gerecht werden.

Ein völlig neues Konzept in HTML 3 ist die Verwendung von Style Sheets, die zusätzlich zu der Auszeichnung Vorgaben über die Darstellung einer HTML-Seite machen. Inzwischen gibt es eine erste Festlegung von Style Sheets vom W3C, die wir in Kapitel 12 auf Seite 141 im Überblick darstellen.

Im Juli 1997 hat das W3C einen Entwurf für die aktuellste HTML-Version vorgestellt: HTML 4. Sie finden in diesem Buch die dort enthaltenen Tags und Attribute erläutert – teilweise werden damit schon in Browsern implementierte Sprachelemente aufgenommen, zum Teil handelt es sich aber um neue Konzepte, die Sie noch nicht in Browsern verwenden können. Die Absätze, in denen solche Tags erläutert sind, finden Sie wie diesen markiert.

W3C HTML 4

Neben dieser Entwicklungslinie implementiert der Netscape-Browser einige Erweiterungen, die teilweise nicht im HTML 3-Entwurf vorkommen. Aufgrund der Verbreitung von Netscape und seines Einflusses auf die weitere HTML-Entwicklung nehmen wir die entsprechenden Tags und Attribute in unsere Darstellung auf. Wir markieren diese Abschnitte mit dem Symbol neben dem Anfang dieses Absatzes.

Mit Erscheinen der Version 2.0 und höher ist der Funktionsumfang von Netscape erweitert worden. Wir markieren die Tags, die erst in dieser Version verarbeitet werden, wie diesen Absatz.

Im August 1996 hat Netscape die Version 3.0 des Browsers freigegeben. Dabei wurden wiederum einige neue Tags implementiert, deren Beschreibung wie dieser Absatz markiert ist.

Während die bisherigen Netscape Browser unter dem Namen »Netscape Navigator« liefen, verwendet die Firma für die vierte Version des Programms den Namen »Netscape Communicator«, um deutlich zu machen, daß das Produkt mittlerweile weit mehr als ein Web-Browser ist, sondern eine komplette Palette der Internet-Kommunikation unterstützt. Anfang 1997 wurde eine erste Beta-Version freigegeben. Sie finden in diesem Buch dabei neue HTML-Tags – soweit bei Drucklegung bekannt – dokumentiert und ihre Beschreibung wie diesen Absatz markiert. Allerdings ist nicht sicher, daß die Tags auch in dieser Form in einer endgültigen Version 4.0 vorhanden sind.

Netscape hatte im Jahr 1996 zwischen 80 und 90 Prozent des weltweiten Marktes für Web-Browser besetzt. Lange Zeit hat Microsoft als weltgrößter Software-Konzern hat das Internet unterschätzt, dann aber seine Strategie geändert. Durch massiven Ressourceneinsatz versucht Bill Gates seit 1996, den Internet-Markt für Microsoft zu erschließen.

Im Sommer diesen Jahres hat Microsoft den Browser Internet Explorer in der Version 3.0 herausgebracht, der technisch Netscape Paroli bieten kann. Microsoft wäre nicht der weltgrößte Software-Konzern, wenn es bei dieser Aktivität nicht auch Monopolisierungsbestrebungen eines Marktsegments gäbe. Dementsprechend beherrscht dieser Browser zusätzliche Tags, die wir wie diesen Absatz markieren.

Der NCSA Browser Mosaic war in seiner Unix-Version XMosaic der erste grafische Web-Browser mit weiter Verbreitung. Das damalige Entwicklerteam um Mark Andreesen wanderte beim Erkennen der kommerziellen Chancen im Web praktisch komplett zu Netscape ab, und die Weiterentwicklung von Mosaic kam zum Erliegen.

Mosaic ist aber dennoch ein wichtiger Browser in der Web Geschichte – er war die Implementierungsbasis des Internet Explorers von Microsoft. Inzwischen wird an einer Windows-Version von Mosaic weitergearbeitet, die sich durchaus sehen lassen kann. Die wenigen Besonderheiten bezüglich HTML markieren wir wie den vorhergehenden Absatz.

Neben den verbreiteten Browsern mit grafischer Oberfläche gibt es auch nach wie vor den Lynx Browser, der textbasiert arbeitet. Damit ist er der Standard-Browser, falls man beispielsweise mit einem ASCII-Terminal arbeitet. Lynx enthält eine sehr fortschrittliche HTML-Implementierung und beachtet einige zusätzliche Tags, die aus dem HTML 3-Entwurf stammen. Ihre Beschreibungen sind wie dieser Absatz markiert.

LYNX 2.7

Die Fortschreibung dieses Buchs ist sich durch das Wettrennen zwischen verschiedenen Browser-Implementierungen sehr schwierig. Viele der Tags, die in vorherigen Auflagen noch Netscape-spezifisch waren, sind inzwischen auch im Microsoft Internet Explorer implementiert. Es ist anzunehmen, daß praktisch jedes neue Tag, das ein Browser-Hersteller einführt, binnen kurzer Zeit auch in den Konkurrenzprodukten unterstützt wird. Daher sind viele der genannten Markierungen eher als Ursprungsangabe zu verstehen – <FRAMESET> wurde zuerst im Netscape-Browser unterstützt; inzwischen handelt es sich um ein in allen wichtigen Browsern verarbeitetes Tag.

1.2 Aufbau dieses Buchs

Dieses Buch gliedert sich in mehrere Teile. Am Anfang lernen Sie die Grundlagen von HTML kennen. Dabei geht es in Kapitel 2 erst einmal um die Struktur von HTML-Seiten, danach wenden wir uns in Kapitel 3 den Möglichkeiten zur Textauszeichnung zu. Im folgenden Kapitel stellen wir Elemente zur Strukturierung von Text vor. Damit können Sie erste einfache HTML-Seiten erstellen.

Der daran anschließende Teil ist den fortgeschritteneren Konzepten von HTML gewidmet. In Kapitel 5 lernen Sie die Auszeichnung von Formularen kennen, erfahren mehr über die Erstellung und Verwendung von Grafiken (Kapitel 6) und ihre interaktive Nutzung in Imagemaps (Kapitel 7). Für multimediale Erweiterungen der Darstellung können Sie die in Kapitel 8 beschriebenen eingebetteten Objekte in ihren verschiedenen Spielarten nutzen. Mit diesem Wissen sind Sie in der Lage, interaktive Web-Seiten auf Ihrem Server anzubieten

Konzepte, die Ihnen mehr gestalterische Möglichkeiten bieten, lernen Sie in den folgenden Kapiteln 9–12 mit Tabellen, Framesets und Stylesheets kennen. Damit haben Sie eine komplette Übersicht über den momentanen Stand der HTML-Entwicklung.

Für die Erstellung komplexerer interaktiver Informationssysteme brauchen Sie die Informationen aus den folgenden beiden Kapiteln 13 und 14. Sie beschäftigen sich mit dem Transfer-Protokoll im Web, HTTP, und einer kurzen Einführung in die Verarbeitung von Formulareingaben durch Skripte.

Im Bereich Erstellung und Betrieb von Web-Sites sind die Kapitel 15 bis 17 angesiedelt. Sie beschäftigen sich mit Editierhilfen für HTML, mit Hinweisen zu guter Seitengestaltung und Aspekte des Betriebs und der Wartung Ihres Informationssystems.

Schließlich geben wir in Kapitel 18 und 19 einen Ausblick auf die immer stärker verbreiteten Programmiersprachen für aktive Web-Seiten und weitere Entwicklungen, die das Gesicht des Web in den nächsten Jahren beeinflussen werden.

Für die spätere Nutzung des Buchs als Nachschlagewerk sind die Anhänge gedacht, die eine Kurzreferenz und ein umfangreiches Register enthalten.

2 Die Hypertext Markup Language HTML – Seitenaufbau

Die Hypertext Markup Language HTML ist die Sprache, mit der Web-Seiten erstellt werden. HTML ist eine *Auszeichnungssprache*, mit der Sie lediglich markieren, wie bestimmte Textpassagen aussehen sollen.

Im Gegensatz zu einem What-You-See-Is-What-You-Get-System wie Word oder FrameMaker, das Text schon während der Eingabe formatiert, sieht der Autor oder die Autorin einer HTML-Seite nicht, wie der Text dargestellt aussehen wird. Dies liegt am System des Web: Eine Seite mit Auszeichnungsmarkierungen wird ja erst dann formatiert, wenn der Browser des Lesers sie darstellt.

Und es ist auch gar nicht möglich, diese Formatierung vorzugeben, da beim Leser beispielsweise unterschiedliche Fenstergrößen oder Zeichensätze das tatsächliche Aussehen bestimmen.

Anders als beispielsweise Word-Dokumente haben HTML-Seiten kein spezielles Dateiformat, sondern sind einfacher fortlaufender ASCII-Text. Die Verwendung einer Auszeichnungssprache ist notwendig, da ja erst ein Browser die HTML-Seiten bei der Darstellung formatiert. Durch die ASCII-Darstellung kann man sie problemlos auf Rechner verschiedenster Architekturen und verschiedenster Prozessoren verbreiten. Gleichzeitig ist so die Erstellung von HTML-Seiten mit praktisch beliebigen Editoren möglich.

2.1 SGML und HTML

HTML wird häufig mit dem Begriff SGML in Verbindung gebracht. Das Kürzel steht für *Standard Generalized Markup Language* und bezeichnet ein Verfahren, mit der die Syntax von Auszeichnungssprachen beschrieben werden kann. SGML ([9], [7]) ist ein internationaler Standard der ISO (International Organization for Standardization), die nationale Normunginstitutionen wie die DIN bündelt. SGML gewinnt – vor allem in den USA – zunehmendes Gewicht als verbindliche Norm für den Dokumentenaustausch.

Mit SGML ist es möglich, die Syntax einer Auszeichnungssprache zu definieren, also zu beschreiben, welche Zeichen, Zeichenfolgen und Schlüsselwörter in ihr verwendet werden dürfen. Dafür legt man einen Dokumententyp fest, in dem bestimmte Elemente vorkommen können. Für Briefe würde man mit SGML einen Dokumententyp `Brief` definieren, der beschriebt, daß man beispielsweise mit `<Anschrift>...</Anschrift>` eine Adresse umschließen kann. Eine solche Definition legt man in einer *Document Type Definition* – kurz DTD – fest.

Die dabei verwendeten Mechanismen sollen aber nicht Thema dieses Buchs sein. Anfangs hatte HTML mit SGML lediglich das Aussehen gemeinsam. Inzwischen gibt es für die Sprachversionen HTML 2 und HTML 3 DTDs, die die SGML-Mechanismen nutzen. Damit liegen formale Definitionen von HTML vor, die keine Unklarheiten über korrektes HTML mehr offenlassen. Da eine DTD aber nur die Syntax festlegt, die Bedeutung der Tags aber offen läßt, macht sie keinerlei Aussagen über die Formatierung von HTML durch den Browser.

Um HTML zu benutzen, braucht man allerdings keine weiteren Kenntnisse über SGML. Lediglich für die Autoren neuer HTML-Entwicklungen und den Implementierern von Browsern und anderen Programmen, die HTML verstehen müssen, sind sie wichtig. Durch diese kurze Einführung können Sie aber zumindest einschätzen, welche Rolle SGML im HTML Umfeld spielt. Wir wenden uns daher nun den grundlegenden Elementen von HTML-Seiten, den Tags, zu.

2.2 Tags und Attribute

Eine HTML-Seite besteht aus fortlaufendem ASCII-Text, in dem der eigentlich Inhalt der Seite und die Auszeichnung des Inhalts gemischt ist. Die Markierung von Textpassagen mit Formatierungskommandos geschieht durch sogenannte *Tags* (von »Marken«). Alle HTML-Tags werden von den spitzen Klammern < und > eingeschlossen. Ein einfaches Beispiel ist das Tag `<HR>`, das der Browser als horizontale Linie darstellt. Als *Tag-Namen* bezeichnen wir in diesem Buch die in spitzen Klammern angegebenen Zeichen wie z.B. `HR`.

Da die Auszeichnung von Textpassagen einen Anfang und ein Ende hat, unterscheidet man zwischen Anfangs- und Ende-Tags.

Das Tag <EM> leitet beispielsweise eine Hervorhebung ein, die mit dem Ende-Tag </EM> beendet wird. Jedes Ende-Tag wiederholt also den Tag-Namen, allerdings mit einem vorangestellten /-Zeichen.

Nicht alle HTML-Tags haben ein dazugehöriges Ende-Tag. Genaugenommen kann man immer auch z.B. </HR> schreiben, allerdings wird es in der Regel vom Browser ignoriert. Sie sollten überflüssige Ende-Tags vermeiden.

Tags können geschachtelt werden. Wenn also innerhalb einer Hervorhebung Text in Schreibmaschinenschrift dargestellt werden soll, ist

<EM>Geben Sie <TT>Enter</TT> ein.</EM>

der entsprechende HTML-Text (<TT> umschließt einen Textteil, der in Schreibmaschinenschrift dargestellt werden soll). Bei dem Beispiel ist allerdings nicht festgelegt, ob ein Browser das Wort »Enter« als normale Schreibmaschinenschrift (Enter) oder zusätzlich hervorgehoben (*Enter*) darstellt.

Durch die verschiedenen Versionen von HTML und der unterschiedlichen Implementierungen von Browsern könnte es beispielsweise sein, daß Sie ein Tag verwenden, das erst in HTML 3 definiert wurde. In diesem Fall kommt es aber nicht zu einer Fehlermeldung bei einem älteren Browser. Generell gilt, daß unbekannte Tags vom Browser ignoriert werden.

Tags können mit zusätzlichen Informationen versehen werden, die man als *Attribute* bezeichnet und nach dem Namen des Start-Tags aufschreibt. Das Tag <IMG> beispielsweise stellt eine Grafik dar. Eine notwendige Information ist deren Dateiname, den das Attribut SRC enthalten muß. Den Wert eines Attributs gibt man nach seinem Namen und dem Zeichen = an:

<IMG SRC="karte.gif">

Es gibt verschiedene Arten von Werten, die ein Attribut annehmen kann. Im Beispiel ist es eine Zeichenkette, die mit " eingeschlossen ist. Es kann sich aber auch um symbolische Werte (englisch »Token«) handeln, wie in <IMG SRC="logo.gif" ALIGN=middle>, um Zahlen – z.B. <HR SIZE=3> – oder um andere Werte – z.B. <HR WIDTH=50%>. Welche Attribute für welches Tag erlaubt sind, ist Bestandteil der HTML-Definition. Welche Attribute auch tatsächlich verarbeitet werden, hängt von der Browser-Implementierung ab. Auch hier gilt, daß Browser ihnen unbekannte Attribute bei der Darstellung ignorieren.

Der Wert 50% ist eine Längenangabe – im Beispiel beschreibt er die Breite einer horizontalen Linie. Längenangaben als Werte von Attributen können verschiedene Formen annehmen:

- `WIDTH=34`: Längenangabe in Pixel durch eine ganze Zahl.

- `WIDTH=50% HEIGHT=40%`: Längenangaben relativ zur Fensterbreite oder -höhe, beziehungsweise der Breite oder Höhe des umgebenden HTML-Elements – innerhalb einer Tabelle bezeichnet `WIDTH=50%` die halbe Breite der Tabellenspalte.

- `WIDTH="1.5in"`: Längenangabe durch eine Fließkommazahl mit Längeneinheit. Diese Form wird noch nicht von vielen Browsern unterstützt. Vorgesehene Längeneinheiten sind `pt` für die typografische Länge Punkt, `pi` für die typografische Länge Pica, `in` für Zoll (von »Inch«) und `cm` für Zentimeter. Dabei gelten die Verhältnisse 72pt = 6pi = 1in = 2.54cm.

✖ Das Einschließen eines Werts in Hochkommata ist nicht immer notwendig. Man kann sie fortlassen, wenn der Wert lediglich einen Namen darstellt und nur aus den Zeichen a...z, A...Z, 0...9, - und . besteht. Das obige Beispiel kann also auch als `<IMG SRC=logo.gif ALIGN=middle>` geschrieben werden.

Schließlich gibt es auch Attribute, denen kein Wert zugeordnet ist, beispielsweise `<HR NOSHADE>`. Formal ist dies möglich, weil bei einem Attribut, dessen Wert gleich dem Attributnamen ist, dieser weggelassen werden kann. `NOSHADE` ist also formal eine Abkürzung für `NOSHADE="noshade"`.

Die Groß- und Kleinschreibung von Tag- und Attributnamen ist gleichwertig. Dies gilt ebenfalls für Werte, wenn es sich um Token handelt – beispielsweise ist `Align=MIDDLE` gleichwertig zu `aLiGn=mIdDlE`. In diesem Buch verwenden wir zur besseren Übersichtlichkeit immer die Großschreibung bei Tags und Attributen und die Kleinschreibung bei Token.

Da HTML eine Auszeichnungssprache ist, hat das Layout des HTML-Textes keinen direkten Einfluß auf die spätere Darstellung. Dementsprechend werden Leerzeichen und Zeilenumbrüche als Worttrenner interpretiert, an denen ein Browser beispielsweise eine neue Zeile beginnen kann. In Kapitel 16 auf Seite 221 finden Sie eine Reihe von Hinweisen auf Fehlermöglichkeiten in bezug auf Leerzeichen und -zeilen.

`<!-- -->` Innerhalb von HTML-Seiten sind auch Kommentare möglich. Sie werden mit `<!-- Kommentar -->` eingeschlossen. Alternativ dazu kann man das Tag <COMMENT>...</COMMENT> verwenden, um einen auszukommentierenden Bereich zu markieren.

<COMMENT>

Wir kommen nun dazu, wie man aus Tags und normalem Text HTML-Seiten aufbaut.

2.3 Aufbau von HTML-Seiten

Jede HTML-Seite hat dieselbe Struktur:

```
<!DOCTYPE HTML
  PUBLIC "-//IETF//DTD HTML//2.0//EN">
<HTML>
<HEAD>
Kopfinformationen
</HEAD>
<BODY>
Seiteninhalt
</BODY>
</HTML>
```

Die erste Zeile bildet das Bindeglied zwischen SGML und HTML. Sie besagt, daß der folgende Text ein SGML-Dokument nach der HTML 2.0 Spezifikation ist. Das <!DOCTYPE> Tag beschreibt, von welcher Art der folgende Text ist. Erst wenige Browser verarbeiten dieses Tag überhaupt; dennoch sollten Sie hier vermerken, welche Version von HTML Sie verwenden. Die Tabelle 2.1 auf der nächsten Seite zeigt mögliche Werte.

<!DOCTYPE>

Das Tag <HTML> zeichnet den gesamten Text als HTML-Seite aus. Die Seite besteht aus einem Kopfteil, in dem Informationen über die Seite stehen, und dem Inhaltsteil, in dem sich die dargestellten Informationen befinden. Die Tags <HEAD>...</HEAD> (von »header«) und <BODY>...</BODY> (von »Körper«) zeichnen diese Teile aus.

<HTML>

<HEAD>

<BODY>

Das <HTML>-Tag ist technisch nicht notwendig und Browser werden Ihren Inhalt meistens auch ohne diese Auszeichnung darstellen. Dennoch sollten Sie es immer verwenden, um korrekte HTML-Seiten zu schreiben.

✗

Die Tags von HTML lassen sich unterscheiden in solche, die ausschließlich im Kopfteil vorkommen können, und solche, die für den eigentlichen Inhalt vorgesehen sind. Man muß sich an diese Zuordnung halten und darf Tags nicht in dem für sie nicht vorgesehenen Teil verwenden.

`"-//IETF//DTD HTML Level 0//EN"`	HTML 0
`"-//IETF//DTD HTML 2.0 Level 0//EN"`	
`"-//IETF//DTD HTML Strict Level 0//EN"`	HTML 0 genau
`"-//IETF//DTD HTML 2.0 Strict Level 0//EN"`	
`"-//IETF//DTD HTML Level 1//EN"`	HTML 1
`"-//IETF//DTD HTML 2.0 Level 1//EN"`	
`"-//IETF//DTD HTML Strict Level 1//EN"`	HTML 1 genau
`"-//IETF//DTD HTML 2.0 Strict Level 1//EN"`	
`"-//IETF//DTD HTML//EN"`	HTML 2
`"-//IETF//DTD HTML 2.0//EN"`	
`"-//IETF//DTD HTML Level 2//EN"`	
`"-//IETF//DTD HTML 2.0 Level 2//EN"`	
`"-//IETF//DTD HTML Strict//EN"`	HTML 2 genau
`"-//IETF//DTD HTML 2.0 Strict//EN"`	
`"-//IETF//DTD HTML Strict Level 2//EN"`	
`"-//IETF//DTD HTML 2.0 Strict Level 2//EN"`	
`"-//IETF//DTD HTML 3.0//EN"`	HTML 3
`"-//W3C//DTD HTML 3.2//EN"`	HTML 3.2
`"-//W3C//DTD HTML 4.0 Draft//EN"`	HTML 4.0 Entwurf
`"-//W3C//DTD HTML 4.0 Final//EN"`	HTML 4.0
`"-//W3C//DTD HTML 4.0//EN"`	
`"-//W3C//DTD HTML 4.0 Strict//EN"`	HTML 4.0 genau
`"ISO 8879-1986//ENTITIES Added Latin 1//EN//HTML"`	

Abbildung 2.1
Werte für `<!DOCTYPE>`

2.4 Der Kopfteil einer HTML-Seite

Im Kopfteil einer Seite befinden sich Meta-Informationen, also Informationen über die Seite selber. Sie sollten möglichst viele der Tags in `<HEAD>`...`</HEAD>` verwenden.

`<TITLE>`

Das einfachste Tag im Kopfteil ist `<TITLE>`...`</TITLE>`, das den Dokumententitel auszeichnet. Gleichzeitig ist der Titel das einzige formal notwendige Tag im Kopfteil. Browser stellen ihn zumeist als Fenstertitel dar. Innerhalb des Titels können auch Sonderzeichen vorkommen, sie werden fast immer korrekt wiedergegeben.

✗ Im Titel darf keine weitere Textauszeichnung verwendet werden. Es ist nicht möglich, beispielsweise Teile des Titels mit Tags hervorzuheben.

✗ Es gibt verschiedene Suchindizes im Web, in denen Sie nach Schlüsselworten suchen lassen können und eine Liste passender Dokumente erhalten. Viele dieser Systeme analysieren dazu automatisch den Titel von Web-Dokumenten. Machen Sie den Titel also aussagekräftig und halten Sie ihn kurz – maximal 64 Zeichen gelten als Richtwert.

In HTML 3.2 ist die Verwendung von <TITLE> im Kopfteil einer Seite vorgeschrieben.

W3C *HTML 3.2*

In HTML 4 ist für praktisch alle HTML Tags das Attribut TITLE vorgesehen. Mit ihm können Sie einzelnen Textstrukturen Titel geben, den der Browser geeignet darstellen kann. Implementierungen, die dies ausnutzen, sind allerdings noch nicht vorhanden.

W3C *HTML 4*

Verweise auf Grafiken und andere Dokumente kann man in HTML-Seiten relativ zur Position der Seite angeben, die sie enthält (siehe Abschnitt 4.5 auf Seite 55). Weiter oben gaben wir ein Beispiel an für eine Seite mit einem Verweis auf eine Grafik: <IMG SRC="karte.gif">. Wenn diese Seite die URL *http://info.berlin.de/start/index.html* hat, ist die eindeutige Adresse der Grafik *http://info.berlin.de/start/karte.gif*.

Wir verwenden in den Beispielen die Rechneradresse info.berlin.de. Dieser Name ist rein fiktiv und existiert nicht.

Speichert man nun diese Seite im Quelltext auf seiner eigenen Maschine oder verschickt sie per E-Mail, so ist die Information über die ursprüngliche Lage des Dokuments nicht mehr vorhanden. Speichert man sie unter *http://meinserver.de/kopien/berlin/index.html*, greift der Browser auf die Grafik über *http://meinserver.de/kopien/berlin/karte.gif* zu. Dann ist diese Adresse aber falsch.

In dem Tag <BASE> läßt sich die ursprüngliche Lage des Dokuments in den Kopfinformationen vermerken. Dies geschieht durch die Angabe der URL (siehe Abschnitt 4.5 auf Seite 56) als Wert des Attributs HREF. Das Listing in Abbildung 2.2 zeigt einen Ausschnitt aus einer HTML-Seite.

<BASE>

```
<!DOCTYPE HTML PUBLIC "-//IETF//DTD HTML//EN//2.0">
<HTML><HEAD>...
<BASE HREF="http://info.berlin.de/start/index.html">
</HEAD>
<BODY>
...
<A HREF="search.html">..</A>
...
</BODY></HTML>
```

Abbildung 2.2
Eine Seite mit <BASE>

In ihr befindet sich ein Verweis auf die Seite search.html. Dieser Verweis ist aber keine vollständige Internet-Adresse, sondern relativ zur Position des Dokuments, in dem sie steht. Mit dem Tag `<BASE>` kann man aus dem Dokument alleine einen vollständigen Verweis ablesen, nämlich *http://info.berlin.de/start/search.html*.

Ein Browser kennt die Lage des Dokuments, das er anzeigt. Wird die Beispielseite aber per E-Mail verschickt, dann wäre ohne das `<BASE>`-Tag der Verweis nach `search.html` nicht mehr benutzbar, da er ja keine vollständige URL darstellt. Da aber die ursprüngliche Lage der Seite im Dokument selber bekannt gemacht wird, kann der vollständige Verweis zusammengesetzt werden.

Wenn Sie einen HTML-Editor zur Erstellung von Seiten verwenden, kann dieser – beispielsweise für Anker – symbolische Namen vergeben. Wenn eine Seite später erneut editiert werden soll, muß bekannt sein, welche Namen schon vergeben wurden. Dazu kann das Tag `<NEXTID>` im Kopf verwendet werden, das im Attribut N einen Zähler enthält.

`<NEXTID>`

Das folgende Beispiel zeigt die dargestellten Tags im Kopfteil einer Seite.

Abbildung 2.3
Kopfinformationen in einer Seite

```
<!DOCTYPE HTML PUBLIC "-//IETF//DTD HTML//EN//2.0">
<HTML>
<HEAD>
<TITLE>Berlin Informationen</TITLE>
<BASE HREF="http://www.info.berlin.de/index.html">
<NEXTID N=A12>
</HEAD>
<BODY>
...
</BODY>
</HTML>
```

Eine Seite kann den Zugang zu einer Datenbank bilden und Suchanfragen in dieser Datenbank anbieten. Auf einer solchen Seite kann der Browser automatisch ein Eingabefeld für die Suchanfrage darstellen, wenn Sie im Kopf das `<ISINDEX>` Tag verwenden. Mehr zu solchen Anfragen finden Sie im Kapitel 14 auf Seite 195.

`<ISINDEX>`

W3C *HTML 3.2*

In HTML 3.2 ist für `<ISINDEX>` das Attribut PROMPT vorgesehen, in dem der Text der Eingabeaufforderung festgelegt werden kann.

Wenn ein Dokument, das eine Liste von Straßennamen enthält, unter der URL *http://info.berlin.de/strassen.html* abgelegt ist und das `<ISINDEX>`-Tag im Kopfteil hat, erscheint ein Ein-

2.4 Der Kopfteil einer HTML-Seite

```
<HTML><HEAD>
<TITLE>Suche</TITLE>
<ISINDEX PROMPT="Begriff: ">
</HEAD><BODY>
...
</BODY></HTML>
```

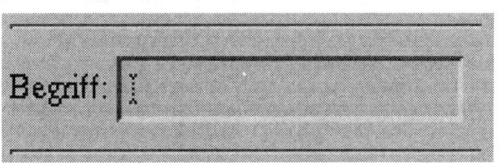

Abbildung 2.4
Das ISINDEX Tag

gabefeld in der Seitendarstellung. Gibt man dort beispielsweise den Suchbegriff `Tegel` ein, fordert der Browser nach der Eingabebestätigung die Seite *http://info.berlin.de/strassen.html?Tegel* an. Diese Seite erzeugt der Web-Server dynamisch, indem er seine Datenbank nach dem Suchbegriff abfragt. Um dies zu tun, muß es sich bei *http://info.berlin.de/strassen.html* allerdings um die URL eines Skripts handeln, das auch schon die erste Seite erzeugt hatte. Die Verwendung von `<ISINDEX>` in normalen Dokumenten macht also keinen Sinn.

Im HTML 4 Entwurf wird von der Verwendung des Tags abgeraten, weil es aus den Anfängen des Web stammt und seine Funktion durch Formulare (siehe Kapitel 5 auf Seite 61) erheblich besser übernommen werden kann.

W3C *HTML 4*

In HTML 3.2 kann man im Kopfteil einer Seite eine Beziehung zwischen dieser und einer anderen Seite vermerken. Dies geschieht mit dem `<LINK>` Tag, das die folgenden Formen hat:

W3C *HTML 3.2*
`<LINK>`

```
<LINK REL=Relation HREF=Seitenadresse>
  TITLE=Beschreibung>
```

```
<LINK REV=inverse Relation HREF=Seitenadresse
  TITLE=Beschreibung>
```

Für *Relation* werden verschiedene Bezeichnungen vorgegeben. Der Unterschied zwischen REL und REV besteht in der »Richtung« der Beziehung. Mit

```
<LINK REL=Glossary HREF=Seitenadresse>
```

beschreibt man die Art des in HREF vermerkten Links aus diesem Dokument heraus. Im Beispiel handelt es sich um einen Verweis *auf* ein Glossar zu Begriffen der aktuellen Seite. Umgangssprachlich drückt man aus »Bei HREF steht das Glossar für dieses Dokument«. In der Seite des Glossars kann man mit

```
<LINK REV=Glossary HREF=Seitenadresse>
```

eine Beziehung *zurück* auf das erste Dokument vermerken. Umgangssprachlich drückt man aus »HREF verwendet dieses Glossar«.

In TITLE kann man den Titel des verwiesenen Dokuments angeben – der Browser würde ihn ja erst nach dem Laden über das Netz kennen. Die Idee der <LINK>-Einträge ist, die Bedeutung von Bezügen zwischen Dokumenten auszuzeichnen. Ein Browser könnte eine Leiste von zusätzlichen Buttons erzeugen, über die man entsprechend den Werten von <LINK> auf andere dazugehörige Seiten kommt. Der Mosaic Browser implementiert die Funktionalität. Darüber hinaus gibt <LINK> Auskünfte über die inhaltliche Struktur eines Informationssystems, die sich für eine automatische Verarbeitung sehr gut eignen.

Die momentane Definition von HTML 3.2 schlägt folgende Werte für REL vor, die – mit »umgekehrter« Bedeutung – auch für REV verwendet werden können.

Abbildung 2.5
Vorgesehene Werte für REL und REV (die Erklärung gilt für REL)

	In HTML 3.2 definiert
contents	Verweis auf eine Seite mit dem Inhaltsverzeichnis
top*	Verweis auf die Eingangsseite einer Seitengruppe
next	Verweis auf die inhaltlich nächste Seite
previous	Verweis auf die inhaltlich vorhergehende Seite
help	Verweis auf eine Hilfeseite
search*	Verweis auf eine Suchseite
index	Verweis auf eine Registerseite
glossary	Verweis auf eine Glossarseite
copyright	Verweis auf einen Urhebervermerk
	Zusätzlich in HTML 4 definiert
start	Verweis auf die Startseite eines Informationssystems
bookmark	Verweis auf einen Verweis auf eine Startseite
stylesheet	Verweis auf ein Style Sheet
alternate	Verweis auf eine andere Version desselben Inhalts, beispielsweise in einer anderen Sprache

*In HTML 4 nicht mehr vorgesehen

Zur Zeit werden diese Beziehungen allerdings praktisch von keinem Browser genutzt. Ausnahmen bilden zwei spezielle, zusätzliche Werte.

Beim Browser Lynx kann man dem Autor oder der Autorin einer Seite eine E-Mail schicken, wenn in dieser Seite ein `<LINK REV=made HREF="mailto:`*e-mail Adresse*`">` verwendet wurde. Mit `REV` gibt man an, daß die Seite von dem über `HREF` erreichbaren Autor erstellt wurde.

Tatsächlich bietet der Browser Lynx eine Unterstützung der ursprünglich im HTML 3 Entwurf vorgesehenen Werte für `REL`. Er beachtet die Werte `Home`, `ToC`, `Contents`, `Index`, `Glossary`, `Copyright`, `Up`, `Next`, `Previous`, `Prev`, `Help`, `Search`, `Top`, `Origin`, `Navigator`, `Child`, `Disclaimer`, `Sibling`, `Parent`, `Author`, `Editor`, `Publisher`, `Trademark`, `Meta`, `URC`, `Hotlist`, `Begin`, `First`, `End`, `Last`, `Pointer`, `Translation`, `Definition`, `Chapter`, `Documentation`, `Biblioentry`, `Bibliography`, `Bookmark` und `Banner`.

W3C HTML 3

LYNX 2.7

Lynx erzeugt hieraus einen bei Bedarf anzeigbaren »Banner«, der entsprechende Verweise auf Seiten enthält.

Mit Style Sheets – beschrieben in Kapitel 12 auf Seite 141 – lassen sich Vorgaben über Feinheiten der Darstellung einer Seite durch den Browser machen. Mit `<LINK REL=stylesheet HREF="`*Style Sheet-Datei*`">` kann angegeben werden, welches Style Sheet zu der aktuellen Seite gehört.

Schließlich kann `<LINK>` noch das Attribut `TITLE` tragen, in dem der Titel des referenzierten Dokuments enthalten ist. Damit könnte ein Browser die Seite beschreiben, ohne auf sie über das Netz zuzugreifen.

2.5 Seitenbeschreibungen – Metainformationen

Eine Web Seite enthält Informationen, die der Leser der Darstellung direkt entnimmt. Daneben gibt es aber auch Informationen über diese Seite – die *Metainformationen*, beispielsweise der Autor der Seite oder eine Inhaltszusammenfassung. Metainformationen sind einer der potentiellen Schlüssel um im Web Informationen treffgenau und umfassend zu ermitteln.

W3C HTML 4

In HTML ist das `<META>` vorgesehen, um solche Metainformationen zu notieren. Üblicherweise erzeugt es keine Darstellung, sondern wird vom Browser oder von Suchmaschinen ausgewertet. `<META>` hat zwei Aufgaben: Die Notation von inhaltsorientierten und protokollorientierten Metainformationen.

`<META>`

Wenn Sie im Web mit einer Suchmaschine arbeiten, können Sie lediglich nach Bestandteilen des Inhalts von HTML Seiten fragen. In einem gefundenen Dokument taucht das Suchwort dann wörtlich auf. Aber sehr komfortabel ist dies nicht: Wenn Sie nach Informationen beispielsweise zu Grafikkarten für Ihren PC suchen, müßten Sie komplexe Ausdrücke formulieren um Suchworte wie »Videokarte«, »Grafikadapter«, »Diamond Stealth« zu finden.

Aber selbst mit einem solchen Ausdruck werden nicht wirklich alle Seiten mit Informationen zu Grafikkarten gefunden. Darüberhinaus wird das Suchergebnis auch auf Seiten mit Macintosh Grafikkarten verweisen.

Tatsächlich wollen Sie also nicht nach Teilworten suchen, sondern sind an einem Thema interessiert. Nun ist es aber heute praktisch unmöglich, in vertretbarer Zeit mit gutem Ergebnis den Inhalt einer Seite thematisch zu analysieren.

Daher müssen die Autoren von Seiten diese Metainformation liefern. In HTML ist zu diesem Zweck `<META>` vorgesehen. Es kennt zwei Attribute: In NAME ist der Name der Metainformation enthalten – beispielsweise mit dem Wert Author für den Autoren – und in CONTENT dessen Inhalt – der Autorenname.

Abbildung 2.6 zeigt eine Reihe von Schlüsselworten und ihre Bedeutung, mit denen Sie Metainformation vermerken können.

Abbildung 2.6
Verbreitete Werte für NAME bei META

Schlüsselwort	Inhalt von CONTENT
Keywords	Liste von durch Kommata getrennten Schlüsselwörtern, die die Suchmaschinen für dieses Dokument verwenden sollen.
Description	Textuelle Beschreibung des Dokuments, die die Suchmaschinen für dieses Dokument anzeigen sollen.
Classification	Klassifikation des Dokuments in eine Inhaltskategorie.
Author	Autor des Dokuments.
Generator	Name des HTML-Editors, mit dem das Dokument erstellt wurde.

✗ Description und Keywords werden von vielen Suchmaschinen beachtet und erlauben es Ihnen, auf einfache Weise Einfluß auf Ihr Erscheinungsbild im Web zu nehmen.

Es gibt allerdings keine standardisierte Definition dieser Namen und Bedeutungen. Man kann sich nur darauf hoffen, daß der gewählte Satz Schlüsselworte auch beispielsweise von Suchmaschinen verstanden wird.

Nun kann es aber Suchmaschinen geben, von denen eine die Autoreninformation unter den Namen `Autor` erwartet, während die andere `Author` verarbeitet. Als Ausweg aus dieser Situation ist im HTML 4 Entwurf das Attribut `PROFILE` bei `<HEAD>` vorgesehen.

W3C HTML 4

Sein Wert ist eine URL, die auf die Beschreibung eines solchen Profils aus Namen für Metainformationsfelder enthält. Was damit geschieht, bleibt dem Browser oder der Suchmaschine überlassen – zumindest läßt sich so die Bedeutung der Felder genauer anzeigen. Damit sind die möglichen Werte für `NAME` etwas eingegrenzt.

Aber auch damit ist die Metainformation noch nicht eindeutig. So gibt es beispielsweise sehr viele sogenannte Thesauri – Wortsammlungen und Begriffshierarchien – aus den verschiedensten Bereichen, die einen Satz von Schlüsselworten für Inhaltsbeschreibungen festlegen. Welche Worte sind in `Keywords` aber erlaubt? Welche Werte darf `CONTENT` also annehmen?

Auch dafür versucht HTML 4 mit dem Attribut `SCHEME` von `<META>` einen Ausweg zu bieten. Sein Wert ist eine Zeichenkette, die ein Schema beschreibt, nach dem sich der Inhalt richten muß.

Wenn im Profil also vorgesehen ist, daß eine ISBN Nummer als Metainformation unter dem Namen `identifier` angegeben werden soll, dann kann zusätzlich so vermerkt werden, daß es sich um eine ISBN Nummer in deren speziellen Format handelt. Der HTML 4 Entwurf gibt folgendes Beispiel:

```
<META SCHEME="ISBN" NAME="identifier"
  CONTENT="0-8230-2355-9">
```

In Kapitel 13 auf Seite 175 beschreiben wir das Protokoll HTTP. Zur Beschreibung des Mechanismus zu protokollorientierten Metainformation ist an dieser Stelle ein kleiner Vorgriff darauf notwendig. Mit HTTP werden Informationen zwischen Server und Browser ausgetauscht. Der Browser fordert eine Seite an, und der Server schickt sie in einem bestimmten Format zurück. Seine Antwort wird eingeleitet von einer Reihe von Kopfzeilen, die den Inhalt beschreiben und der eigentlich HTML Seite vorangestellt sind. So wird bei einer normalen HTML-Seite vom Server zunächst durch die Zeile `Content-Type: text/html` ausgedrückt, daß eine HTML-Seite folgt.

Es gibt eine Reihe solcher Kopfzeilen, die in HTTP immer vorkommen. Nun kann es sein, daß man für bestimmte HTML-

Seiten zusätzlich einige Kopfzeilen bei der Antwort des Servers erzwingen will.

Um eine solche Zeile zu erzwingen, verwendet man auch <META>, allerdings mit dem Attribut HTTP-EQUIV-Attribut anstelle von NAME. Beim obigen Beispiel haben Sie gesehen, daß die Kopfzeilen das Format Name: Information haben. Für eine solche Zeile gibt HTTP-EQUIV Name vor, während CONTENT Information liefert. Ein Beispiel dazu ist:

```
<META HTTP-EQUIV="Expires"
 CONTENT="Sat 28 Sep 1999 00:00:00 GMT">
```

Beim Abschicken einer solchen Seite setzt der Server als Kopfzeile

```
Expires: Sat 28 Sep 1999 00:00:00 GMT
```

ab. Sie könnte bewirken, daß spätestens sam 28. September 1999 diese Seite aus dem Cache des Browsers automatisch entfernt wird.

Es kann auch andere Informationen geben, die nicht durch HTTP ausgetauscht werden, sondern nur im Kopfteil der HTML-Seite stehen sollen. In diesem Fall ersetzt das Attribut NAME das HTTP-EQUIV-Attribut. Es gibt momentan keinen Standard, welche Meta-Informationen unter welchem Namen wie verwendet werden. Abbildung 2.7 auf der nächsten Seite enthält eine Liste der gebräuchlichsten Namen. In Kapitel 13 auf Seite 175 finden Sie weitere Einsatzmöglichkeiten für dieses Tag.

W3C *HTML 3.2*

Neben den bisher genannten Tags können im Kopfteil einer Seite nach dem HTML 3.2 Standard noch zwei weitere stehen. <STYLE> dient der Einbettung von Style Sheets – in Kapitel 12 auf Seite 141 lernen Sie mehr darüber. Mit <SCRIPT> wird ein Mechanismus zur Einbettung ausführbarer Programme auf einer Seite geschaffen, den Sie in Abschnitt 18.3 auf Seite 248 genauer beschrieben finden.

2.6 Der Inhaltsteil einer HTML-Seite

`<BODY>`

Den eigentlichen Inhalt einer Seite umschließt in HTML das Tag <BODY>...</BODY>. In HTML 2 sind keine Attribute für dieses Tag vorgesehen.

W3C *HTML 3*

Ab HTML 3 kann das <BODY>-Tag verschiedene Attribute tragen. Im LANG-Attribut von <BODY> kann ein Kürzel vermerkt sein, das die Sprache angibt, in der die Seite geschrieben

Schlüsselwort	Inhalt von CONTENT
Expires	Datum, an dem das Dokument aus Caches gelöscht werden soll, in den Formaten, die Sie in Abschnitt 13.1 auf Seite 176 dargestellt finden.
Refresh	Zeit und Ziel des automatischen Neuladens des Dokuments beim Client-Pull Mechanismus (siehe Abschnitt 13.7 auf Seite 190).
Content-Type	MIME-Inhaltstyp der Seite (siehe Abschnitt 13.6 auf Seite 189). Zugleich kann das Attribut CHARSET verwendet werden, um den verwendeten Zeichensatz anzugeben.
Pragma	no-cache und
Cache-Control	no-cache verhindert, daß diese Seite bei einem Proxy oder im Browser in einem Cache zwischengespeichert wird.
PICS-Label	Inhaltsbewertung nach dem PICS Schema.

Abbildung 2.7
Verbreitete Werte für HTTP-EQUIV bei META

ist. Browser können dieses Attribut auswerten, um beispielsweise eine entsprechende Worttrennung durchzuführen. Die verwendbaren Codes richten sich nach der ISO-Norm 639, die Sie im Angang A auf Seite 263 aufgelistet finden. Für deutschsprachige Texte steht hier de.

In HTML 4 ist die Auszeichnung von Texten in verschiedenen Sprachen noch feiner möglich. Die entsprechenden Tags und Attribute dazu finden Sie in Abschnitt 3.4 auf Seite 38 beschrieben.

W3C HTML 4

2.7 Hintergrundgrafiken

Im Attribut BACKGROUND bei <BODY> kann man eine Grafik angeben, die als Hintergrund für die Seite vom Browser angezeigt werden soll. Dabei wiederholt der Browser diese Grafik in einem Kachelmuster. Als Beispiel soll die Datei stargold.gif eine kleine Grafik enthalten:

Verwendet man sie in einer Seite mit der Auszeichnung <BODY BACKGROUND="stargold.gif">, dann stellt ein Browser das

✘ Hintergrundmuster wie in Abbildung 2.8 dar. Die Grafik sollte möglichst klein sein, da sie sonst die Übertragungszeit für die Seite erhöht.

Abbildung 2.8
Ein Hintergrundmuster

 Der Internet Explorer erkennt das Attribut BGPROPERTIES bei <BODY>. Es kann momentan nur den Wert FIXED annehmen. Ist es gesetzt, dann steht das angegebene Hintergrundbild unbeweglich wie ein Wasserzeichen auf der Seite und wird beim Scrollen nicht mitbewegt.

✘ Bei geschicktem Einsatz der Grafik lassen sich interessante Hintergründe erstellen. In Abbildung 2.9 auf der nächsten Seite sehen Sie zwei Seiten, die die folgenden Grafiken als Hintergrund haben:

2.8 Farben in HTML

Es gibt verschiedene Tags in HTML, bei denen Attribute die Farbgebung der Darstellung beeinflussen. Beispielsweise kann man anstelle eines Hintergrundmusters eine Hintergrundfarbe im Attribut BGCOLOR von <BODY> festlegen. Um solchen Attributen Werte zu geben, ist eine Notation für Farben in HTML notwendig.

Farbwerte werden dabei nach RGB-Kodierung in hexadezimaler Schreibweise angegeben. RGB steht für »Rot-Grün-Blau«

2.8 Farben in HTML

Abbildung 2.9
Effekte mit Hintergrundmustern

und ist ein verbreitetes Farbmodell. Eine RGB-Farbe besteht aus drei Anteilen, die eine Farbmischung aus den Farben Rot, Grün und Blau beschreiben. Sind beispielsweise sämtliche Farbanteile gleich Null, ist damit Schwarz beschrieben. Die Farbe Rot hat einen maximalen Rotanteil und keine Grün- oder Blauanteile.

Hexadezimale Schreibweise bedeutet, daß es für die Zahlendarstellung 16 »Ziffern« gibt. In der normalen dezimalen Schreibweise kennen wir 10 Ziffern von 0 bis 9. In »hexadezimal« zählt man mit Buchstaben weiter: Auf die 9 folgt das A und die sechzehnte »Ziffer« ist das F.

In hexadezimaler Schreibweise lassen sich somit durch jeweils zwei Ziffern aus 0 bis 9 und A bis F Werte von 0 bis 255 darstellen, wobei 255 als FF kodiert ist. Die dezimale 80 stellt man hexadezimal als 50 dar, aber auch die 180 braucht nur zwei Zeichen, nämlich B4.

In HTML werden die genannten Farbanteile in Schritten von 0 bis 255 unterschieden, wodurch man auf insgesamt 16 777 216 unterschiedliche Farbtöne kommt. Die drei Anteile lassen sich jeweils als hexadezimale Zahlen darstellen – man benötigt also immer sechs Ziffern für eine Farbe. Ein Farbwert für eine Attribut wird in der Schreibweise #*RRGGBB* notiert, womit die Farbe

Blau beispielsweise durch #0000FF beschrieben ist. Weiß entspricht #FFFFFF und Schwarz stellt man als #000000 dar.

W3C HTML 3.2

Mit HTML 3.2 wurde sechzehn Farbnamen definiert, mit denen man sich ein Teil der umständlichen Rot-Grün-Blau-Notation ersparen kann. Die Namen sind aqua, black, blue, fuchsia, gray, green, lime, maroon, navy, olive, purple, red, silver, teal, white und yellow.

Diese Namen kann man als Wert für die Farbattribute verwenden. Neben <BODY> betrifft dies <FONT> und <HR> sowie die Tags für den Tabellensatz.

✗

Einige Browser verstehen neben diesen in HTML 3.2 standardisierten Farben noch eine Reihe weiterer Farbnamen. Allerdings sind diese Namen plattformabhängig. Während ein Browser unter Unix die dort üblichen Namen der grafischen Oberfläche X-Windows versteht, ist nicht garantiert, daß auf einem Windows-Browser der Farbwert beachtet wird.

Netcolorz

Will man die Farben in der RGB-Notation auswählen, so wird man kaum auf Papier die Werte errechnen wollen. *Netcolorz* (in Abbildung 2.10) für Windows 95 ist ein Vertreter der Tools, die eine Farbauswahl per Schieberegler und die direkte Darstellung der Auswahl ermöglichen. Die entsprechende Form von <BODY> steht für die einfache Übernahme in den HTML Text per Cut-and-Paste in dem Fenster bereit. Im Web finden Sie Netcolorz unter der URL *http://www.north.net/alchemy/alchemy.html*.

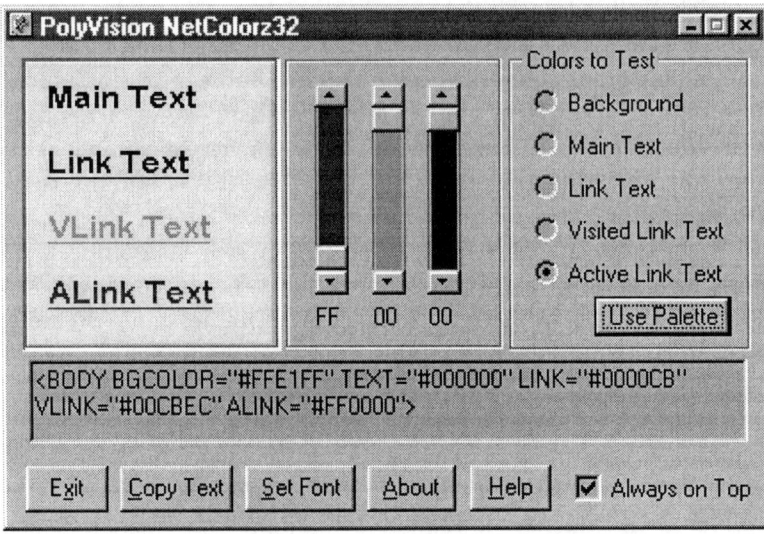

Abbildung 2.10
Der Farbeditor Netcolorz

2.9 <BODY>-Attribute für Farbgebung und Plazierung

<BODY> kann mit einigen Attributen versehen werden, die die Farbgebung der Seite und des Textes beeinflussen. Die dazugehörenden Werte sind Farben nach den Notationen aus dem vorherigen Abschnitt.

Die Farben der Schrift und des Seitenhintergrunds können dem Browser in der folgenden Form vorgegeben werden:

<BODY BGCOLOR="#*RRGGBB*" TEXT="#*RRGGBB*">

BGCOLOR (von »Background color«) ist die Farbe des Seitenhintergrunds, TEXT die der Schrift. Mit dem Beispiel <BODY BGCOLOR="#FFFFFF" TEXT="#000000"> erzeugt man eine Seite mit schwarzer Schrift auf weißem Hintergrund.

Die Darstellungsfarbe der Links auf einer Seite werden mit weiteren Attributen festgelegt:

<BODY LINK="#*RRGGBB*"
 VLINK="#*RRGGBB*"
 ALINK"#*RRGGBB*">

So erzeugt man mit

<BODY BGCOLOR="#FFE1FF" TEXT="#000000"
 LINK="#0000CB" VLINK="#00CBEC" ALINK"#FF0000">

eine Farbgebung wie in Abbildung 2.11. Die Farbe in LINK stellt

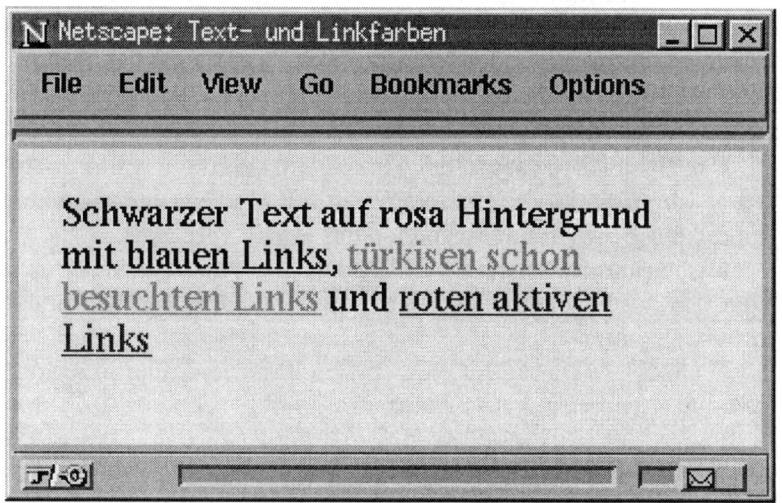

Abbildung 2.11
Text- und Linkfarben

der Browser für noch nicht besuchte Links dar, VLINK (von »visited link«) gilt für schon besuchte Links und ALINK (von »active link«) für den Link, der angeklickt wurde, während die Seite geladen wird.

✘ Sie sollten unterschiedliche Farben für den Seitentext (mit TEXT bei <BODY>) und für die Links verwenden. Schaltet man das Unterstreichen der Links ab, kann man sie bei identischen Farben sonst nicht mehr unterscheiden. Natürlich sollten Sie auch die Farbe des Hintergrunds (mit BGCOLOR) unterschiedlich von den Textfarben wählen.

LYNX 2.7 Sie können mit in Abschnitt 2.4 auf Seite 14 genannten Tag im Kopfteil <LINK REL=Banner HREF="*HTML-Datei*>" auf eine Datei verweisen, deren Inhalt immer fest oben im Browser-
<BANNER> Fenster stehen soll. Mit dem <BANNER> läßt sich dieser HTML-Text auch direkt in der Seite notieren. Lynx ist momentan der einzige Browser, der dieses Tag unterstützt.

 Der Internet Explorer führt zwei weitere Attribute für <BODY> ein, die die Lage der Dokumentendarstellung innerhalb des Browser-Fensters beeinflussen. Als Wert von LEFTMARGIN und TOPMARGIN können Sie jeweils einen Abstand in Pixel angeben, den der Browser am linken bzw. oberen Rand frei läßt.

 Zusätzlich zur Hintergrundfarbe oder -muster kann der Internet Explorer auch eine Hintergrundmusik für eine Seite ab-
<BGSOUND> spielen. Dafür stellt der Browser das <BGSOUND> Tag (von »Background sound«, Hintergrundmusik) bereit. Sein Attribut SRC enthält die URL einer Audio-Datei in den Formaten .wav, .au oder .mid. Die meisten Audio-Clips sind in einem dieser Formate verfügbar.

Die Musik kann, gesteuert durch das LOOP-Attribut, mehrfach abgespielt werden. Neben einer Zahl für die Anzahl der Wiederholungen (beispielsweise LOOP=5 für fünf Wiederholungen) bewirkt der Wert LOOP=INFINITE (von »unendlich«) eine endlose Wiederholung.

 Der Mosaic Browser in der Version 3.0 kennt ein weiteres Attribut von <BGSOUND>, DELAY. Es enthält eine Sekundenanzahl, um die der Browser das Abspielen der Musik verzögert.
<SOUND> Mosaic implementiert das Tag <SOUND> als Alternative zu <BGSOUND> mit identischen Attributen und keinerlei Funktionsunterschieden.

Nach dieser Darstellung der Bestandteile des Kopfteils einer Seite sowie den Tags und Attributen, die die gesamte Seite beeinflussen, lernen Sie im nächsten Kapitel die Grundlagen der Inhaltsauszeichnung in HTML-Seiten kennen.

3 HTML − Textauszeichnung

Im vorherigen Kapitel ging es um die Struktur von HTML-Seiten und die Bestandteile des Kopfteils. In diesem Kapitel beginnen wir mit den Elementen von HTML zur eigentlichen Auszeichnung des Seiteninhalts.

3.1 Zeichendarstellung

Der von `<BODY>...</BODY>` eingeschlossene Teil einer Seite besteht aus weiteren Tags und fortlaufendem Text. Die Zeichen < und > sind in HTML für die Markierung von Tags reserviert. Im laufenden Text dürfen sie daher nicht vorkommen und müssen anders eingegeben werden. Gleiches gilt für das Anführungszeichen in Attributen, da es dort ja eine Zeichenkette begrenzt.

In HTML gibt es daher einen Mechanismus, mit dem bestimmte Sonderzeichen symbolisch dargestellt werden. Er hat die folgenden gleichwertigen Formen:

    `&Symbolkürzel;`   `&#Codenummer;`

Die Menge der Symbolkürzel in HTML ist in der Tabelle in Abbildung 3.1 auf der nächsten Seite zusammengefaßt. Für < muß also im laufenden Text `&lt;` (von »less than«) oder `&#60;` stehen. Neben `&gt;` (von »greater than«) für > und `&quot;` (von »quote-mark«) für " wird durch diesen Mechanismus zusätzlich das Symbolkürzel `&amp;` (von »ampersand«) für & notwendig.

Den größten Teil der Tabelle machen aber die Sonderzeichen aus, die in der ISO-8859-1-Kodierung ab der Position 128 stehen. Der internationale Standard 8859-1 definiert einen 8-Bit-Zeichensatz, der neben den 127 Zeichen aus ASCII zusätzlich die in Westeuropa gebräuchlichsten Sonderzeichen enthält, beispielsweise die französischen akzentuierten Vokale oder unsere deutschsprachigen Umlaute. Im Gegensatz zu Tag- und Attributnamen sowie den Token muß man bei den Sonderzeichen die Groß- und Kleinschreibung der Tabelle einhalten.

3 HTML – Textauszeichnung

"	&#34;	&quot;	½	&#189;	&frac12;	ß	&#223;	&szlig;
&	&#38;	&amp;	¾	&#190;	&frac34;	à	&#224;	&agrave;
<	&#60;	&lt;	¿	&#191;	&iquest;	á	&#225;	&aacute;
>	&#62;	&gt;	À	&#192;	&Agrave;	â	&#226;	&acirc;
			Á	&#193;	&Aacute;	ã	&#227;	&atilde;
			Â	&#194;	&Acirc;	ä	&#228;	&auml;
¡	&#161;	&iexcl;	Ã	&#195;	&Atilde;	å	&#229;	&aring;
¢	&#162;	&cent;	Ä	&#196;	&Auml;	æ	&#230;	&aelig;
£	&#163;	&pound;	Å	&#197;	&Aring;	ç	&#231;	&ccedil;
¤	&#164;	&curren;	Æ	&#198;	&AElig;	è	&#232;	&egrave;
¥	&#165;	&yen;	Ç	&#199;	&Ccedil;	é	&#233;	&eacute;
¦	&#166;	&brkbar;	È	&#200;	&Egrave;	ê	&#234;	&ecirc;
§	&#167;	&sect;	É	&#201;	&Eacute;	ë	&#235;	&euml;
¨	&#168;	&uml;	Ê	&#202;	&Ecirc;	ì	&#236;	&igrave;
©	&#169;	&copy;	Ë	&#203;	&Euml;	í	&#237;	&iacute;
ª	&#170;	&ordf;	Ì	&#204;	&Igrave;	î	&#238;	&icirc;
«	&#171;	&laquo;	Í	&#205;	&Iacute;	ï	&#239;	&iuml;
¬	&#172;	&not;	Î	&#206;	&Icirc;	∂	&#240;	&eth;
-	&#173;	&shy;	Ï	&#207;	&Iuml;	ñ	&#241;	&ntilde;
®	&#174;	&reg;	Ð	&#208;	&ETH;	ò	&#242;	&ograve;
¯	&#175;	&hibar;	Ñ	&#209;	&Ntilde;	ó	&#243;	&oacute;
°	&#176;	&deg;	Ò	&#210;	&Ograve;	ô	&#244;	&ocirc;
±	&#177;	&plusmn;	Ó	&#211;	&Oacute;	õ	&#245;	&otilde;
²	&#178;	&sup2;	Ô	&#212;	&Ocirc;	ö	&#246;	&ouml;
³	&#179;	&sup3;	Õ	&#213;	&Otilde;	÷	&#247;	&divide;
´	&#180;	&acute;	Ö	&#214;	&Ouml;	ø	&#248;	&oslash;
µ	&#181;	&micro;	×	&#215;	&times;	ù	&#249;	&ugrave;
¶	&#182;	&para;	Ø	&#216;	&Oslash;	ú	&#250;	&uacute;
·	&#183;	&middot;	Ù	&#217;	&Ugrave;	û	&#251;	&ucirc;
¸	&#184;	&cedil;	Ú	&#218;	&Uacute;	ü	&#252;	&uuml;
¹	&#185;	&sup1;	Û	&#219;	&Ucirc;	ý	&#253;	&yacute;
º	&#186;	&ordm;	Ü	&#220;	&Uuml;	þ	&#254;	&thorn;
»	&#187;	&raquo;	Ý	&#221;	&Yacute;	ÿ	&#255;	&yuml;
¼	&#188;	&frac14;	Þ	&#222;	&THORN;			

Abbildung 3.1
Alle Sonderzeichen in HTML

Diese Form der Auszeichnung von Sonderzeichen im laufenden Text ist neben Tags und Attributen ein weiteres Grundkonzept von HTML. Man nennt solche Zeichenfolgen *Entitäten*.

✗ In HTML-Seiten können Sonderzeichen auch direkt in ISO-8859-1-Kodierung eingegeben werden. Dabei muß man allerdings darauf achten, daß man tatsächlich diese Kodierung verwendet, was unter Unix und Windows 95 in der Regel gilt, auf Macintosh Rechnern aber nicht immer gesichert ist.

Während in den Anfängen des Web einige Browser lediglich die US-amerikanischen Zeichen unterstützten und beispielsweise Umlaute nicht direkt darstellten, kann man heute normalerweise auf die Kodierung nach der &-Notation verzichten.

Will man absolut sicher gehen, wirklich portable Dokumente zu erstellen, kann man aber dennoch darauf zurückgreifen – für ", < und > muß man es in jedem Fall.

Alternativ zur Verwendung dezimaler Codes (`&#60;`) können Sie auch eine hexadezimale Schreibweise verwenden. Dabei lautet die Syntax `&#xCodenummer;`; für das Beispiel also `&#x3C;`.

Das Zeichen > könnte eigentlich in normaler Darstellung verwendet werden, da es nur dann ein Tag abschließt, wenn vorher < verwendet wurde. Tatsächlich stellen die meisten Browser den folgenden HTML-Text problemlos dar:

```
<B>Ein unkodiertes > Zeichen</B>
und ein einzelnes < Zeichen und ein
unkodierter Ampersand & ohne Probleme.
```

In dem Beispiel ist ermittelbar, daß es sich nicht um die spitzen Klammern um ein Tag herum oder den Beginn einer Zeichenkodierung handelt. Sie sollten aber dennoch darauf verzichten, sich auf diese Eigenschaften zu verlassen.

Die direkte Verwendung dieser Zeichen widerspricht eindeutig der HTML-Definition. Selbst wenn Browser sie davon abweichend dennoch darstellen, kann beispielsweise ein Web-Roboter auf korrektem HTML-Format bestehen.

HTML 4 wird nicht mehr auf ISO-8859-1 beruhen, sondern sich der Norm ISO-10646. Diese Zeichenkodierung geht von 16 Bit pro Zeichen aus, erlaubt also fast 65 000 kodierbare Zeichen. Dadurch lassen sich beispielsweise auch die vielen asiatischen Zeichen darstellen.

Die 16-Bit Kodierung schreiben Sie einfach durch zwei Hexadezimale Ziffern auf. Waren bisher in der Notation `&#Codenummer;` zwei Ziffern bei 256 Codepositionen vorgesehen, sind es für 16 Bit eben vier. Der HTML 4 Entwurf benennt beispielsweise `&#1048;` für das Kyrillische »I« und `&#x6C34` für das chinesische Zeichen für Wasser.

Die unteren 256 Zeichen des ISO-10646 Zeichensatzes entsprechen der ISO-8859-1 Norm. Die Zeichen darüber sind mit Codes für alle möglichen internationalen Zeichen belegt. Damit ändert sich für den westeuropäischen Sprachraum in der Kodierung nichts.

3.2 Textauszeichnung – Größe, Farbe und Schriftfamilie

In HTML können Textpassagen logisch oder direkt für eine bestimmte Formatierung ausgezeichnet werden. Bei direkter Markierung geben Sie eine bestimmte Darstellung vor, bei logischer Markierung ist die Darstellung völlig dem Browser überlassen.

`<B>`
`<I>`
`<TT>`

Es gibt drei Tags mit dazugehörigen Ende-Tags zur direkten Auswahl einer bestimmten Schriftart: `<B>` (von »bold«) für fette Schrift, `<I>` (von »italic«) für kursive und `<TT>` (von »Teletype«) für eine Schreibmaschinenschrift. Das Beispiel

```
Text kann <B>fett</B>, <I>kursiv</I> oder als
<TT>Schreibmaschinentext</TT> ausgezeichnet
werden.
```

stellt ein Browser dar als:

> Text kann **fett**, *kursiv* oder als `Schreibmaschinentext` ausgezeichnet werden.

✗ Tatsächlich sind Ihre Auszeichnungen zur Darstellung Ihrer Seite lediglich Hinweise an den Browser. Sie können nicht sicher sein, daß Ihre Seite auf allen Browsern entsprechend diesen Auszeichnungen dargestellt wird. Zumindest die folgenden Punkte beeinflussen die Darstellung außerhalb Ihrer Kontrolle:

- ❏ Die *Browser-Implementierung* kann bestimmte Arten der Darstellung festlegen oder ausschließen. Ein textbasierter Browser wie Lynx verwendet fette Schrift um Links darzustellen und Unterstreichung für hervorgehobenen Text. Auch wenn Sie Textteile als fett auszeichnen, werden sie unterstrichen dargestellt.

- ❏ Die *Konfiguration* des Browsers durch den Benutzer kann die Darstellung beeinflussen. Sie können sich in Ihrer Seitengestaltung nicht darauf verlassen, daß Links beispielsweise unterstrichen werden. Läßt man Lynx außer Betracht, besteht trotzdem die Möglichkeit, daß Nutzer in Ihrem Netscape die Option »Links unterstreichen« abstellen.

- ❏ Durch *Style Sheets* (siehe Kapitel 12 auf Seite 141) hat der Nutzer zukünftig die Möglichkeit, praktisch jede vom Autor vorgegebene Darstellung zu überlagern, beispielsweise den Leerraum zwischen Absätzen.

3.2 Textauszeichnung – Größe, Farbe und Schriftfamilie

Mit Bezug auf diese Überlegungen sind alle Festlegungen zur Darstellung einer Seite, die Sie mit Tags und Attributen treffen, lediglich eine grobe Vorgabe über das Erscheinungsbild, und eine wirklich exakte Gestaltung erweist sich als praktisch unmöglich. Damit ist nicht ausgeschlossen, daß Sie pragmatisch all diese Auszeichnungen verwenden – wahrscheinlich erreichen Sie überwiegend ein Seitenlayout, das Ihren Vorstellungen in etwa entspricht.

In HTML 3.2 ist eine Reihe weiterer Tags für die Schriftauszeichnung vorgesehen:

`W3C` HTML 3.2

- `<U>...</U>` Unterstrichener Text. Da meistens auch Links unterstrichen dargestellt werden, sollten Sie die Farbgebung von Links mit den Attributen von `<BODY>` so festlegen, daß sich unterstrichener Inhaltstext von unterstrichenen Ankertexten der Links optisch unterscheidet.

  `<U>`
  ✗

- `<STRIKE>...</STRIKE>` Durchgestrichener Text (von »strike through«). Alternativ läßt sich auch `<S>...</S>` bei den meisten Browsern verwenden, obwohl dieses Tag noch kein offizieller Bestandteil von HTML 3.2 ist. Der HTML 4 Entwurf rät von den Tags `<S>`, `<STRIKE>` und `<U>` ab, weil das Durch- und Unterstreichen besser mit Style Sheets (siehe Kapitel 12 auf Seite 141) bewirkt werden sollte.

  `<STRIKE>`
  `<S>`

  `W3C` HTML 4

- `<BIG>...</BIG>` Der Browser soll den so ausgezeichneten Text in größerer Schrift darstellen.

  `<BIG>`

- `<SMALL>...</SMALL>` Der ausgezeichnete Text soll in kleinerer Schrift angezeigt werden.

  `<SMALL>`

- `<SUB>...</SUB>` Ein Text in $_{Index}$-Schreibweise (von »subscript«).

  `<SUB>`

- `<SUP>...</SUP>` Text in ^{Exponenten}-Schreibweise (von »superscript«).

  `<SUP>`

Die verschiedenen Schriftarten können kombiniert werden, z.B. als `<B><I>fett und kursiv</I></B>`. Allerdings ist es auch hier wieder dem Browser überlassen, ob er eine solche Kombination auch wirklich darstellt.

Netscape hat zusätzlich das Tag `<BLINK>` eingeführt. Der so ausgezeichnete Text blinkt in regelmäßigen Intervallen auf der Seite. Blinkende Texte bewirken allerdings eine sehr unruhige Darstellung. Sie sollten es nur für einzelne Worte verwenden und auch nur dann, wenn die anderen Hervorhebungen zu schwach sind.

`<BLINK>`

3 HTML – Textauszeichnung

Auch die Größe der Schrift auf einer Seite oder für einzelne Abschnitte läßt sich auszeichnen. Dabei sind sieben Schriftgrößen definiert, die von 1 bis 7 durchnumeriert sind. Die Größe der »Normalschrift« hat die Nummer 3. Ihre absolute Größe ergibt sich aus der Konfiguration der Darstellung durch den Nutzer mit Optionen des Browsers.

`<FONT>`

Einen Textabschnitt kann man mit dem Tag <FONT SIZE= Größe> auszeichnen, wodurch der Browser den Text bis zum Tag </FONT> in der entsprechenden Größe darstellt. Einen Satz in kleinerer Schrift zeichnet man durch die Tag-Klammerung <FONT SIZE=2>...</FONT> aus. Das Beispiel zeigt verschiedene Schriftgrößen.

```
<FONT SIZE=1>winzig</FONT><BR>
<FONT SIZE=2>klein</FONT><BR>
<FONT SIZE=3>normal</FONT><BR>
<FONT SIZE=4>
gr&ouml;&szlig;er</FONT><BR>
<FONT SIZE=5>
gro&szlig;</FONT><BR>
<FONT SIZE=6>sehr gro&szlig;
</FONT><BR>
<FONT SIZE=7>riesig</FONT><BR>
Im normalen Text ein Wort
<FONT SIZE=+2>
gr&ouml;&szlig;er</FONT> oder
<FONT SIZE=-2>kleiner</FONT>
darstellen.
```

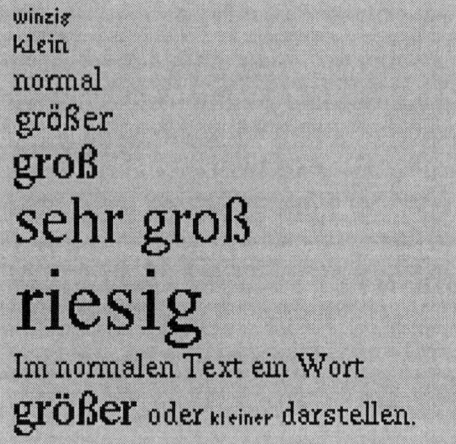

Abbildung 3.2
Die verschiedenen Schriftgrößen

Es ist auch möglich, Größenänderungen relativ zu der gerade aktuellen Schrift auszuzeichnen, indem dem SIZE-Attribut ein + oder – vorangestellt wird. <FONT SIZE=-1>...</FONT> stellt den umschlossenen Text eine Größenstufe wie in Abbildung 3.3 kleiner dar.

```
Normal und <FONT SIZE=-1>kleiner
und <FONT SIZE=-2>kleiner
</FONT></FONT>
```

Abbildung 3.3
Relative Schriftgrößen

3.2 Textauszeichnung – Größe, Farbe und Schriftfamilie

Mit den Größeneinstellungen für Zeichen kann man auch eine »neue« Schriftart erzeugen, nämlich KAPITÄLCHEN. Dazu schreibt man alle Kleinbuchstaben groß und vergrößert einfach jeden Großbuchstaben, wobei zwei Größenstufen den besten optischen Effekt wie in Abbildung 3.4 ergeben.

```
<FONT SIZE=+2>K</FONT
>APIT&Auml;LCHEN
```

Abbildung 3.4
Kapitälchenschrift

Text läßt sich auch so auszeichnen, daß der Browser ihn in einer bestimmten Grundgröße darstellt. Die Textgröße 3 bezeichnet die Normalgröße. Das Tag `<BASEFONT SIZE=Gr"o"se>` legt eine neue Grundgröße für den folgenden Text fest.

`<BASEFONT>`

Gilt momentan `<BASEFONT SIZE=3>`, dann schaltet `<FONT SIZE=+2>` auf die Schriftgröße 5 um, während bei `<BASEFONT SIZE=+4>` danach die Schriftgröße 7 verwendet wird.

In Netscape ab der Version 2.0 kann man zusätzlich auch die Farbe der Schrift festlegen. Dazu dient das COLOR-Attribut für das `<FONT>`-Tag. Es kann als Wert eine Farbbeschreibung in der hexadezimalen RGB-Notation oder einen Farbnamen tragen, die Sie schon in Abschnitt 2.8 auf Seite 25 kennengelernt haben.

Soll ein Textteil in Rot dargestellt werden, verwendet man folgende Auszeichnung:

```
<FONT COLOR="#FF0000">Achtung:</FONT>
```

Mit dem Microsoft Internet Explorer und Netscape 3.0 hat das `<FONT>`-Tag ein weiteres Attribut erhalten, mit dem man seine Seiten visuell ansprechender gestalten kann. Mit FACE läßt sich die Schriftart einstellen, die der Browser verwenden soll. Die Auswahl von Schriften birgt allerdings folgende Probleme:

- ❏ Es gibt Tausende von Schriften, je nach Rechner und Benutzer sind unterschiedliche Arten darstellbar und installiert.

- ❏ Namen von Schriften sind urheberrechtlich geschützt, daher werden dieselben Schriften teilweise unter anderen Namen geführt, beispielsweise die Schriften »Helvetica«, »Ariel«und »Geneva«, die zwar unterschiedliche Namen haben, aber gleich aussehen.

❏ Trotz Standardisierungsbemühungen gibt es kein allgemein verbreitetes Schema, um Namen auf Schriften abzubilden, das auf allen Rechnerplattformen verfügbar ist.

✘ Die Festlegung einer Schrift mit dem FACE-Attribut kann also nur der Versuch sein, eine Schrift im Browser auszuwählen – ob sie tatsächlich dargestellt werden kann, hängt vom verwendeten Rechner und den darauf installierten Schriften ab.

Aus dieser Überlegung ergibt sich auch der Inhalt des FACE-Attributs: Es ist eine durch Kommata getrennte List von Schriftnamen. Der Browser versucht in der angegebenen Reihenfolge, die Schriften zu verwenden – kann er eine nicht darstellen, probiert er die nächste und landet schließlich bei der verwendeten Standardschrift.

Das folgende Beispiel demonstriert den Mechanismus. Der durch <FONT> ausgezeichnete Text soll nach Möglichkeit in der Schrift »DomCasual BT« dargestellt werden; wenn das nicht geht, soll der Browser es mit »Helvetica« und danach mit »Sans-Serif« probieren.

```
Normale Schrift und <FONT
  FACE="DomCasual BT,Helvetica,Sans-Serif"
>Serifenlose Schrift</FONT>
```

Läuft der Browser auf einem Windows 95-System, auf dem »DomCasual BT« als Schrift installiert ist, ergibt sich die Darstellung wie in Abbildung 3.5. Unter Unix wird es diese Schrift sehr selten geben – Abbildung 3.6 auf der nächsten Seite zeigt das Ergebnis: Der Browser verwendet »Helvetica«.

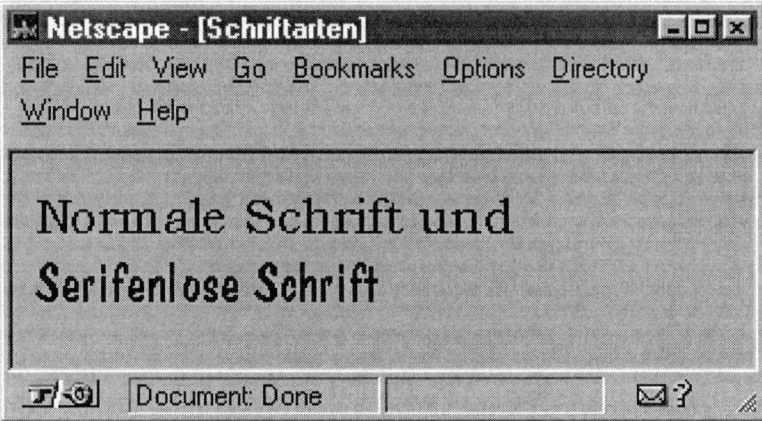

Abbildung 3.5
Schriftarten unter Microsoft Windows

W3C *HTML 4* Der HTML 4 Entwurf rät von der Verwendung des <FONT>-Tags ab, weil seine Funktion erheblich besser durch Style Sheets

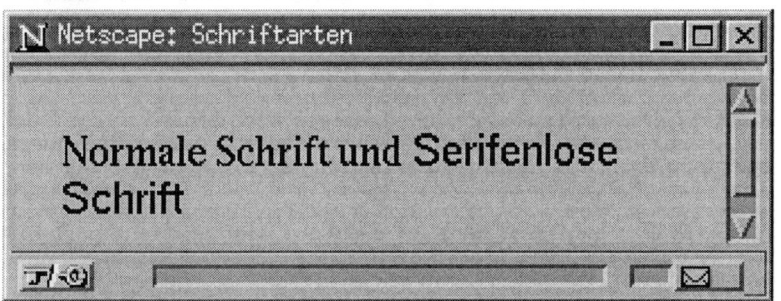

Abbildung 3.6
Schriftarten unter Unix

(siehe Kapitel 12 auf Seite 141) abgedeckt ist. Gleiches gilt für `<BASEFONT>`.

3.3 Logische Markierung von Text

Die logische Auszeichnung gibt die Art des Textstücks an. Die verschiedenen Tags für logische Auszeichnung sind:

- `<EM>`...`</EM>` Der ausgezeichnete Text wird hervorgehoben dargestellt (von »emphasize«). Üblicherweise verwendet ein grafischer Browser dafür kursive Schrift. `<EM>`

- `<STRONG>`...`</STRONG>` Die Textpassage wird betont angezeigt – üblicherweise mit fetter Schrift. `<STRONG>`

- `<CITE>`...`</CITE>` Die eingeschlossene Passage ist ein Zitat. `<CITE>`

- `<CODE>`...`</CODE>` Der Text ist ein Ausschnitt aus einem Programm. `<CODE>`

- `<VAR>`...`</VAR>` Es handelt sich um eine Programmvariable. `<VAR>`

- `<KBD>`...`</KBD>` Das Tag zeichnet eine Tastatureingabe aus (von »Keyboard«). `<KBD>`

- `<SAMP>`...`</SAMP>` Ein Beispiel für die Ausgabe eines Programms (von »Sample«). `<SAMP>`

Netscape stellt die logischen Auszeichnungen so dar:

> *Hervorhebung mit* `<EM>`, **Hervorhebung mit `<STRONG>`**, ein *Zitat*, `Programmtext`, *Programmvariable*, `Taste`, `Beispiel`.

3 HTML – Textauszeichnung

W3C *HTML 4*

Im HTML 4 Entwurf ist eine Reihe weiterer Auszeichnungen vorgesehen:

<Q>

- `<Q>...</Q>` für eine kurzes Zitat

<INS>

- `<INS>...</INS>` zeichnet Text aus, der in einem Dokument neu hinzugekommen ist (von »inserted text«).

<DEL>

- `<DEL>...</DEL>` zeichnet Text aus, der aus einem Dokument entfernt wurde (von »deleted text«).

<ACRONYM>

- `<ACRONYM>...</ACRONYM>` für ein Akronym (beispielsweise wie mit `<ACRONYM>HTML</ACRONYM>`)

W3C *HTML 4*

Für `<INS>` und `<DEL>` sieht der HTML 4 Entwurf das Attribut `CITE` vor. Es soll eine URL enthalten, die auf ein Dokument verweist in dem die Einfügung oder Löschung erklärt oder begründet wird. Weiterhin soll im Attribut `DATETIME` Datum und Uhrzeit der Änderung vermerkt werden.

3.4 Schriftrichtung und Sprache

W3C *HTML 4*

Im Abschnitt 2.6 auf Seite 22 hatten Sie das `LANG` beim `<BODY>`-Tag kennengelernt, dessen Wert mit einem Sprachkürzel die Sprache des ausgezeichneten Texts beschreibt. In HTML 4 ist `LANG` für praktisch alle Elemente vorgesehen.

Damit können zukünftige Browser mehrsprachige Dokumente darstellen und insbesondere sprachspezifische Trennmuster verwenden. Allerdings ist ein solcher Mechanismus heute noch in keinem Browser implementiert.

HTML 4 unterstützt die Internationalisierung von Dokumenten noch weiter. Für jedes Element ist zusätzlich das Attribut `DIR` (»Direction«) vorgesehen mit dem die Schreibrichtung vorgegeben werden kann. Die zwei möglichen Werte sind `LTR` (»left to right«) für die bei uns übliche Schreibrichtung und `RTL` (»right to left«) für die umgekehrte Schreibrichtung.

Sollen Teile eines Absatzes in umgekehrter Schreibrichtung notiert werden, können Sie zu deren Auszeichnung das `<SPAN>`-Tag verwenden, das Sie in Abschnitt 12.4 auf Seite 148 kennenlernen.

Die Internationalisierung von Text ist ein komplexes Thema, in dem diverse Fallstricke lauern. Es gibt Sprachen bei denen die Anordnung der Buchstaben in dem Quelltext ebenfalls umgekehrt ist. Das `DIR`-Attribut kehrt lediglich die Darstellung um und geht von einem Quelltext aus der von links nach rechts geschrieben ist. Im HTML 4 Entwurf werden als Beispiele bestimmte Kodierungen von hebräischem Text für diese Situation genannt. Aus diesem Grund ist das `<BDO>`-Tag vorgesehen, das einen Text umschließt dessen Reihenfolge im Quelltext nicht verändert wird.

`<BDO>`

3.5 Grafiken

Ein Grund für die Popularität des Web ist die Verwendung von Grafik auf den Seiten. Sie werden mit dem Tag `<IMG>` erzeugt. Es hat mindestens die folgende Form `<IMG ALT="`*Textersatz*`" SRC="`*Grafikdatei*`">`.

`<IMG>`

Dabei enthält das Attribut `SRC` die Web-Adresse einer Grafikdatei, z.B. `SRC="logo.gif"`. Der Browser wird diese Datei laden und auf der Seite darstellen (man spricht dabei von »inlined graphics«), falls er das Dateiformat versteht. Anderenfalls kann ein externes Programm das Bild darstellen, falls Ihr Browser entsprechend konfiguriert ist.

Momentan ist das Graphical Interchange Format (GIF) ein Format, bei dem man davon ausgehen kann, daß es alle Browser auf allen Plattformen darstellen können. Gleiches gilt inzwischen auch für das JPG-Format.

Das »Format der Zukunft« ist übrigens eine Neuentwicklung, die vom W3-Konsortium gefördert wird – das *Portable Network Graphics* Format, kurz PNG. Es wird momentan noch nicht in verbreiteten Browsern unterstützt – dies sollte sich aber ändern. Sie finden eine kurze Beschreibung von PNG in Abschnitt 6.6 auf Seite 88.

✘

Sie sollten Ihre Grafiken im GIF-Format anbieten, weil es sich um das am meisten verbreitete handelt. Eine Seite voller Grafiken, die ein Browser nicht darstellen kann, führt zum mehrfachen Start externer Programme, wodurch das optische Erscheinen Ihrer Seiten völlig zerstört wird.

✘

Das `ALT`-Attribut enthält eine Zeichenkette, die Browser auf zeichenorientieren Geräten anstelle der Grafik darstellen. Kann man bei einem Browser das Laden von Grafiken ausschalten, wird dieser String ebenfalls angezeigt. Sie sollten in jedem Fall das `ALT`-Attribut verwenden, eventuell mit leerem Inhalt (`ALT=""`). Die folgende Abbildung zeigt den HTML Text:

```
Navigation: <A HREF="level1.html">
  <IMG SRC="up.gif" ALT="[Up]"></A>
```

links mit dem grafischen Browser Netscape und rechts mit dem textorientierten Lynx.

Abbildung 3.7
Grafiken mit dem ALT-Attribut in Netscape und Lynx

Die vertikale Ausrichtung der Grafik läßt sich mit dem ALIGN-Attribut festlegen. Es kann die Werte TOP für Ausrichtung an der Oberkante der Zeile, BOTTOM für die Unterkante oder MIDDLE für vertikale Zentrierung annehmen.

In Netscape sind weitere, etwas feinere Werte für ALIGN implementiert. TEXTTOP richtet die Grafik an der Oberkante des Textes einer Zeile aus und nicht wie TOP eventuell an der Oberkante anderer, noch höherer Grafiken.

Bei ABSMIDDLE richtet Netscape die Grafik an der tatsächlichen vertikalen Mitte der Zeile aus und nicht an der Grundlinie der Schrift wie bei MIDDLE.

BOTTOM richtet die Unterkante der Grafik an der Grundlinie der Schrift aus – Netscape führt dafür zusätzlich den gleichbedeutenden Wert BASELINE ein. Schließlich richtet ABSBOTTOM die Grafik an der Unterkante der Zeile aus – also eventuell mit der Unterkante anderer Grafiken.

Die folgende Abbildung macht die kleinen, aber feinen Unterschiede klar.

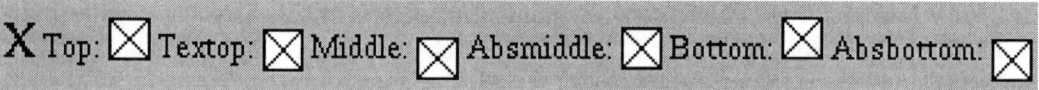

Abbildung 3.8
Die verschiedenen Ausrichtungen von Grafiken

Die beschriebenen Attribwerte steuern die vertikale Ausrichtung einer Grafik innerhalb einer Zeile. Mit zwei weiteren Werten, LEFT und RIGHT, können Grafiken an den linken oder rechten Rand positioniert werden.

Dabei stehen sie nicht mehr innerhalb einer Zeile, vielmehr gleiten Sie am Rand und der entsprechende Absatz fließt um die Grafik herum. In Abbildung 3.9 auf der nächsten Seite finden Sie ein Beispiel.

Grafiken können von einer Linie umrahmt werden, beispielsweise stellen die meisten Browser ein <IMG> innerhalb von <A> mit einer dickeren Linie dar, um damit zu verdeutlichen, daß es sich um einen Link handelt. In Netscape läßt sich die Dicke des Rahmens mit dem Attribut BORDER in Pixel festlegen. BORDER=0 schaltet ihn ab. Abbildung 3.10 zeigt ein Beispiel.

3.5 Grafiken

```
<HTML><HEAD></HEAD><BODY>
<P>Ein Absatz, der eine Grafik
enthält <IMG SRC="star_gold.gif"
ALIGN=LEFT> die durch das
<TT>ALIGN</TT> Attri-
but am linken
Rand neben den Absatz gleitet.
</BODY></HTML>
```

Abbildung 3.9
Eine Grafik am linken Rand

Abbildung 3.10
Unterschiedlich dicker Rahmen bei Grafiken

Ab und zu kann es notwendig sein, einen zusätzlichen Abstand zwischen Grafik und umfließendem Text einzufügen. In Netscape läßt sich mit den Attributen VSPACE und HSPACE dieser Abstand festlegen.

In HTML 3 sind zusätzliche Attribute zur Größe der Grafik von <IMG> vorgesehen. WIDTH und HEIGHT bezeichnen die Breite und Höhe der Grafik. Durch die Angabe dieser Attribute beschleunigen Sie die Anzeige einer Seite, weil der Browser den Text formatieren kann, auch wenn die Grafik noch nicht geladen ist, da er ja weiß, wieviel Platz sie einnimmt.

 W3C HTML 3

Sie sollten bei der Verwendung von WIDTH oder HEIGHT möglichst nur Vielfache der originalen Breite oder Höhe angeben, da es sonst zu sehr ungleichmäßigen Vergrößerungen und Verkleinerungen kommt.

Eine weitere Möglichkeit zum beschleunigten Anzeige einer Seite bietet das LOWSRC-Attribut. Es legt die URL einer weiteren Grafik fest, die kleiner und schneller ladbar ist, als die mit SRC bezeichnete. Bevor der Browser die komplexe Grafik lädt, holt er die einfachere und zeigt sie schon an.

Microsoft hat mit dem Internet Explorer weitere Attribute eingeführt, durch die <IMG> auch zur Darstellung von Filmen im avi-Format verwendet werden kann. Damit wird eine statische Abbildung durch eine dynamische Darstellung ergänzt. Die Attribute sind:

- DYNSRC enthält die URL des Films.

- Ist das Attribut CONTROLS vorhanden, stellt der Browser die einem Videorekorder ähnlichen Bedienelemente unter dem Film bereit. Abbildung 3.11 zeigt wie sich das Attribut CONTROLS bei den Tags <IMG DYNSRC=film.avi> und <IMG DYNSRC=film.avi CONTROLS> auswirkt.

Abbildung 3.11
Ein AVI Film ohne und mit Kontrollelement

- LOOP bestimmt die Anzahl der Wiederholungen des Films. Beim Wert INFINITE spielt der Browser den Film immer wieder ab.

- START legt fest, wann der Film abgespielt wird. FILEOPEN legt fest, daß der Film nach dem Laden gespielt wird; bei MOUSEOVER immer dann, wenn der Nutzer den Mauszeiger darüber positioniert.

Mehr zu Grafiken und ihren Attributen, ihrer Erstellung und ihrer Verwendung als anklickbare Objekte etc. finden Sie in Kapitel 6 auf Seite 81.

3.6 Linien, Zeilenumbruch und Absätze

<HR>

Ein einfaches grafisches Element, das direkt als Tag in HTML vorkommt, ist eine horizontale Linie. Sie wird mit dem Tag <HR> definiert. Durch Attribute kann <HR> hier die folgende Form haben:

```
<HR SIZE=Dicke WIDTH=Breite
 ALIGN=Ausrichtung NOSHADE>
```

SIZE enthält dabei die Dicke der Linie in Pixel. WIDTH gibt dessen Breite in zwei Formen an. Bei Angabe einer Zahl legt das Attribut die Breite in Pixel fest, in der Form *Prozent%* seinen Anteil in bezug auf die Fensterbreite. Mit ALIGN wird die Ausrichtung von Linien, die nicht über die ganze Fensterbreite reichen, definiert. Mögliche Werte sind LEFT, CENTER und RIGHT. Schließlich kann mit NOSHADE ausgezeichnet werden, daß die Linie keinen »Schatten« werfen soll.

Im Internet Explorer kann <HR> zusätzlich das Attribut CO-LOR tragen, wodurch den Linien eine Farbe nach den Konventionen, wie in Abschnitt 2.8 auf Seite 25 beschrieben, gegeben werden kann. In Abbildung 3.12 sind verschiedene Linien dargestellt.

```
<HR>:
_____

<HR SIZE=3 WIDTH=20>:
__

<HR SIZE=5 WIDTH=50% ALIGN=LEFT>:
_____

<HR SIZE=5 WIDTH=50% ALIGN=CENTER>:
      _____

<HR SIZE=5 WIDTH=50% ALIGN=RIGHT>:
                   _____

<HR SIZE=8 NOSHADE>:
███████████████████████████████████████
```

Abbildung 3.12
Verschiedene horizontale Linien

Wie in der Einleitung beschrieben, hat das Layout des HTML-Textes keinen Einfluß auf die spätere Formatierung. Daher führen Zeilenumbrüche oder Leerzeilen auch nicht zu einem neuen Absatz in der Darstellung des Browsers.

Eine neue Zeile wird mit dem Tag
 (von »break«) ausgezeichnet. Der Browser fährt in der nächsten Zeile bei der Darstellung des Textes fort.

*
*

In HTML 3 können am Textrand verschiebbare Tabellen oder Abbildungen stehen. Mit dem Attribut CLEAR kann man festlegen, wo der Browser die neu angefangene Zeile in Bezug auf solche beweglichen Elemente positioniert. Es kann die folgenden Werte annehmen:

W3C *HTML 3*

- LEFT: Die neue Zeile beginnt erst, wenn am linken Rand keine Abbildungen oder Tabellen mehr stehen.
- RIGHT: Die neue Zeile beginnt erst, wenn am rechten Rand keine Abbildungen oder Tabellen mehr stehen.
- ALL: Die neue Zeile wird erst dann begonnen, wenn an beiden Rändern keine Abbildungen oder Tabellen mehr stehen.
- NONE: Keine Beachtung von Abbildungen – der Wert ist die Standardeinstellung.

Das CLEAR-Attribut wird vom Mosaic Browser mit den Werten LEFT und NONE beachtet.

Netscape hat zwei Tags eingeführt, die den Zeilenumbruch weitergehend steuern. <NOBR>...</NOBR> (für »no break«) zeichnet einen Textabschnitt aus, in dem der Browser keinen Zeilenumbruch vornimmt.

<NOBR>

Falls ein solcher Bereich länger als die übliche Breite eines Netscape-Fensters wird, muß man explizit Zeilenumbrüche mit <BR> einfügen. In Netscape kann man zusätzlich mehrere Stellen auszeichnen, an denen ein Zeilenumbruch erwünscht ist. Das geschieht mit dem Tag <WBR> (für »wish break«). Im Gegensatz zu <BR> erzwingt <WBR> keinen Umbruch, sondern sagt lediglich aus, daß an dieser Stelle ein Umbruch stattfinden darf.

<WBR>

Innerhalb von <NOBR>...</NOBR> sind <BR> und <WBR> die einzigen Möglichkeiten für einen Umbruch. Im normalen laufenden Text kann man mit <WBR> zusätzliche Hinweise geben, wo ein Umbruch erwünscht ist.

Bei einem Absatz wird üblicherweise etwas vertikaler Leerraum eingefügt, eventuell ist die erste Zeile eines Absatzes auch eingerückt. In HTML zeichnet <P> (von »paragraph«) den Anfang eines neuen Absatzes aus.

<P>

W3C HTML 3.2

Während in HTML 2 keinerlei Attribute für <P> vorgesehen sind, lassen sich in HTML 3.2 einige Vorgaben über die Formatierung von Absätzen machen. Das vielleicht wichtigste Attribut ist ALIGN, mit dem man die Ausrichtung des Absatzes festlegt. Seine möglichen Werte sind

- LEFT: linksbündige Ausrichtung der Zeilen
- CENTER: zentrierte Darstellung der Zeilen
- RIGHT: rechtsbündige Ausrichtung

3.6 Linien, Zeilenumbruch und Absätze

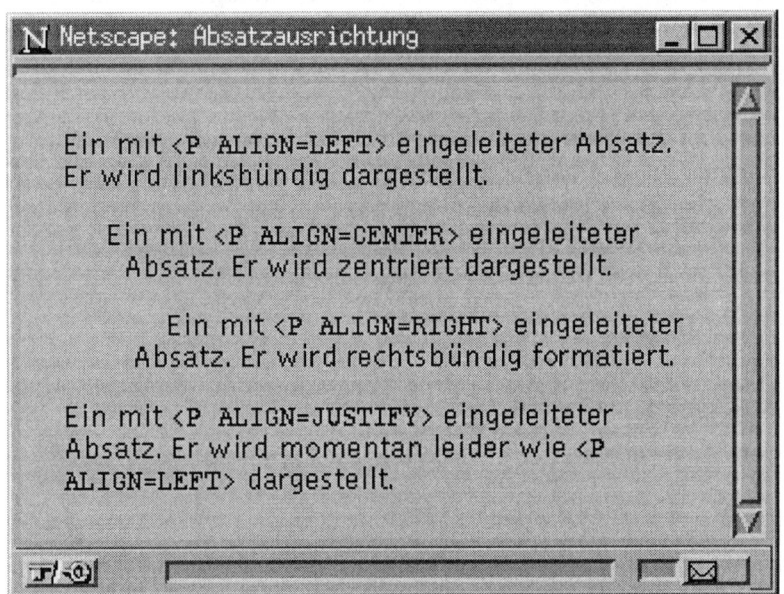

Abbildung 3.13
Unterschiedliche Absatzausrichtung

Mit dem Attribut NOWRAP schließlich schaltet man den automatischen Umbruch des Absatzes durch den Browser ab. In diesem Fall muß man mit <BR> selber Zeilenumbrüche an festen Stellen einfügen. Damit ist die Auszeichnung eines Absatzes mit diesem Attribut gleich einem Einschließen in <NOBR>...</NOBR>

W3C HTML 3.2

Alternativ zur Steuerung der Ausrichtung von Absätzen mit dem ALIGN Attribut von <P> kann man mit <DIV>...</DIV> die Ausrichtung ganzer Dokumentenabschnitte steuern. Es kennt ebenfalls das ALIGN Attribut mit denselben möglichen Werten.

<DIV>

Darüber hinaus existiert das Tag <CENTER>...</CENTER>, das schon lange in Netscape-Browsern unterstützt wird. Es ist identisch zu <DIV ALIGN=CENTER>.

<CENTER>

Der HTML 4 Entwurf rät von der Verwendung von <CENTER> ab, weil die Ausrichtung von Absätzen mit Attributen bei <P> konzeptionell sauberer ist.

W3C HTML 4

✗

Befindet sich ein mit <P> eingeleiteter Absatz in einem durch <DIV> oder <CENTER> ausgezeichneten Abschnitt, dann wird die dort angegebene Ausrichtung auch auf den Absatz angewandt, wenn er kein ALIGN Attribut trägt.

In HTML 3 kann man innerhalb von Absätzen Tabulatoren setzen und anspringen. Dazu dient das <TAB> Tag, das durch Attribute in zwei Varianten auftreten kann.

W3C HTML 3

<TAB>

Der Browser Lynx ist momentan der einzige, der dieses Tag

unterstützt. Zur Definition eines Tabulatorstops verwendet man im laufenden Text

`<TAB ID=`*Name*`>`

Name ist dabei ein – mit einem Buchstaben beginnender – Name, der im HTML-Dokument eindeutig sein muß. Durch das Attribut wird ein Tabstop definiert, dessen Lage sich natürlich erst bei der Formatierung im Browser ergibt. Das »Anspringen« eines Tabulators geschieht mit dem Gegenstück

`<TAB TO=`*Name*`>`

Damit rückt der Browser beim Formatieren auf die horizontale Position vor, an der `<TAB ID=`*Name*`>` formatiert wurde. Neben dem Anspringen eines definierten Tabstops, kann man durch

`<TAB INDENT=`*EN-Einheiten*`>`

an die absolut bezeichnete horizontale Position springen. Mit dem Attribut `ALIGN` läßt sich steuern, wie der Browser den folgenden Text bezüglich des Tabulators ausrichtet. Es kann vier Werte annehmen:

- `LEFT`: Der Text beginnt ab dem Tabstop.

- `CENTER`: Der Text wird mittig zwischen dem Tabulator und dem folgenden Tabstop oder dem nächsten Zeilenumbruch ausgerichtet.

- `RIGHT`: Der Browser setzt den folgenden Text rechtsbündig mit dem Tabstop.

`<SPACER>`

Das Erzeugen von Leerraum ist mit normalen HTML Mitteln nicht möglich – man muß auf Tricks zurückgreifen und andere Konzepte ausnutzen (siehe Abschnitt 6.8 auf Seite 91). Netscape hat mit der Version 3 seines Browsers das Tag `<SPACER>` eingeführt, das Abhilfe schafft. Es dient nur zur Erzeugung von Leerraum; hat also einen nur indirekt sichtbaren Effekt. Seine Attribute sind:

- `TYPE` legt die Art des erzeugten Leerraums fest. Werte sind `HORIZONTAL` für horizontalen Leerraum ohne Höhe, `VERTICAL` für senkrechten Platz und `BLOCK` für eine zweidimensionale Fläche.

- `SIZE` gibt bei horizontalem oder vertikalem Leerraum dessen Breite oder Höhe an.

- WIDTH legt die Breite eines zweidimensionalen Leerraums fest.
- HEIGHT – die Höhe eines zweidimensionalen Leerraums.
- ALIGN legt die Ausrichtung eines Blocks fest – mit denselben möglichen Werten wie bei <IMG>.

3.7 Laufbänder

Im Internet Explorer ist ein Tag eingeführt, mit dem Sie textuelle Laufbänder auf einer Seite erzeugen können. Die anzuzeigende Mitteilung wird dabei von der Klammerung <MARQUEE>... </MARQUEE> eingeschlossen. Die möglichen Attribute haben folgende Auswirkungen:

<MARQUEE>

- ALIGN enthält die Ausrichtung des Laufbandes zur Umgebung. Mögliche Werte sind TOP für Ausrichtung am oberen Rand der Textzeile, BOTTOM für den unteren Rand und MIDDLE für vertikale Zentrierung.
- BGCOLOR legt die Farbe des Textes mit den in Abschnitt 2.8 auf Seite 25 beschriebenen Werten fest.
- HEIGHT bestimmt die Höhe des Laufbands in Pixeln oder in einer Prozentangabe.
- WIDTH gibt die Breite des Laufbands an.
- HSPACE legt den horizontalen Abstand des Lauftextes zum linken und rechten Rand des Laufbandes in Pixeln fest.
- VSPACE ist der vertikale Abstand zum oberen und unteren Rand des Laufbands.
- DIRECTION ist die Laufrichtung nach links (Wert LEFT) oder rechts (Wert RIGHT).
- BEHAVIOR legt den Laufeffekt fest. Mögliche symbolische Werte sind SCROLL für ein simples Durchlaufen des Texts in der festgelegten Richtung, SLIDE für ein wiederholtes »Hereinrollen« von links oder rechts bis zur Laufbandmitte und ALTERNATE für ein »hin- und herschieben« des Textes innerhalb der Fläche des Laufbands.
- LOOP legt fest, wie oft der Text im Laufband animiert wird. Durch Angabe einer Zahl bestimmen Sie die Anzahl der Wiederholungen, der Wert INFINITE bedeutet eine unendliche Wiederholung.

- SCROLLAMOUNT gibt an, um wieviele Pixel der Text bei jedem Animationsschritt bewegt werden soll.

- SCROLLDELAY legt die Dauer der Pause zwischen zwei Animationsschritten in Millisekunden – also die Geschwindigkeit des Laufbands fest.

LYNX *2.7* Als einziger Browser neben dem Internet Explorer unterstützt auch Lynx das <MARQUEE>-Tag, allerdings ohne Animation. Die Tags, die Sie in diesem Kapitel kennengelernt haben, beziehen sich hauptsächlich auf die Auszeichnung von laufendem Text. Im nächsten Kapitel beschreiben wir, wie man den Inhalt einer Seite weiter strukturieren kann.

4 HTML – Textstrukturen

Im vorherigen Kapitel haben Sie die Grundlagen der Textauszeichnung mit HTML kennengelernt. Um eine Seite gut lesbar zu machen, braucht sie eine Strukturierung. Die Mittel von HTML, Seiten zu gliedern und Informationen in Strukturen zu fassen, sind in diesem Kapitel beschrieben.

4.1 Überschriften

Eine gute Hypertext-Seite lebt von ihrer Struktur, die den Lesern die Orientierung erleichtert. HTML bietet Ihnen verschiedene Möglichkeiten, Texte zu gliedern.

Überschriften für Textabschnitte kann man in HTML auf insgesamt sechs Stufen auszeichnen. Dazu dienen die Tags <H1> bis <H6> (von »heading«), wobei <H1>...</H1> die Hauptstufe auszeichnet und <H6>...</H6> die unterste Gliederungsstufe. Ein Beispiel finden Sie in Abbildung 4.1 auf der nächsten Seite.

Zu lange Überschriften mit <H1> können vom Browser sehr unglücklich umgebrochen werden. Sie sollten <H1> nur für kurze Überschriften verwenden und eventuell sogar <H2> bevorzugen.

HTML 3 kennt für Überschriften eine Reihe von Attributen. Ihre Ausrichtung kontrolliert ALIGN. Es kann die Werte LEFT für Ausrichtung nach links, CENTER für Zentrierung und RIGHT für rechtsbündige Ausrichtung annehmen.

<H1>
<H2>
<H3>
<H4>
<H5>
<H6>
✗
W3C *HTML 3.2*

4.2 Listenstrukturen

Zur weiteren Strukturierung bietet HTML verschiedene Listenformen an. Sie lassen sich unterscheiden in ungeordnete Listen, Aufzählungen und Definitionslisten.

Listen gibt es in drei Formen, die von den Tags <UL>...</UL> (von »unordered list«), <MENU>...</MENU> oder dem Paar <DIR>...</DIR> (von »directory listing«) umschlossen werden. Jeder Listeneintrag darin wird vom <LI>-Tag (von »list item«) eingeleitet.

<UL>
<MENU>
<DIR>

4 HTML – Textstrukturen

```
<H1>Berliner Bezirke</H1>
<H2>Westliches Berlin</H2>
<H3>Charlottenburg</H3>
<H3>Tempelhof</H3>
<H2>&Ouml;stliches Berlin</H2>
<H3>Mitte</H3>
<H3>Treptow</H3>
<H1>Berliner Geschichte</H1>
```

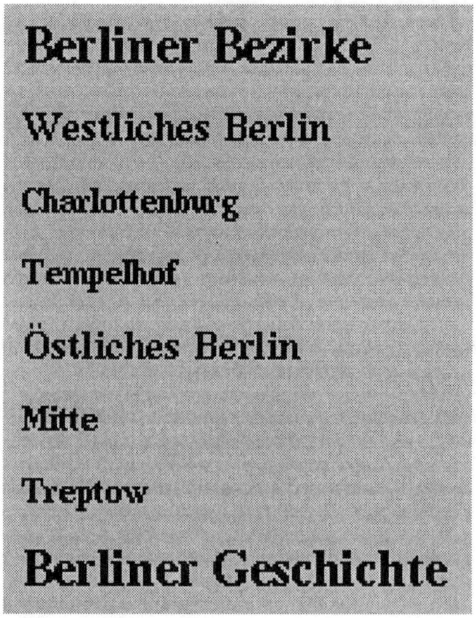

Abbildung 4.1
Verschiedene Überschriften

Berliner Bezirke

Westliches Berlin

Charlottenburg

Tempelhof

Östliches Berlin

Mitte

Treptow

Berliner Geschichte

Die drei Listen-Tags sind für unterschiedlich kompakte Darstellungen vorgesehen. In `<UL>`-Listen sollen längere Listeneinträge kommen, `<MENU>` ist für einzeilige Einträge vorgesehen, und bei `<DIR>` sollen die Einträge nicht länger als 20 Zeichen sein und in mehreren Spalten dargestellt werden. Momentan gibt es allerdings kaum einen Browser, der diese Listen unterschiedlich präsentiert.

W3C HTML 4 — In HTML 4 wird von der Verwendung von `<DIR>` und `<MENU>` abgeraten, weil die Variation der Darstellung im Vergleich zu `<UL>` durch Style Sheets (beschrieben im Kapitel 12 auf Seite 141) auf konzeptionell klarere Art erreicht wird.

Das Beispiel in Abbildung 4.2 zeigt eine Liste Berliner Sehenswürdigkeiten. Man kann solche Listen auch schachteln, wodurch der Browser geeignete andere Aufzählungspunkte wählt und die Einrückungstiefe ändert.

```
<UL>
<LI>Siegess&auml;ule
<LI>Haus der Kulturen der Welt
<LI>Ged&auml;chtniskirche
<LI>Europa-Center
</UL>
```

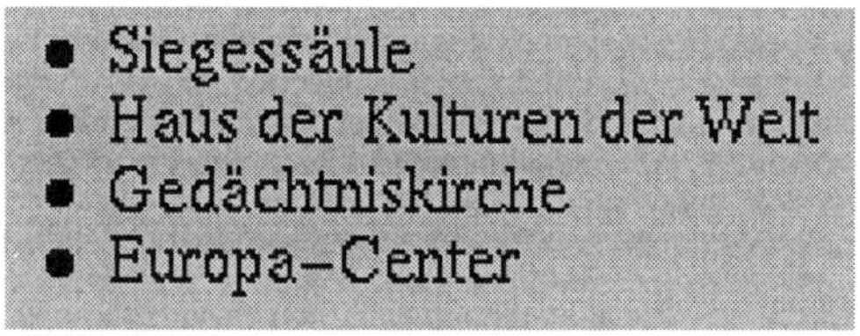

- Siegessäule
- Haus der Kulturen der Welt
- Gedächtniskirche
- Europa-Center

Abbildung 4.2
Eine ungeordnete Liste Berliner Sehenswürdigkeiten

4.2 Listenstrukturen

Der Netscape Browser erkennt für <UL> das Attribut TYPE, das die Form der Markierungen festlegt. Es kann die Werte DISC für eine runde, ausgefüllte Markierung, CIRCLE für einen kleinen Kreis und SQUARE für ein kleines Quadrat annehmen.

Für das <LI>-Tag sind in HTML 2 keinerlei Attribute vorgesehen. Man kann bei Netscape TYPE innerhalb einer <UL>-Liste auch für einzelne <LI>-Tags verwenden.

Lassen sich die Listeneinträge ordnen, bietet sich eine durchnumerierte Darstellung in <OL>...</OL> (von »ordered list«) an. In Abbildung 4.3 sind Westberliner Regierende Bürgermeister in chronologischer Ordnung dargestellt. *<OL>*

```
Westberliner Regierende
B&uuml;rgermeister:
<OL>
<LI>Ernst Reuter
<LI>Walther Schreiber
<LI>Otto Suhr
<LI>Willy Brandt
<LI>Heinrich Albertz
<LI>Klaus Sch&uuml;tz
<LI>Dietrich Stobbe
<LI>Hans-Jochen Vogel
<LI>Richard von Weizs&auml;cker
<LI>Eberhard Diepgen
<LI>Walter Momper
<LI>Eberhard Diepgen
</OL>
```

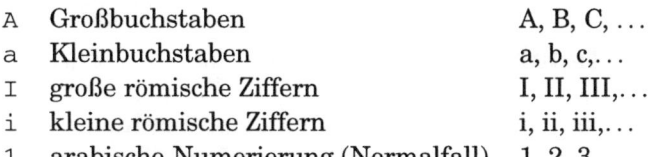

Abbildung 4.3
Eine geordnete Liste

Mit Netscape kann man verschiedene Formen der Numerierung festlegen und verwendet dazu das Attribut TYPE. Die möglichen Werte, mit denen Sie die Art der Numerierung bestimmen, finden Sie in der folgenden Tabelle:

A	Großbuchstaben	A, B, C, ...
a	Kleinbuchstaben	a, b, c, ...
I	große römische Ziffern	I, II, III, ...
i	kleine römische Ziffern	i, ii, iii, ...
1	arabische Numerierung (Normalfall)	1, 2, 3, ...

Darüber hinaus läßt sich mit dem START-Attribut der Startwert für die Numerierung festlegen. Soll eine Liste mit römisch 4 beginnen, ist die Auszeichnung <OL TYPE=I START=4> notwendig.

Das `<LI>`-Tag kann unter Netscape neben `TYPE` auch das Attribut `VALUE` tragen, mit dem sich die Numerierung ab einem bestimmten Listeneintrag ändern läßt.

```
<OL>
<LI>Erstens...
</OL>
Zwischentext
<OL>
<LI VALUE=2>...und weiter...
<LI>... und weiter
</OL>
```

> 1. Erstens...
>
> Zwischentext
>
> 2. ...und weiter...
> 3. ... und weiter

Abbildung 4.4
Eine Aufzählung fortsetzen

W3C HTML 3
LYNX 2.7

`<DL>`
`<DT>`
`<DD>`

Wie in Abbildung 4.4 kann man so beispielsweise eine Aufzählungsliste unterbrechen und die Numerierung in ei- nem zweiten `<OL>...</OL>` Block wiederaufnehmen.

In HTML 3 sind weitere Attribute für geordnete Listen beim `<OL>`-Tag vorgesehen. Sie werden allerdings nur vom Lynx Browser beachtet.

`SEQNUM` entspricht dem `START`-Attribut bei Netscape und legt den Startwert für die Nummerierung fest. Will man mit der Nummerierung an eine vorhergehende Liste anknüpfen, kann man mit dem Attribut `CONTINUE` bei `<OL>` das Rücksetzen des Zählers verhindern.

Die dritte Form von Listen sind die Definitionslisten, die das Tag `<DL>...</DL>` umschließt. In ihnen wird ein Begriff und seine Erläuterung dargestellt. Der Begriff wird mit dem Tag `<DT>` (von »definition term«) und die Erklärung durch `<DD>` (von »definition description«) eingeleitet. Das Beispiel in Abbildung 4.5 auf der nächsten Seite zeigt einige speziell berlinische Ausdrücke für Sehenswürdigkeiten und deren Erläuterungen.

`<DL>` kann man mit dem Attribut `COMPACT` versehen, was bei Browsern eine kompaktere Darstellung bewirken kann.

4.3 Textspalten

`<MULTICOL>`

In den Netscape-Browsern ab Version 3 ist die Tag-Klammerung `<MULTICOL>...</MULTICOL>` zur Erzeugung von Textspalten implementiert. Der so umschlossene Text wird vom Browser in mehreren Spalten dargestellt, die von den folgenden Attributen gesteuert werden:

4.4 HTML-Zitate und vorformatierter Text

```
<DL>
<DT>Goldelse
<DD>Siegess&auml;ule
<DT>Schwangere Auster
<DD>Haus der Kulturen der Welt
<DT>Hohler Zahn
<DD>Glockenturm der alten
Ged&auml;chtniskirche
<DT>Wasserklops
<DD>Springbrunnen vor dem
Europa-Center
</DL>
```

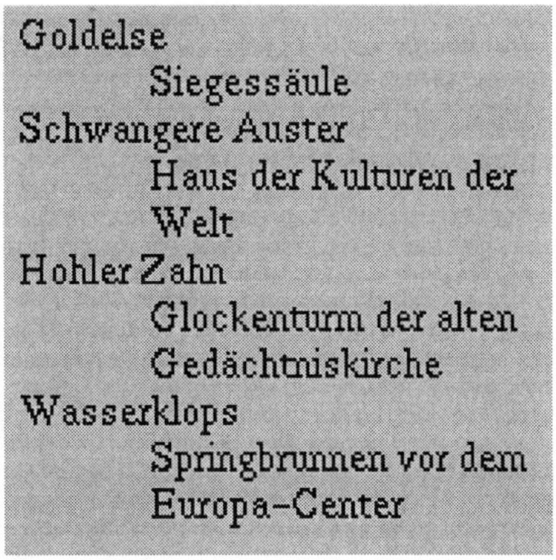

Goldelse
Siegessäule
Schwangere Auster
Haus der Kulturen der Welt
Hohler Zahn
Glockenturm der alten Gedächtniskirche
Wasserklops
Springbrunnen vor dem Europa-Center

Abbildung 4.5
Eine Definitionsliste Berliner Spitznamen für Sehenswürdigkeiten

❏ COLS enthält die Anzahl der Spalten.

❏ GUTTER legt den Abstand zwischen den Spalten in Pixel fest.

❏ WIDTH bestimmt die Breite der Spalten.

Sie sollten bei der Verwendung von <MULTICOL> bedenken, daß es sich nicht um ein standardisiertes HTML-Element handelt. Auch sind mehr als zwei Spalten meistens sinnvoll, da ja der Leser die Seiten- und damit die Spaltenbreite durch Einstellung der Browser-Fenstergröße bestimmt. Falls Sie WIDTH verwenden, könnte so der Text nicht ohne Scrollen sichtbar sein. Schließlich sehen enge Spalten in HTML schlecht aus, da Browser bisher keinerlei Trennungen im Text vornehmen und dadurch eine sehr unruhige Darstellung entsteht.

✗

4.4 HTML-Zitate und vorformatierter Text

Für längere Ausschnitte aus einem anderen HTML-Dokument ist das <CITE>-Tag weniger geeignet. In HTML gibt es dafür das Tag <BLOCKQUOTE>...</BLOCKQUOTE>, wobei Browser den enthaltenen HTML-Text meistens mit linker und rechter Einrückung darstellen.

Im HTML 3-Entwurf war eine erweiterte Version des Tags <BLOCKQUOTE> mit <BQ> vorgesehen. Bei ihr kann zusätzlich eine Quellenangabe innerhalb von <CREDIT>...</CREDIT> ausgezeichnet werden. Dieses Tag wird momentan nur vom Lynx-

<BLOCKQUOTE>

W3C *HTML 3*
<BQ>

<CREDIT>

Abbildung 4.6
Ein längeres HTML-Zitat als Beispiel für <BLOCKQUOTE>

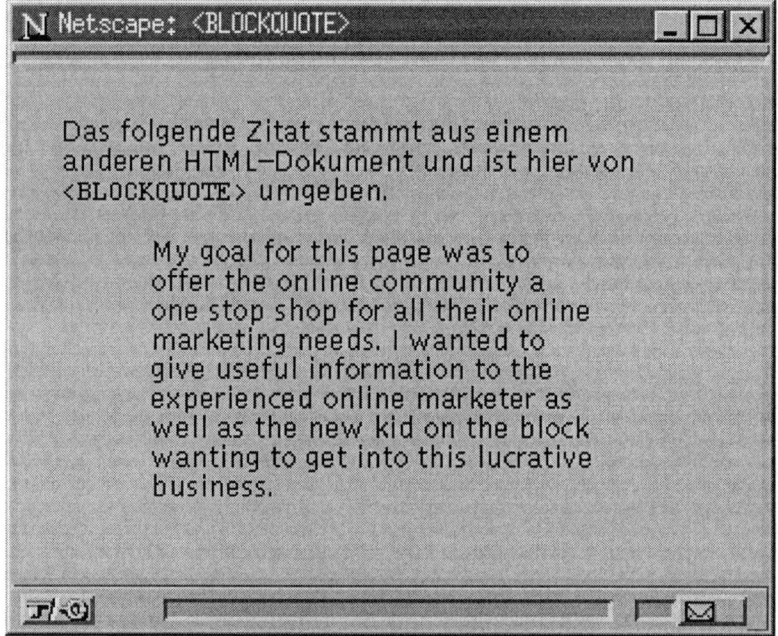

Browser unterstützt. Lynx beachtet auch das Tag <Q>, das ähnlich <CITE> kurzen Zitaten im laufenden Text dient, aber schachtelbar ist.

<Q>

W3C HTML 4

Im HTML 4-Entwurf ist das Tag <Q> für kurze Zitate im laufenden Text vorgesehen – es wird sich wahrscheinlich durchsetzen.

HTML 4 sieht sowohl für <BLOCKQUOTE> als auch für <Q> das Attribut CITE vor. Es soll als Wert eine URL enthalten, die auf das zitierte Dokument verweist.

Will man längere Teile eines Programms etc. darstellen, benötigt man eine Umgebung, in deren Inhalt der Browser die vorgegebenen Zeilenumbrüche und Leerzeichen beläßt. In HTML wird ein solcher vorformatierter Text mit <PRE>...</PRE> (von »preformatted«) ausgezeichnet.

<PRE>

Innerhalb des Textes werden Zeilenumbrüche und Leerzeichen exakt dargestellt, wie sie im HTML-Text auftreten. Es findet kein Zeilenumbruch durch den Browser statt. Tabulatorzeichen (das ASCII-Steuerzeichen Control-I) führen zur Darstellung von Leerzeichen, so daß das nächste Zeichen an einer Zeichenposition erscheint, die ein Vielfaches von acht ist. Der gesamte Text wird in Schreibmaschinenschrift dargestellt.

In vorformatiertem Text können Hervorhebungen verwendet werden, auch wenn sie nicht immer eine entsprechende Darstel-

4.5 Anker, Links und URLs

lung bewirken. Nicht benutzen sollte man dagegen andere Strukturierungselemente wie Überschriften.

`<PRE>` kann mit dem Attribut `WIDTH` versehen werden, das die Werte 40, 80 oder 132 annehmen kann. Es soll beim Browser die Auswahl einer breiteren, normalen oder schmaleren Schreibmaschinenschrift bewirken. Allerdings beachtet kein verbreiteter Browser momentan dieses Attribut.

```
<PRE>Vorformatierter Text
                    Text
Zwei   Leerzeichen
</PRE>
```

```
Vorformatierter Text
                                    Text
Zwei   Leerzeichen
```

Abbildung 4.7
Vorformatierter Text

Für eine ähnliche Darstellung unterstützen einige Browser noch die Tags `<XMP>`, `<LISTING>` und `<PLAINTEXT>`. Bei diesen Auszeichnungen handelt es sich aber um historische Reste der ersten HTML-Version, die Sie auf Ihren Seiten nicht verwenden sollten.

Für die Auszeichnung von Informationen über Ihre Autorenschaft einer Seite und Ihre elektronische Adresse gibt es in HTML das Tag-Paar `<ADDRESS>...</ADDRESS>`. Typischerweise wird der so ausgezeichnete Text kursiv dargestellt.

`<ADDRESS>`

4.5 Anker, Links und URLs

Das Web (für »Gewebe« oder »Spinnennetz«) hat seinen Namen daher, daß Informationen durch Links vernetzt werden. Ein Link ist eine Verbindung zwischen zwei Textstellen, den sogenannten Ankern. Auf einer Web-Seite sehen Sie – zumeist unterstrichen – einen Ausgangsanker, auf den Sie klicken können. Der Browser folgt dem Link, indem er das Dokument, in dem der Zielanker steht, lädt und darstellt. Es gibt zahlreiche Hypermedia-Systeme, in denen es verschiedenste Arten von Links gibt – im Web gibt es nur eine Art von Anker, die durch das `<A>`-Tag ausgezeichnet werden.

Entsprechend der Unterscheidung in Ausgangs- und Zielanker gibt es zwei Ausformungen des `<A>`-Tags, die sich durch die verwendeten Attribute unterscheiden. Ein Zielanker benutzt das `NAME`-Attribut und hat die Form

`<A NAME="`*Ankername*`">`*Text*`</A>`

Diese Auszeichnung definiert einen Zielanker, der durch den Namen `Ankername` bezeichnet wird. In einem HTML-Dokument müssen alle verwendeten Namen unterschiedlich sein.

Beim Gegenstück, einem Ausgangsanker, verwendet man das `HREF`-Attribut und hat die folgende Form:

```
<A HREF="Ankername" TITLE="Titel">Beschreibung</A>
```

Dadurch ist `Text` der Ankertext, den der Browser hervorhebt und der angeklickt werden kann. In `TITLE` kann man eine Beschreibung der Zielseite angeben, die der Browser während des Ladens oder beim Überfahren des Ankers mit dem Mauszeiger anzeigen kann.

In der üblichen Sprechweise über Web Seiten verzichtet man meistens auf die Unterscheidung zwischen Ausgangsanker und dem – nicht sichtbaren – Link. Meistens meint »Link« den auf der Seite unterstrichenen Ausgangsanker, auf den man klickt. Abbildung 4.8 faßt die Beziehungen zusammen.

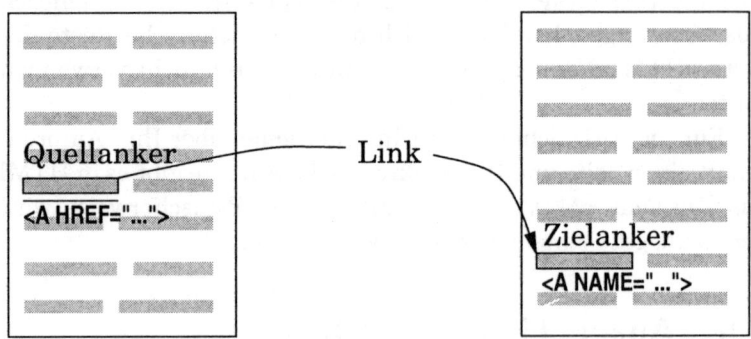

Abbildung 4.8
Anker und Links

Für ein erstes Beispiel soll ein Link innerhalb eines Dokuments dienen.

Abbildung 4.9
Ein lokaler Link nach Sehensw

```
Berlin wird j&auml;hrlich von xxxxx Touristen
besucht, die auch wegen der bekannten
<A HREF="#Sehensw">Sehensw&uuml;rdikeiten</A>
kommen.
...

<A NAME="Sehensw">
<H1>Sehensw&uuml;rdigkeiten</H1></A>
...
```

Es sind aber nicht die Zielanker, die innerhalb desselben Dokuments wie die Ausgangsanker liegen, die die Stärke des Web

4.5 Anker, Links und URLs

ausmachen,, sondern jene, die auf Dokumente auf anderen Rechnern verweisen. Diese Verweise werden Uniform Resource Locators oder URLs genannt und sind Ihnen schon lange als Web-Adressen bekannt. Eine URL hat den folgenden Aufbau:

`Protokoll://Rechner:Port/Pfad/Dokument`

In der Beispiel-URL *http://info.berlin.de/infosys/index.html* wird auf das Dokument *index.html* verwiesen, das im Directory *infosys* auf dem Rechner *info.berlin.de* liegt und mit dem Protokoll *http* übertragen werden soll.

Um auf das Dokument in einem Anker zu verweisen, wird man

```
<A HREF="http://info.berlin.de/infosys/index.html"
>Berlin Info</A>
```

verwenden. Es ist möglich, einen lokalen Zielanker in dem Dokument an die URL anzuhängen:

```
<A HREF=
"http://info.berlin.de/infosys/index.html#Sehensw"
>Berliner Sehensw&uuml;rdigkeiten</A>
```

Falls Sie sich über die etwas seltsam erscheinende Formatierung der HTML-Beispiele wundern, schauen Sie kurz in Abschnitt 16.3 auf Seite 223 nach. Würde man nach der schließenden spitzen Klammer beim `<A>`-Tag eine neue Zeile beginnen, würde dieser Zeilenumbruch vom Browser als Leerzeichen interpretiert werden. Durch dieses Leerzeichen würde allerdings die Unterstreichung des Link-Textes schon etwas vor »Berliner« beginnen.

Doch zurück zu URLs. Die gebräuchlichsten Protokolle, die bei URLs verwendet werden können sehen Sie in Abbildung 4.10 auf der nächsten Seite.

Welche Protokolle in einem Browser verwendet werden können, hängt von dessen Implementierung ab.

Wir gehen in diesem Buch nicht weiter auf die verschiedenen Protokolle ein – sie wären Thema eines ganzen Buchs über das Internet. In [20] finden Sie eine kompakte Einführung in die wichtigsten Protokolle des Internet.

Für Sie als Web-Informationsanbieter sind die *http:*-URLs von Interesse, denn sie sind es, die zu Ihren HTML-Seiten führen. Um Informationen in anderen Protokollen anbieten zu können, müßten Sie entsprechend einen FTP-Server oder einen Gopher-Server etc. betreiben bzw. Informationen darauf ablegen können. Dabei gelten aber wiederum andere Strukturierungs- und Auszeichnungskonventionen.

4 HTML – Textstrukturen

Abbildung 4.10
Die wichtigsten Protokolle in URLs

`http:`	Das Web Protokoll; ein HTTP-Server wird angesprochen.
`file:`	Eine Web-Seite wird geladen, dabei enthält der Pfad aber keine Web-Adresse, sondern einen Dateinamen im lokalen Dateisystem auf Ihrem Rechner.
`ftp:`	Das File-Transfer-Protokoll zur Übertragung von Dateien; ein FTP-Server wird angesprochen.
`gopher:`	Das Gopher-Protokoll zur Übertragung von Dokumenten und zur Navigation in Gopher Systemen.
`mailto:`	Mit dem Internet-Mail-Protokoll wird eine E-Mail an den angegebenen Empfänger geschickt.
`news:`	Mit dem Internet-News-Protokoll wird ein Artikel oder eine Newsgruppe geladen und angezeigt.
`telnet:`	Eine Terminal-Sitzung über Internet wird zu einem bestimmten Rechner gestartet.

Als HTML-Anbieter sollten Sie in Ihren Seiten möglichst präzise Zielpunkte für Links mit `<A NAME=...` aufnehmen und Ihr Informationssystem möglichst sinnvoll mit `<A HREF=...` vernetzen. Nach außen sollten Sie viele interessante Links auch in anderen Protokollen anbieten.

W3C *HTML 3.2*

In HTML 3.2 sind für `<A>` auch die Attribute vorgesehen, die Sie schon bei `<LINK>` kennengelernt haben. Sie können so mit `REL`, `REV` und `TITLE` die inhaltliche Beziehung zwischen dem aktuellen Dokument und dem in `HREF` verwiesenen markieren und einen Titel des Zieldokuments vorab angeben. Allerdings verwendet heute noch kein Browser diese Zusatzinformationen.

In einem Browser kann man mehrere Web Dokumente gleichzeitig in verschiedenen Fenstern darstellen. Netscape hat in der Version 2.0 einen Mechanismus eingeführt, mit dem man bei einem Link vermerken kann, in welches Fenster das Dokument geladen werden soll. Dabei sind die vom Nutzer per Menu geöffneten Fenster ohne Namen und können nicht angesteuert werden.

Verwendet man aber bei einem `<A>`-Link das Attribut `TARGET` mit einem Namen als Wert, öffnet der Browser ein weiteres Fenster und lädt das Dokument hinein. Ein Beispiel wäre der Link

`<A HREF="help.html" TARGET="HFenster">Hilfe</A>`

Klickt der Leser auf den Link »Hilfe«, öffnet Netscape ein weiteres Fenster, in dem `help.html` dargestellt wird. Dabei bleibt das ursprüngliche Fenster unverändert.

Findet sich auf einer anderen Seite dann ein weiterer Link mit `TARGET="HFenster"`, lädt Netscape das bezeichnete Dokument in das vorher schon geöffnete Fenster. Sie können auf diese Weise für Ihr Informationssystem mehrere Fenster beim Leser kontrollieren und nutzen.

Falls es nun ein Inhaltsverzeichnis der Hilfeseiten gibt, würde jeder Link darin das `TARGET`-Attribut tragen müssen. Damit dies nicht notwendig ist, kennt auch das `<BASE>`-Tag das Attribut. Steht in einem Dokument

```
<BASE HREF=... TARGET="HFenster">
```

dann werden alle Dokumente, auf die Links in diesem Dokument verweisen, im Fenster »HFenster« dargestellt. Trägt ein Anker auf einer solchen Seite selber das `TARGET`-Attribut, so hat dessen Wert Vorrang vor der `<BASE>`-Einstellung.

In Abschnitt 10.3 auf Seite 131 finden Sie zu diesem Mechanismus weitere Erläuterungen und Beispiele.

4.6 Fußnoten und Hinweise

Jede normale Textverarbeitung bietet Fußnoten an. In HTML sollten sie mit dem HTML 3-Entwurf eingeführt werden – lediglich der Lynx Browser unterstützt sie auch. Fußnoten arbeiten ähnlich lokalen Zielankern. Um eine Fußnote im laufenden Text einzufügen, verwendet man einen normalen Link auf einen lokalen Anker:

W3C HTML 3

LYNX 2.7

```
Die <A HREF="#fn1">Technische Universit&auml;t
Berlin</A> hat seit 1970 einen
Informatik-Fachbereich.
```

Man definiert aber keinen Zielanker im gleichen Dokument mit `<A NAME="Name">`, sondern verwendet

```
<FN ID="fn1">Gegr&uuml;ndet 1879 als Technische
Hochschule in Charlottenburg</FN>
```

Ein Browser kann eine solche Fußnote am Ende der Seite darstellen oder beim Klicken auf den Fußnotenanker ein Popup-Fenster mit dem Fußnotentext öffnen.

Ebenfalls in HTML 3 sollte ein Mechanismus eingeführt werden, mit dem man Textabschnitte als Warnungen oder Hinweise

W3C HTML 3

auszeichnen kann. Der Browser formatiert sie wie den restlichen HTML-Text, versieht sie aber anfangs mit einem kleinen Icon.

LYNX 2.7 — Auch hier unterstützt nur der Lynx-Browser das entsprechende Tag in der folgenden Form:

```
<NOTE CLASS=Warnungsart
 ROLE=Warnungsart ID=Marke >
...
</NOTE>
```

`<NOTE>` — `<NOTE>` umschließt die Warnung und in CLASS legt man die Art der Warnung fest. Das Attribut ROLE ist gleichbedeutend. Der HTML 3-Entwurf sieht folgenden Werte vor: NOTE – eine Anmerkung – CAUTION – ein Hinweis auf vorsichtige Verwendung – und WARNING – eine Warnung.

Wie bei den Fußnoten kann man mit dem ID-Attribut eine Marke definieren, die sich als Zielanker bei einem <A> verwenden läßt.

In diesem Kapitel haben Sie die Möglichkeiten von HTML zur Auszeichnung von Textstrukturen auf einer Seite kennengelernt. Im nächsten Kapitel beschäftigen wir uns mit den Formularen, die das Web zu einem interaktiven Medium machen.

5 Formulare

Formulare wurden mit HTML 2 eingeführt und sind eine der wichtigsten Schlüssel zum Erfolg des Web, weil sie Interaktion zwischen Benutzer und Informationssystem ermöglichen.

In einem HTML Formular werden – neben normalem HTML Text – mehrere Eingabe- und Auswahlfelder zusammengefaßt, die der Browser auf der Seite darstellt und für die er Tastatur- und Mauseingaben akzeptiert. Jedes Feld erhält vom Autoren der Seite einen Namen. Sind alle Eingaben beendet, kann der Nutzer mit einem Button die eingegebenen Feldwerte an den Server schicken.

Dort verarbeitet ein Skript oder Programm die Eingaben. Der Browser übermittelt dem Server die Eingaben unter dem jeweiligen Feldnamen, wo sie an das Skript beim Start übergeben werden.

Das Programm verarbeitet diese Eingaben und erzeugt als Ausgabe eine neue HTML Seite, die beispielsweise das Ergebnis der Verarbeitung enthält. Diese Seite wird schließlich vom Browser dargestellt, und die Interaktion zwischen Nutzer, Formular, Server, Skript und Browser ist beendet.

Der HTML Text eines Formulars besteht aus dem umschließenden Tag <FORM>...</FORM>, einer Reihe von Eingabe- und Auswahlfeldern sowie Buttons, mit denen die Eingaben bestätigt werden können.

`<FORM>`

Bei <FORM> gibt man zumindest die beiden Attribute ACTION und METHOD an. Die Eingaben eines Formulars werden an den Server übergeben, damit er eine Verarbeitung durchführt. Zuständig ist dafür auf der Seite des Servers ein Skript oder Programm. Seine URL wird in dem Attribut ACTION angegeben.

Es gibt zwei Arten, die Formulareingaben an dieses Programm zu übermitteln. Bei der Methode GET werden sämtliche Eingaben an die URL angehängt, die im Attribut ACTION steht. Das Skript ist in der Lage, diesen Anhang zu ermitteln und entsprechend zu verarbeiten.

Als Beispiel verwenden wir ein Formular, in dem die Eingabefelder `Nachname` und `Vorname` vom Benutzer ausgefüllt werden können. Nehmen wir im folgenden an, mit

`ACTION="http://www.info.berlin.de/cgi-bin/reserv"`

sei ein Skript zur Verarbeitung angegeben.

Mit `METHOD=GET` fordert der Browser bei Eingabe von »Hans Otto« als Vor- und »Meier« als Nachname vom Server das Dokument

http://www.info.berlin.de/cgi-bin/reserv?Vorname=Hans+Otto&Nachname=Meier

an. Durch den in Kapitel 14 auf Seite 195 genauer erläuterten Mechanismus, kann das Skript die Namensinformation ermitteln und ein entsprechendes HTML-Dokument als Antwort erzeugen.

Nachteil der `GET`-Methode ist, daß die meisten Server ein Limit von 256 Zeichen für die Länge einer URL setzen. Daher könnte bei längeren Formularen oder Benutzereingaben, ein Teil der Formularinformation abgeschnitten werden.

Abhilfe schafft man mit `METHOD=POST`, bei dessen Angabe der Browser Formulareingaben mit derselben Kodierung schickt, sie aber nicht an die URL anhängt, sondern sie dem Skript über dessen Standardeingabe übermittelt.

Als »Standardeingabe« versteht man einen Datenkanal, über den Programme Eingaben erhalten. Normalerweise werden bei einem laufenden Programm alle Eingaben auf der Tastatur in diesen Kanal geleitet. Betriebssysteme können Mittel anbieten, um diese Zuordnung umzulenken, so daß Eingaben statt von der Tastatur beispielsweise aus einer Datei gelesen werden. Dieser Mechanismus wird von einem Server so benutzt, daß die über die HTTP Netzverbindung vom Browser eintreffenden Zeichen in die Standardeingabe gelenkt werden.

Die Details der Arbeitsweise von Skripten sind in Kapitel 14 auf Seite 195 einführend erklärt.

✗ Läßt sich absehen, daß die Benutzereingaben in das 256-Zeichen-Limit für die Anfrage passen, kann man `GET` verwenden. Hat man Elemente im Formular, bei denen die Länge der Eingabe nicht vorhersehbar ist – wie `<TEXTAREA>` –, muß man den `POST`-Mechanismus verwenden.

Da das Skript zur Formularverarbeitung eine HTML Seite erzeugt, stellt sich bei Browsern, die Frames unterstützen, die Frage, in welchem Frame oder Browser-Fenster das Ergebnis dargestellt werden soll. Daher können Sie bei <FRAME> das TARGET-Attribut verwenden, mit dem Sie ein Ziel für die Darstellung mit einem Fenster- oder Framenamen oder einen der vordefinierten Namen angeben (siehe Abschnitt 4.5 auf Seite 58).

Zusätzlich kann das <FORM>-Tag das Attribut ENCTYPE tragen, das einen MIME-Typ enthält, nach dem der Inhalt der Formularfelder kodiert ist. Als Standardwert gilt hier die Zeichenkette application/x-www-form-urlencoded.

MIME steht für *Multipurpose Internet-Mail Extensions* − ein Internet-Standard ([4, 13]), der ursprünglich für die Einbettung multimedialer Informationen in E-Mail entwickelt wurde. MIME definiert einen Satz von Medienbeschreibungen, beispielsweise beschreibt text/html einen HTML Text, während image/gif eine Grafik im GIF-Format beschreibt. Komplementär zu MIME sind Darstellungsprogramme, die je nach Medialität unterschiedlich sind − text/html kann ein Web Browser darstellen, während für application/postscript ein Darstellungsprogramm für Postscript-Daten zuständig ist.

Im obigen Beispiel haben wir Vorname und Nachname verwendet. In HTML Formularen erhalten alle Elemente einen Namen, der mit dem Attribut NAME bei allen Tags vermerkt werden muß. Eingabefelder benötigen einen eindeutigen Namen, der nur einmal im Formular benutzt werden darf. Bei Auswahlfeldern werden mehrere HTML Elemente für je eine Auswahlmöglichkeit eingesetzt. Alle verwendeten Tags in einer Auswahlgruppe müssen in NAME denselben Namen tragen, um ihre Zusammengehörigkeit anzuzeigen.

Bei der Wahl von Namen sind Sie völlig frei; es gibt keine reservierten Zeichenketten. Beachten Sie die Groß- und Kleinschreibung von Namen − Feld und feld sind also unterschiedliche Feldnamen.

Schließlich gibt es Knöpfe, mit denen der Nutzer die Formulareingaben abschickt und ihre Verarbeitung beim Server auslöst.

Die gezeigten Teile eines Beispielformulars ergeben zusammen das folgende HTML Formular:

```
<FORM METHOD=GET ACTION=
 "http://www.info.berlin.de/cgi-bin/reserv">
Vorname: <INPUT TYPE=TEXT NAME="Vorname">
Nachname: <INPUT TYPE=TEXT NAME="Nachname">
<INPUT TYPE=SUBMIT>
</FORM>
```

Im folgenden stellen wir die Tags für die Auszeichnung innerhalb von Formularen dar, wobei wir eine inhaltliche Gliede-

5 Formulare

<INPUT>

rung nach Eingabe- und Auswahlfeldern vornehmen. Das Tag <INPUT> wird dabei an verschiedenen Stellen vorkommen, da es je nach Attributen unterschiedliche Funktionen übernimmt. Alle Tags in den folgenden Abschnitten dürfen nur innerhalb von <FORM>...</FORM> verwendet werden.

5.1 Eingabefelder

Die einfachste Eingabemöglichkeit in einem Formular ist ein Textfeld. Es wird innerhalb von <FORM>...</FORM> folgendermaßen ausgezeichnet:

<INPUT>

```
<INPUT NAME="Name" TYPE=TEXT VALUE="Vorgabetext"
 SIZE=Feldbreite MAXLENGTH=Eingabel"ange>
```

Mit diesen Angaben stellt der Browser ein Eingabefeld dar, dessen Breite im Browser-Fenster *Feldbreite* Zeichen entspricht. Der Benutzer kann maximal *Eingabelänge* Zeichen in das Feld eingeben. Ist das VALUE-Attribut vorhanden, so wird *Vorgabetext* als Eingabe vorgegeben, die der Nutzer verändern kann.

W3C HTML 3

LYNX 2.7

In HTML 3 kann man bei allen <INPUT>-Feldern das Attribut DISABLED verwenden, wodurch der Browser das Feld zwar anzeigt, aber keine Eingaben oder Auswahlen zuläßt. Der Browser Lynx ist momentan der einzig verbreitete Browser, der dieses Attribut beachtet.

<INPUT>

Eine Variante des Felds für Texteingaben ist

```
<INPUT NAME="Name" TYPE=PASSWORD
 VALUE="Vorgabetext"
 SIZE=Feldbreite MAXLENGTH=Eingabel"ange>
```

Der Browser stellt das Feld wie bei TYPE=TEXT dar, nur werden Eingaben nicht als Klartext, sondern zumeist als * dargestellt. Damit eignet es sich zur Eingabe von Paßwörtern, die nicht auf dem Bildschirm erscheinen sollen. VALUE kann eine Vorgabe für das Passwort enthalten.

Für längere Eingaben kann mit HTML ein kleiner Texteditor auf einer Seite dargestellt werden. Das entsprechende Tag lautet:

<TEXTAREA>

```
<TEXTAREA NAME="Name" ROWS=Zeilen COLS=Spalten>
Vorgabetext
</TEXTAREA>
```

Hierfür stellt der Browser eine Editierfläche auf der Seite dar, deren Breite *Spalten* (COLS steht für »columns«) Zeichen und

5.1 Eingabefelder

dessen Höhe Zeilen entspricht. Üblicherweise werden am Rand Scrollbars angebracht, und es sind einige Editierfunktionen vorhanden. Wie beim Texteingabefeld kann ein Vorgabetext angegeben werden; er steht aber zwischen dem Start- und Ende-Tag von <TEXTAREA> und nicht in einem Attribut.

Als Beispiel für die Eingabefelder wird im Formular in Abbildung 5.1 ein Name und eine Adresse erfragt.

```
<FORM METHOD=POST
ACTION=
"http://info.berlin.de/send">
Senden Sie Infomateri-
al über:<BR>
<INPUT NAME="name" TYPE=TEXT
 SIZE=20 MAXLENGTH=40><BR>
Adresse:<BR>
<TEXTAREA NAME="adresse"
 ROWS=3 COLS=19>Herrn/Frau
</TEXTAREA>
```

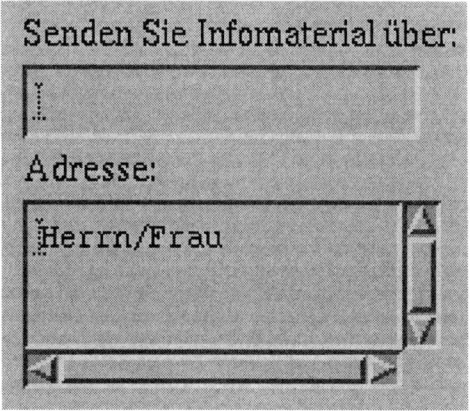

Abbildung 5.1
Eine Adresseneingabe

Seit Netscape 2.x kann das <TEXTAREA>-Tag zusätzlich das Attribut WRAP tragen, das einen automatischen Zeilenumbruch in dem Editierfeld steuert. Es kann drei Werte annehmen:

- ❏ OFF: In einem <TEXTAREA>-Feld wird vom Browser kein Zeilenumbruch bei der Eingabe vorgenommen. Dies ist die Standardeinstellung.

- ❏ SOFT: Der Browser bricht die Zeilen bei der Eingabe um, schickt den Feldwert aber ohne die eingefügten Zeilenumbrüche.

- ❏ HARD: Der Browser bricht um und schickt die Eingabe einschließlich der von ihm erzeugten zusätzlichen Umbrüche an den Server.

Um dem Leser die Eingabe so einfach wie möglich zu machen, sollten Sie auf jeden Fall WRAP=SOFT verwenden, wenn Fließtext – beispielsweise eine Mitteilung – eingegeben werden soll. Die Standardeinstellung OFF erweist sich dabei als sehr umständlich.

5.2 Auswahlelemente

Mit den Tags aus dem vorhergehenden Abschnitt können Benutzer Text frei eingeben. In diesem Abschnitt lernen Sie die Tags kennen, mit denen Auswahlen aus vorgegebenen Eingabemengen getroffen werden können.

Checkboxes (»Kästchen zum Abhaken«) sind einfache Schalterflächen, auf die der Benutzer klicken kann. Für sie wird das `<INPUT>` Tag mit `CHECKBOX` als Wert des `TYPE`-Attributs verwendet:

`<INPUT>`

```
<INPUT NAME="Name" TYPE=CHECKBOX
    VALUE="Schalterwert" CHECKED>
```

Hat der Benutzer die Checkbox ausgewählt, wird als Formulareingabe der Wert `Schalterwert` unter dem Namen `Name` an den Server übermittelt. `VALUE` kann man auch weglassen, in diesem Fall trägt der Browser den Wert `on` als Standardwert ein. Mit dem Attribut `CHECKED` kann man den Schalter als vorausgewählt auszeichnen.

Gibt es eine Gruppe von Schaltern, von denen immer nur einer ausgewählt sein kann, spricht man von *Radioboxes*. Der Begriff stammt von alten Radios, bei denen man mit Schaltern beispielsweise zwischen UKW, Lang-, Mittel- und Kurzwelle auswählten konnte. Drückt man einen Knopf, springt der vorher gewählte heraus. Das entsprechende Tag ist `<INPUT>` Tag mit `RADIO` als Wert vom `TYPE`-Attribut:

`<INPUT>`

```
<INPUT NAME="name" TYPE=RADIO
    VALUE="Schalterwert" CHECKED>
```

Die Schalter, die eine Gruppe von Radioboxes bilden, müssen denselben Namen im `NAME`-Attribut haben. Im Gegensatz zu Checkboxes muß auch das `VALUE`-Attribut gesetzt sein, da der Benutzer ja zwischen verschiedenen Werten auswählen soll. Im Beispiel in Abbildung 5.2 auf der nächsten Seite ist eine Anwendung von Check- und Radioboxes zu sehen.

Auswahlen aus längeren Listen von Optionen lassen sich besser mit Popup-Menüs oder Listen durchführen. Dafür gibt es in HTML das `<SELECT>` Tag. Die einzelnen Auswahlmöglichkeiten werden innerhalb von `<SELECT>...</SELECT>` mit `<OPTION>` ausgezeichnet. `<SELECT>` hat die Form

`<SELECT>`
`<OPTION>`

```
<SELECT NAME="Name" SIZE=Listenl"ange MULTIPLE>
```

`Name` ist der Name des Eingabefeldes wie bei allen Formularelementen. `Listenlänge` bestimmt, ob der Browser die Auswahl als Liste der Optionen in einer bestimmten Größe oder als

5.2 Auswahlelemente

```
<FORM ACTION=
 "http://www.info.berlin.de/cgi-
bin/reservierung"
 METHOD=GET>
 ...
<P>Zimmerausstattung:<BR>
<INPUT NAME="WC"
 TYPE=CHECKBOX CHECKED> WC
<INPUT NAME="Dusche"
 TYPE=CHECKBOX> Dusche
<INPUT NAME="Minibar"
 TYPE=CHECKBOX> Minibar
<P>Hotelklasse:<BR>
<INPUT NAME="Klasse"
 TYPE=RADIO VALUE="2"> **
<INPUT NAME="Klasse"
 TYPE=RADIO VALUE="3"
 CHECKED> ***
<INPUT NAME="Klasse"
 TYPE=RADIO
 VALUE="4"> ****<BR>
 ...
</FORM>
```

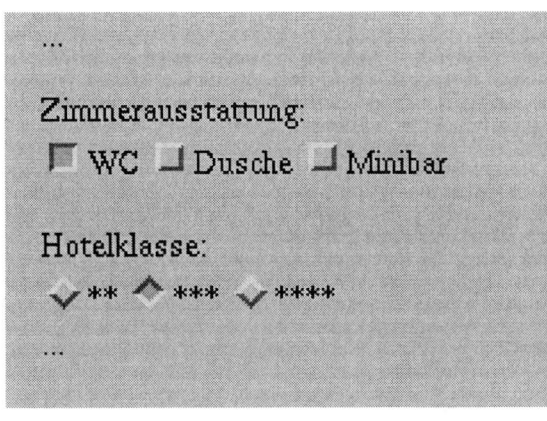

Abbildung 5.2
Check- und Radioboxes

Popup-Menü darstellt. Bei SIZE=1 erscheint ein Popup-Menü, ansonsten eine Liste der angegebenen Länge, in der die Optionen untereinander angeordnet sind und der Benutzer scrollen kann. Ist das Attribut MULTIPLE angegeben, können mehrere Optionen gleichzeitig ausgewählt werden, ansonsten zeigt die Liste das Verhalten von Radiotasten. SIZE=1 und MULTIPLE zusammen zu verwenden, macht keinen Sinn.

Innerhalb der Klammerung <SELECT>...</SELECT> sind die einzelnen Auswahlmöglichkeiten mit <OPTION> ausgezeichnet:

<OPTION VALUE="*Auswahlwert*" SELECTED>*Auswahltext*

Auswahlwert ist der Wert, der bei Auswahl der Option an *Name* vom umschließenden <SELECT>-Tag gebunden wird. Soll eine Option oder – bei MULTIPLE in <SELECT> – mehrere Optionen vorausgewählt sein, sind sie mit SELECTED ausgezeichnet. In diesem Fall werden Name–Wert Paare für jede gewählte Option übertragen: *name=wert1&name=wert2*.

5 Formulare

```
<FORM ...>
<B>Preislage:</B><BR>
<SELECT NAME="preis" SIZE=3>
<OPTION VALUE="billig">30-70 DM
<OPTION VALUE="einfach">70-
100 DM
<OPTION VALUE="gut">100-150 DM
<OPTION VALUE="teuer">&uuml;ber
150 DM
</SELECT><BR>
<B>Ausstattung:</B><BR>
<SELECT MULTIPLE>
<OPTION VALUE="WC"> WC
<OPTION VALUE="Dusche"> Dusche
<OPTION VALUE="Bad"> Bad
<OPTION VALUE="Fernseher">
Fernseher
<OPTION VALUE="Minibar"> Minibar
</SELECT><BR>
<B>Preislage:</B>
<SELECT NAME="preis" SIZE=1>
<OPTION VALUE="billig">30-70 DM
<OPTION VALUE="einfach">70-
100 DM
<OPTION VALUE="gut">100-150 DM
<OPTION VALUE="teuer">&uuml;ber
150 DM
</SELECT>
</FORM>
```

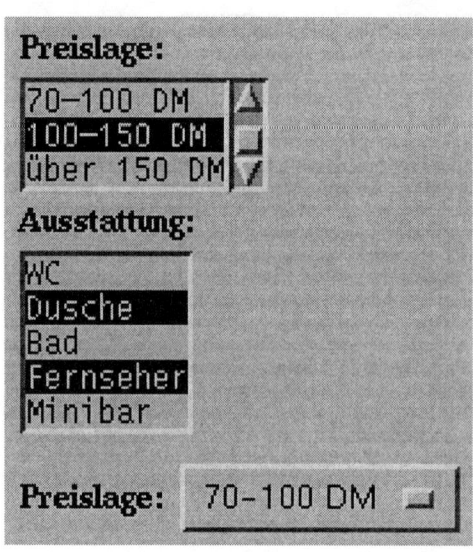

Abbildung 5.3
Einige Variationen von Auswahllisten

Das Beispiel in Abbildung 5.3 zeigt einige der Auswahllisten.

5.3 Formulare bestätigen und rücksetzen

Die Eingaben in einem Formular schickt der Browser als Name-Wert-Paare an den Server zur Verarbeitung zurück. Dazu muß der Benutzer die Eingaben bestätigen. Es gibt in HTML dafür zwei Möglichkeiten. Bei der ersten hat das TYPE-Attribut von

`<INPUT>` `<INPUT>` den Wert SUBMIT:

`<INPUT NAME="`*Name*`" TYPE=SUBMIT VALUE="`*Aufschrift*`">`

Aufschrift ist der Text, den der Browser auf dem Button anzeigt. Fehlt VALUE, wird ein – zumeist englischsprachiger – Standardtext, z.B. »Submit«, verwendet. NAME ist optional, da kein Wert eingegeben werden kann.

Es ist möglich, mehrere SUBMIT Buttons in einem Formular zu haben. Gibt man ihnen unterschiedliche Namen, dann kann man beispielsweise Auswahlen einfacher gestalten. Beim Klick auf einen dieser Buttons wird sofort die Verarbeitung beim Server gestartet und dem Nutzer wird eine Interaktion mit dem Browser erspart – normalerweise muß er die Auswahl treffen und dann das Formular abschicken. Das Skript kann an der Übermittlung eines Wertes (on oder der Inhalt von VALUE) erkennen, mit welchem Knopf das Formular abgeschickt wurde.

Anstelle des Buttons läßt sich auch eine Grafik verwenden über die der Leser das Formular abschickt. Dafür wird IMAGE für das TYPE-Attribut des <INPUT>-Tags verwendet:

```
<INPUT NAME="Name" TYPE=IMAGE SRC="URL"
  ALIGN=Ausrichtung>
```

URL bezeichnet wie beim <IMG>-Tag eine Grafikdatei und ALIGN deren vertikale Ausrichtung bezüglich der Textlinie mit den möglichen Attributwerten TOP, MIDDLE und BOTTOM. Zusätzlich sind die Werte LEFT – horizontale Ausrichtung am linken Rand – und RIGHT – Ausrichtung am rechten Rand – möglich.

Das NAME-Attribut kann man hier sinnvoll einsetzen. Klickt der Benutzer die Grafik an, sendet der Browser unter den Namen *Name.x* und *Name.y* die Koordinaten des Klicks innerhalb der Grafik an den Server.

Neben den Editiermöglichkeiten, die der Browser für Formulare anbietet, sieht HTML einen weiteren Button vor, durch den alle Eingaben rückgängig gemacht und die Vorgabewerte wieder angezeigt werden:

```
<INPUT NAME="Name" TYPE=RESET VALUE="Aufschrift">
```

VALUE enthält wie bei SUBMIT die Aufschrift des Buttons. Fehlt sie, zeigt der Browser wieder einen Standardtext an, der zumeist »Reset« lautet. Die Verwendung demonstriert das Beispiel in Abbildung 5.4 auf der nächsten Seite.

Abbildung 5.4
Submit- und Reset-Buttons

```
<FORM ...>
...
<INPUT TYPE=SUBMIT VALUE="Abschicken">
<INPUT TYPE=RESET VALUE="Zur&uuml;cksetzen">
```

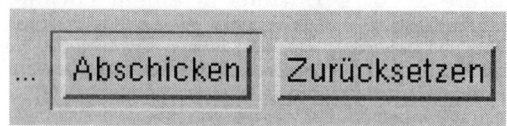

5.4 Erweiterte Formulare in HTML 4

W3C *HTML 4*

Der HTML 4 Entwurf führt weitere Konzepte für die Gestaltung von Formularen ein, mit denen sich HTML weiter an Eingabedialoge in grafischen Oberflächen annähert.

Buttons (»Schaltknöpfe«) sind ein Standardelement von Nutzeroberflächen. In HTML Formularen sind sie mit Varianten des `<INPUT>`-Tags nur sehr eingeschränkt möglich. Im HTML 4 Entwurf wird das Tag `<BUTTON>...</BUTTON>` eingeführt, mit dem etwas mehr realisierbar ist. Seine Attribute sind:

`<BUTTON>`

- ❑ NAME: Der Name des Buttons innerhalb des Formulars.

- ❑ VALUE: Der Wert, der für das Button-Feld an den Server geschickt werden soll.

- ❑ TYPE: Die Art des Buttons. Folgende Werte sind vorgesehen:

    - ❑ SUBMIT: Ist ähnlich `<INPUT>` mit TYPE=SUBMIT, nur daß die Beschriftung innerhalb des Tag-Klammerung steht. Falls sich dort aber eine Grafik mit `<IMG>` befindet, ähnelt das Tag einem `<INPUT>` mit TYPE=IMAGE, allerdings soll es anders dargestellt werden. Bei `<INPUT>` stellt der Browser die Grafik ohne dreidimensionalen Effekt dar. Bei `<BUTTON>` wird sie mit einem Rand versehen, der sie leicht erhöht erscheinen läßt.

    - ❑ RESET: Ähnlich `<INPUT>` mit TYPE=RESET, nur daß auch hier eine Grafik für den Button in der beschriebenen Weise verwendet werden kann.

    - ❑ BUTTON: Während und ein Abschicken der Eingaben an den Server oder ihr Rücksetzen bewirken, kann es bei Verwendung von eingebetteten Skripten eine ganze Reihe sinnvoller Aktionen geben, die ein Button auslösen kann. In Abschnitt 18.4 auf Seite 249 lernen

Sie mehr über Ereignisse in HTML Seiten und wie sie Skriptaufrufe bewirken. Falls ein Button diesen Effekt haben soll, ist der richtige Wert.

Im Vergleich zu modernen grafischen Oberflächen haben HTML Auswahlfelder ein weiteres Manko: Man kann sie nur durch Klicken auf die Auswahlfläche schalten, aber nicht per Klick auf die dazugehörige Beschreibung.

Im HTML 4 Entwurf ist daher das Tag <LABEL> eingeführt worden. In seiner einfacheren Form umschließt es ein Eingabefeld und den Beschreibungstext:

`<LABEL>`

```
<LABEL>
 <INPUT NAME="ausst" VALUE="Dusche"
  TYPE=CHECKBOX> Dusche
</LABEL>
```

Dadurch wird das Wort »Dusche« zum Beschreibungstext für das Auswahlfeld, dessen Anklicken auch zur Auswahl führt.

Es ist auch möglich, die Beschriftung getrennt vom Eingabefeld im HTML Text zu notieren. Dazu führt der HTML 4 Entwurf zwei Attribute ein.

Praktisch alle Elemente in HTML 4 können das Attribut ID tragen, mit dem eine Zeichenkette als Bezeichner für das Element vergeben wird. Diese Bezeichner müssen innerhalb eines Dokuments eindeutig sein. ID ähnelt damit etwas dem NAME-Attribut der Formularelemente, nur daß es bei fast allen HTML Tag vorkommen kann und nicht zur Kommunikation mit dem Server verwendet wird.

Nachdem man auf diese Weise Elemente benennen kann, muß <LABEL> das dazugehörige Eingabefeld nicht mehr umschließen. Mit dem Attribut FOR können Sie einen Elementenbezeichner angeben auf den sich der Beschreibungstext bezieht.

Die HTML seitige Trennung zwischen Beschreibungstext und Eingabeelement ist oftmals notwendig: Wenn Text und Element in unterschiedlichen Zeilen einer Tabelle vorkommen sollen, ist ein umschließendes <LABEL> nicht möglich:

```
<TABLE>
<TR><TD>
 <LABEL FOR="dusche">Dusche</LABEL>
</TD></TR>
<TR><TD>
 <INPUT NAME="ausst" VALUE="Dusche"
  TYPE=CHECKBOX ID="dusche">
```

```
</TD></TR>
</TABLE>
```

In grafischen Oberflächen ist es üblich, in einer Dialogbox thematisch zusammengehörige Felder auch optisch zu gruppieren. Oft wird dazu eine Gruppe von Feldern mit einem Rahmen umgeben an dem wiederum eine Kurzbeschreibung der Gruppe angebracht ist.

HTML 4 sieht einen solchen Gruppierungsmechanismus mit dem `<FIELDSET>` Tag vor. Dabei umfaßt das Tag einfach eine Reihe zusammengehöriger Felder und zusätzlichen HTML Text.

`<FIELDSET>`

Innerhalb von `<FIELDSET>...</FIELDSET>` kann mit `<LEGEND>...</LEGEND>` die Beschreibung der Gruppe ausgezeichnet werden. Die Ausrichtung der Beschreibung in Bezug zum Rahmen legt das Attribut `ALIGN` fest, das die Werte `LEFT` – links –, `RIGHT` – rechts –, `TOP` – oben – oder `BOTTOM` – unten annehmen kann.

`<LEGEND>`

Neben diesen neuen Eingabefeldern und Strukturen definiert HTML 4 weitere Attribute, mit denen die Eingabemöglichkeit in Feldern und die Feldauswahl per Tastatur feiner gesteuert werden kann.

Durch das Attribut `DISABLED` lassens sich die mit `<INPUT>`, `<TEXTAREA>`, `<SELECT>`, `<OPTION>`, `<BUTTON>` und `<LABEL>` markierten Felder ausschalten. Der Browser wird sie dann vielleicht grau darstellen und ihre Auswahl oder das Setzen des Cursors in sie verbieten.

Damit können Sie Formulare sehr ansprechend gestalten, indem nur die jeweils relevanten Felder auswählbar sind, der Nutzer aber immer dieselbe Formulargestaltung vorfindet. Beim Abschicken eines Formulars werden diese Felder nicht an den Server übermittelt.

Eine Variante von `DISABLED` ist das Attribut `READONLY`, das bei den Tags und `<INPUT>` – mit Attribut `TYPE=TEXT` oder mit `TYPE=PASSWORD` – verwendet werden kann.

Mit ihm enthält ein Eingabetext einen – mit `VALUE` vorgegebenen – Text, der vom Benutzer aber nicht verändert werden kann. Dieser Inhalt wird beim Abschicken des Formulars zum Browser übermittelt. Auf diese Weise lassen sich konstante Felder in ein Formular setzen, ohne einen optischen Bruch zwischen Feldinhalten und umgebenden HTML Text zu haben.

5.5 Tasten zum Wechsel zwischen Formularfeldern

Der HTML 4 Entwurf erweitert Formulare darüberhinaus um Mechanismen zur tastaturgesteuerten Navigation zwischen Formularfeldern. Auch hier ist eine Annäherung zu Dialogboxen in modernen grafischen Oberflächen festzustellen.

W3C HTML 4

In solchen Oberflächen ist es üblich, bestimmte Menüelemente oder Felder in Dialogboxen durch eine kurze Tastatureingabe aktivieren zu können. In herkömmlichen HTML Formularen kann man lediglich mit der Maus ein Feld auswählen, die meisten Browser erlauben auch eine Navigation mit der Tabulatortaste.

In HTML 4 wird das Attribut ACCESSKEY eingeführt, das bei den Tags <LABEL>, <LEGEND> und <A> verwendet werden kann. Sein Wert ist ein Zeichen in der HTML Kodierung.

Der Entwurf gibt dafür folgendes Beispiel:

```
<LABEL FOR="user" ACCESSKEY="U">User Name</LABEL>
<INPUT TYPE="text" NAME="user">
```

Dabei bezieht sich <LABEL> auf das folgende Eingabefeld. Ihm wird durch ACCESSKEY die Tastatureingaben »U« zugewiesen. Der Browser wird also bei Anzeige des Formulars auf die Eingabe »U« so reagieren, daß er den Cursor in das Eingabefeld setzt und dort auf weitere Tasten wartet. Auf diese Weise kann man leicht ohne Wechsel zur Maus Felder auswählen.

Eine solche Navigation zwischen Feldern per Tastatur ist heute schon in Browsern über die Tabulatortaste implementiert: Üblicherweise springt man mit ihr zwischen Texteingabefeldern in der Reihenfolge ihrer Darstellung.

Im HTML 4 Entwurf ist dieses Verhalten weiter verfeinert und durch HTML Attribute definiert. Für die Tags <INPUT>, <SELECT>, <TEXTAREA>, <BUTTON>, <A>, <AREA> und <OBJECT> wird das Attribut TABINDEX beachtet.

Die durch die Tabulatortaste anwählbaren Felder und Links werden dadurch in eine durchnummerierte Reihenfolge gebracht. Dementsprechend ist der Wert von TABINDEX eine Zahl. Bei dem Beispiel

```
<LABEL FOR="Nachname">Name</LABEL>
<INPUT TYPE=TEXT TABINDEX=2 NAME="Nachname">
<LABEL FOR="Vorname">Name</LABEL>
<INPUT TYPE=TEXT TABINDEX=1 NAME="Vorname">
```

wird der Browser zunächst den Cursor im Vornamen-Feld aktivieren und dann per Tabulator zum Nachnamen schalten. Ein Browser, der TABINDEX nicht kenn, verhält sich genau andersherum.

5.6 Versteckte Formularfelder

Neben den beschriebenen Tags für Eingabe, Auswahl und Bestätigung in einem Formular, gibt es noch eine <INPUT>-Variante mit HIDDEN als Wert des TYPE-Attributs:

`<INPUT NAME="Name" TYPE=HIDDEN VALUE="Wert">`

Die Aufgabe dieses Tags wird klar, wenn man sich beispielsweise eine Interaktion zwischen Benutzer und Server vorstellt, in der mehrere Formulare nacheinander ausgefüllt werden sollen.

Eine solche Interaktion ist schwierig, da alle Zugriffe im Web anonym und zustandslos sind. Zustandslos bedeutet hier, daß aus einem Zugriff nicht ablesbar ist, welche vorhergehenden Zugriffe stattfanden.

Nehmen wir an, bei einem Web-Server kann ein Hotelzimmer und der Besuch eines Musicals gebucht werden. Im Formular für das Hotelzimmer gebe es ein Textfeld mit NAME="Name", in dem man seinen Namen eingeben kann. Beim Verarbeiten des Formulars liefert der Server ein zweites Formulars, auf dem das Datum des Musicalbesuchs eingegeben werden kann.

Beim Abschicken dieses zweiten Formulars müßte man seinen Namen erneut eingeben, da der Server keinen Zusammenhang mit dem vorhergehenden Formular erkennen kann.

An dieser Stelle kommt ein verstecktes Eingabefeld ins Spiel. Das Skript zur Verarbeitung der Hotelreservierung erzeugt als Ausgabe die HTML Seite zur Ticketbestellung. In das darauf erzeugte Formular wird ein Feld mit dem Typ HIDDEN eingefügt:

```
<FORM ....>...
<INPUT NAME="Name" TYPE=HIDDEN
 VALUE="Hans Otto Meier">
...
</FORM>
```

Wird dieses Formular angezeigt, sieht man den versteckten Namen nicht. Schickt man es an den Server, enthält die Anfrage ein Feld `Name=Hans+Otto+Meier`, und dadurch kennt der Server den Absender und kann das Musicalticket reservieren.

5.7 Ein Beispielformular

Abschließend soll noch ein Beispielformular einige Formularelemente in Kombination demonstrieren. Der HTML-Text in Abbildung 5.5 auf der nächsten Seite kombiniert verschiedene der besprochenen Eingabe- und Auswahlfelder. Das Formular stellt der Browser in Abbildung 5.6 auf Seite 77 dar.

Mit Formularen können Sie Ihre Web-Seiten interaktiv machen und sehr attraktive Dienste anbieten. Für eine noch ansprechendere Darstellung lassen sich in HTML 3 Tabellen einsetzen. Sie finden dazu mehr in Abschnitt 9.7 auf Seite 123.

5.8 Dateien per Formular schicken

Mit den bisher vorgestellten Elementen läßt sich viel Interaktivität im Web realisieren, wobei aber alle Eingaben von Hand eingetippt werden müssen. Man möchte aber auch im Web Dateien übertragen können, die beim Benutzer in einem beliebigen Format vorliegen. Um für diese Aufgabe nicht mehr das FTP-Protokoll benutzen zu müssen, gibt es eine Erweiterung von HTML, die im RFC 1867 ([14]) standardisiert und in Netscape 2.x zuerst implementiert wurde: Der File-Upload in Formularen. »Upload« ist die übliche Bezeichnung für die Übertragung einer Datei zu einem Server.

Dazu verwendet man einen weiteren Typ des `<INPUT>` Tags, bei dem das Attribut `TYPE` den Wert `FILE` hat. Es dient als Eingabefeld für einen Dateinamen im Dateisystem Benutzers-Rechners. Ein Browser kann zusätzlich einen Button bereitstellen, mit dem man eine Datei per Mausklick auswählen kann.

`<INPUT>`

Diese Datei wird vom Browser eingelesen, kodiert und als Eingabe für ein Skript an den Server übermittelt. Für diese spezielle Kodierung muß das `<FORM>` Tag einen anderen Wert für das `ENCTYPE`-Attribut tragen, und zwar den speziellen MIME-Typ `multipart/form-data`. Er bewirkt, daß alle Eingabefelder als mehrteilige MIME-Mitteilung geschickt werden. Mehrere Teile sind notwendig, weil ein Teil die normalen Feldwerte enthält und jede mitgeschickte Datei in einen separaten Block übertragen wird. Für das Übersenden von Dateien muß das Attribut `METHOD` immer den Wert `POST` haben.

`<FORM>`

Zusätzlich können Sie beim `<INPUT>`-Tag das Attribut `ACCEPT` verwenden, in dem eine durch Kommata getrennte Liste von MIME Typen steht. Sie beschränkt die Auswahlmöglichkeit auf bestimmte Dateiarten, beispielsweise würde man durch das

```
<FORM
 ACTION="http://www.info.berlin.de/cgi-bin/reserv"
 METHOD=POST>
<B>Ihr Name:</B>
<INPUT NAME="name" TYPE=TEXT
 SIZE=30 MAXLENGTH=50><BR>
<B>Ihre Adresse:</B><BR>
<TEXTAREA NAME="adresse"
 COLS=39 ROWS=3>
</TEXTAREA><BR>
<B>Gew&uuml;nschte Lage:</B>
<SELECT NAME="gebiet" SIZE=1>
<OPTION NAME="city" CHECKED>Citylage
<OPTION NAME="stadt">Stadtgebiet
<OPTION NAME="aussen">Au&szlig;enbezirke
</SELECT><BR>
<B>Kategorie:</B>
<INPUT NAME="kat" VALUE="1stern" TYPE=RADIO> *
<INPUT NAME="kat" VALUE="2stern" TYPE=RADIO> **
<INPUT NAME="kat" VALUE="3stern" TYPE=RADIO
 CHECKED> ***
<INPUT NAME="kat" VALUE="4stern" TYPE=RADIO> ****
<BR>
<B>Ausstattung:</B>
<INPUT NAME="ausst" VALUE="WC" TYPE=CHECKBOX> WC
<INPUT NAME="ausst" VALUE="Dusche" TYPE=CHECKBOX> Dusche
<INPUT NAME="ausst" VALUE="Bad" TYPE=CHECKBOX> Bad
<INPUT NAME="ausst" VALUE="Fernseher" TYPE=CHECKBOX> Fernseher
<BR>
<B>Preislage:</B>
<BR>
<SELECT NAME="preis" SIZE=4>
<OPTION VALUE="billig">30-70 DM
<OPTION VALUE="einfach">70-100 DM
<OPTION VALUE="gut">100-150 DM
<OPTION VALUE="teuer">&uuml;ber 150 DM
</SELECT>
</FORM>
```

Abbildung 5.5
Ein größeres Formular

Attribut ACCEPT="image/*,video/*" **nur Bilder und Videofilme zulassen.**

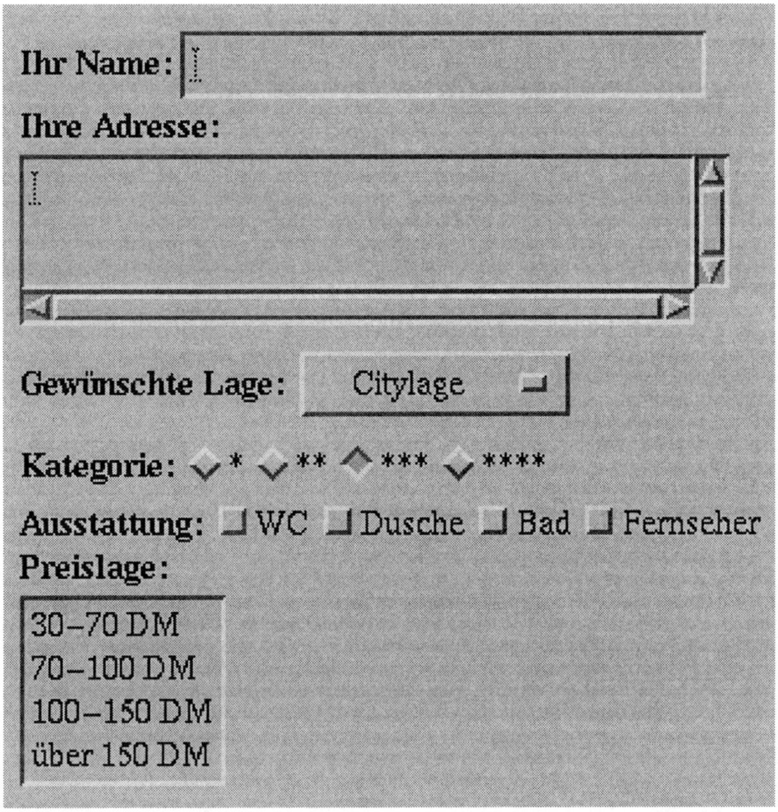

5.8 Dateien per Formular schicken

Abbildung 5.6
Das Beispielformular im Browser

Das Beispiel in Abbildung 5.7 auf der nächsten Seite zeigt ein Formular, in dem ein Benutzer seine E-Mail-Adresse und den Namen einer zu übertragenden Datei angeben kann. Klickt man auf `Browse...`, zeigt Netscape eine Dialogbox an, in der man Dateien auswählen kann.

Wird das Formular bestätigt, lädt der Browser die angegebene Datei, kodiert sie für die Übertragung und kombiniert sie zusammen mit den anderen Formularfeldern in eine MIME-Mitteilung. Diese wird an den Server geschickt, der sie an das Verarbeitungsskript weiterleitet. Dieses Skript muß die Mitteilung dekodieren – die folgenden Absätze sollen Ihnen einen Eindruck der notwendigen Schritte geben.

Das in `ACTION` bezeichnete Skript erhält diese Mitteilung auf seiner Standardeingabe, da `METHOD` den Wert `POST` hat. An der Umgebungsvariablen `CONTENT_TYPE` kann das Skript erkennen, daß es sich um eine kombinierte MIME-Mitteilung mit Formulareingaben handelt (der Inhalt ist hier wegen der Seitenbreite umgebrochen, tatsächlich bildet er eine einzige Zeile):

Abbildung 5.7
Upload einer Datei per Formular

```
<FORM
 ACTION="http://www.info.berlin.de/cgi-bin/upload"
 ENCTYPE="multipart/form-data" METHOD=POST>
Absender:<BR>
<INPUT TYPE=TEXT SIZE=33,2 NAME="absender"><BR>
Datei schicken:<BR>
<INPUT TYPE=FILE SIZE=40 NAME="upload"><BR>
<INPUT TYPE=SUBMIT VALUE="Schicken">
</FORM>
```

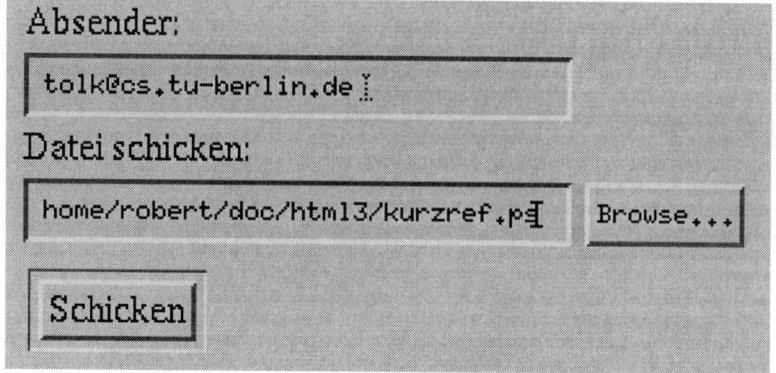

```
multipart/form-data;
boundary=------------18630680581737730733748128 92
```

Der boundary Teil enthält eine Zeichenkette, die die einzelnen Teile der Mitteilung trennt. Der Browser muß sicherstellen, daß sie in den Feldinhalten selber nicht vorkommt.

In der Standardeingabe des Skripts steht die MIME-Mitteilung. Für das Beispiel, in dem eine Postscript-Datei ausgewählt wurde, sieht sie wie in Abbildung 5.8 auf der nächsten Seite aus.

Das erste Eingabefeld bildet den ersten Teil der MIME-Mitteilung, der durch den boundary Teil der Umgebungsvariablen CONTENT_TYPE definiert wurde. Der Content-Disposition: Header des Mitteilungsteils beschreibt, daß es sich um einen Teil eines Formulars handelt und wie der Feldname lautet.

Der zweite Mitteilungsteil enthält den »Inhalt« des zweiten Eingabefeldes, nämlich die Datei, die übermittelt wird. Für das Beispiel fügt der Browser im Content-Disposition:-Header den ursprünglichen Dateiname in filename an. Zusätzlich hat er ermittelt, daß es sich um eine Postscript-Datei handelt und daher den Content-Type:-Header für den Mitteilungsteil mit dem MIME-Wert application/postscript erzeugt.

5.8 Dateien per Formular schicken

```
-------------18630680581737730733374812892
Content-Disposition: form-data; name="absender"

tolk@cs.tu-berlin.de
-------------18630680581737730733374812892
Content-Disposition: form-data; name="upload"; filename="kurzref.ps"
Content-Type: application/postscript

%!PS-Adobe-2.0
%%Creator: dvipsk 5.58a Copyright 1986, 1994 Radical Eye Software
%%Title: kurzref.dvi
%%Pages: 9
%%PageOrder: Ascend
%%BoundingBox: 0 0 596 842
%%DocumentFonts: Courier Courier-Bold
%%DocumentPaperSizes: a4
%%EndComments
/TeXDict 250 dict def TeXDict begin /N{def}def /B{bind def}N /S{exch}
...
```

Abbildung 5.8
Übermittlung einer Datei an den Server

Das Skript zur Verarbeitung des Formulars ist dafür verantwortlich, die MIME-Mitteilung zu behandeln, d.h. die Feldinhalte zu extrahieren und beispielsweise die übermittelte Datei geeignet abzuspeichern.

Im nächsten Kapitel geht es genauer um die optische Aufwertung Ihres Informationsangebots mit Grafiken.

6 Grafik

Im Abschnitt 3.5 auf Seite 39 haben Sie das <IMG>-Tag kennengelernt, mit dem man Grafiken in HTML-Seiten einbindet. In diesem Kapitel erfahren Sie mehr über die Aufbereitung von Grafiken für das Web und deren geschickte Verwendung auf Ihren Seiten.

Grafiken sind wichtige Bestandteile von Web-Seiten. Sie sind einerseits Informationsträger – wie bei einem Foto –, andererseits wiederkehrende Layoutbestandteile – wie bei einer Hintergrundgrafik. Baut man ein eigenes Informationssystem auf, bedeutet die Erstellung von Grafiken einen ebenso hohen Aufwand wie das Schreiben der HTML-Seiten.

6.1 Grafiken erstellen und verwenden

Für die Erstellung von Grafiken lassen sich alle Tools verwenden, mit denen Sie auch sonst auf Ihrem Rechner Bilder erstellen, wenn Sie auf irgendeinem Wege zum GIF- oder JPEG-Format gelangen. Zwar beherrschen immer mehr Browser auch andere Formate, GIF und JPEG sind jedoch die dominierenden Grafikformate im WWW.

Es gibt keine speziellen Bildeditoren für das Web. Sie können vorhandene Grafiken nutzen, eigene mit einem Bildeditor erstellen oder Ausschnitte aus der Bildschirmdarstellung mit einem geeigneten Screen-Capture-Programm erzeugen.

Wenn Sie Grafiken nicht selber erstellen wollen oder können, haben Sie die Möglichkeit, auf schon vorhandene zurückzugreifen. Vielleicht benutzen Sie ein Grafikprogramm, das eine Clipart-Sammlung enthält. Nach entsprechender Konvertierung können Sie diese problemlos im Web verwenden – zumeist erhalten Sie zusammen mit der Lizenz für das Programm Nutzungsrechte an den mitgelieferten Cliparts.

Ein anderer Weg ist es, Bilder aus anderen Web-Seiten zu verwenden. Bei vielen Browsern kann man ein Image einfach auslesen, so beispielsweise bei Netscape mit einem Druck auf die rechte Maustaste über der Grafik. Sie können die Grafik dann auf Ihren Server kopieren, manipulieren und verwenden.

✗ Sie müssen dabei allerdings bedenken, daß Sie damit Grafiken benutzen, an denen jemand anders das Urheberrecht besitzt. Die rechtliche Situation dabei ist ungeklärt und sehr unübersichtlich. Von der Verwendung eines Logos der Firma Apple kann man sicherlich abraten.

✗ Eine rechtlich sichere Lösung sollte die Verwendung eines Verweises auf eine Grafik im Netz sein, indem Sie beim SRC-Attribut von <IMG> eine vollständige URL verwenden, die auf einen anderen Server verweist.

Allerdings haben Sie damit keine Kontrolle darüber, ob die Grafik tatsächlich vorhanden ist, und beim Nutzer werden die Grafiken unterschiedlich schnell geladen.

Abhilfe können auch die verschiedenen Archive mit freiverwendbaren Grafiken im Internet bieten. Im Verzeichnisdienst Yahoo finden Sie unter der URL *http://www.yahoo.com/Computers and Internet/Internet/World Wide Web/Page Design and Layout/ Graphics* eine riesige, thematisch geordnete Link-Sammlung zu praktisch allen Aspekten von Grafiken im Web, einschließlich Verweisen auf Bilderarchive in verschiedensten Formaten. Ein guter Einstieg ist auch die URL-Sammlung unter *http://www. nosc.mil/planet earth/images.html*.

Zwei gute Sammlungen mit frei verwendbaren Grafiken aus allen möglichen Themenbereichen sind der Icon Bazaar unter *http://www.iconbazaar.com* und der Server von Pixelsight bei der URL *http://www.pixelsight.com*.

6.2 Transparente GIFs

Ein wichtiges Format von GIFs speziell für das Web sind transparente Bilder. Nehmen wir an, Sie haben ein kleines Logo vorliegen, bei dem das eigentliche Logo in Schwarz auf weißem Hintergrund gezeichnet ist. Wenn Sie es mit <IMG> in Ihre Seite einbinden, haben Sie auf dem vielleicht grauen Hintergrund der Seite ein weißes Rechteck, auf dem dann das schwarze Logo steht.

Optisch ansprechender wäre es, wenn man den weißen Logohintergrund ausblenden könnte. Genau dazu gibt es transparente GIFs. Bei ihnen ist eine Farbe als durchsichtig vermerkt. Der Browser stellt alle Pixel dieser Farbe nicht dar, sondern läßt den Seitenhintergrund unverändert.

Macht man für das Beispiel die Farbe Weiß transparent, erscheint das Logo wie gewünscht schwarz auf dem grauen Seitenhintergrund. Zudem ist die rechteckige Form des GIFs nicht mehr erkennbar. Die folgende Abbildung zeigt den Unterschied für ein Logo.

Abbildung 6.1
Ein Bild mit transparentem Weiß

Für Unix existiert das Hilfsprogramm *giftool*, mit dem wir diese Bearbeitung demonstrieren. Es gibt für andere Betriebssysteme komfortablere Programme, an den einzelnen Schritten mit *giftool* können Sie aber die Arbeitsweise besser erkennen. Das Programm finden Sie im Web über *http://www.homepages.com/tools/giftool*.

Zunächst muß man angeben, welche Farbe denn überhaupt ausgeblendet werden soll. Dafür gibt es drei Möglichkeiten: Man benennt den Namen der Farbe, man beschreibt die Farbe in ihren Rot-, Grün und Blauanteilen oder man gibt den Index der Farbe in dem Bild an.

In einem GIF werden zunächst Informationen über die verwendeten Farben gespeichert. Dazu erhält jede eine Zahl, ihren Index. Für das Beispiellogo könnte Weiß die Farbe 0 oder 1 des Bildes sein. Um Informationen über ein GIF `logo.gif` zu erhalten, kann man

```
giftool -p logo.gif
```

aufrufen. Man erhält für das Beispielbild die folgende Ausgabe:

```
GIF Image berlin.gif (11x14)
Image Colormap
   1:   0   0   0 (0x00 0x00 0x00) black
   2: 255 255 255 (0xff 0xff 0xff) white
   Image at 0,0 size 11x14
```

Damit haben Sie die nötigen Informationen über die verwendeten Farben. Um den weißen Hintergrund transparent zu machen, teilt man dem Programm entweder die zukünftig transparente Farbe oder den Index der transparenten Farbe mit. Bei *giftool* sind dabei folgende Programmaufrufe möglich:

6 Grafik

```
giftool -rgb 255,255,255 -B logo.gif
giftool -2 -B logo.gif
```

Zur Kontrolle kann man sich nochmals die Informationen über das Bild ausgeben lassen – *giftool* vermerkt den Index der transparenten Farbe:

```
GIF Image berlin.gif (11x14)
Image Colormap
   1:   0   0   0 (0x00 0x00 0x00) black
   2: 255 255 255 (0xff 0xff 0xff) white
   Image at 0,0 size 11x14
        Transparent pixel = 2
```

Corel Photopaint

Tatsächlich werden Sie allerdings kaum mit solchen Tools arbeiten müssen. Die meisten Bildverarbeitungsprogramme erlauben eine sehr einfache Auswahl einer transparenten Farbe bei der Abspeicherung eines GIFs. In Abbildung 6.2 sehen Sie den entsprechenden Dialog für ein Beispiel in *Corel Photopaint*.

Abbildung 6.2
Corel Photopaint

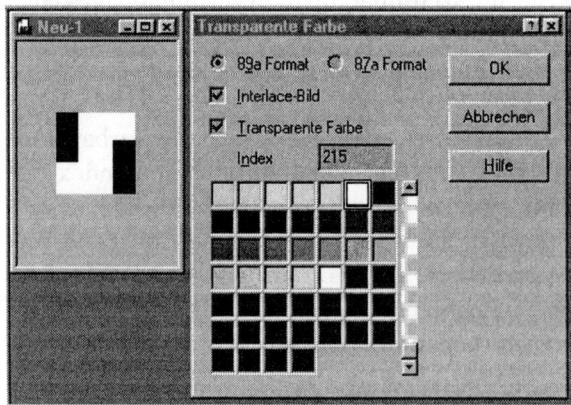

6.3 Interlaced GIFs

Eine weitere für GIF-Bilder im Web interessante Technik heißt Interlacing. Normalerweise baut sich eine Grafikdatei Zeile um Zeile von oben nach unten auf. Beim Interlacing hat sie ein anderes Speicherformat: Zuerst kommt die erste Zeile, danach die neunte, und so geht es weiter mit einem Abstand von acht Zeilen. Ist der untere Rand des Bildes erreicht, folgen die fünfte, dreizehnte Zeile und so weiter, so daß nun jede vierte Grafikzeile vorliegt. Im nächsten Durchlauf kommen die Zeilen drei, sieben und so fort, worauf nur noch jede zweite Zeile fehlt, die im

letzten Durchlauf angezeigt wird. Man spricht dabei von einem
»Zwischenzeilenverfahren«.

Bei der Darstellung von GIF-Bildern mit Interlacing kann
man so nach einem Viertel der Übertragung das komplette Bild
schon grob darstellen: Man zeigt einfach die erste Zeile vierfach an, dann folgt die fünfte Zeile viermal untereinander. Beim
Eintreffen des zweiten Viertels der Zeilen kann die Darstellung
schärfer werden: Jede Zeile braucht man nur noch doppelt darstellen. Abbildung 6.3 zeigt einen solchen Bildaufbau vergrößert.

Abbildung 6.3
Aufbau eines Interlace-GIFs

Das Interlacing ist als Speicherformat für GIF-Bilder vorgesehen. In Abbildung 6.2 auf der vorherigen Seite haben Sie vielleicht bemerkt, daß dort neben der Auswahl einer transparenten Farbe auch das Interlacing-Format durch Mausklick beim
Speichern gewählt werden kann. Eine solche Option sollten Ihnen die meisten ernstzunehmenden Bildbearbeitungsprogramme bieten.

Falls Sie unter Unix arbeiten, stehen Ihnen mit *giftool* (im
Internet bei *ftp://ftp.freebsd.org/pub/FreeBSD/FreeBSD-current/
ports/graphics/giftool.tar.gz*) oder *giftrans* (*ftp://asterix.fi.upm.es/
pub/mirrors/linux/distributions/redhat/current/SRPMS/giftrans-1.
11.1-4.src.rpm*) Programme zur Verfügung, mit denen ein »normales« GIF in das Interlace Format konvertiert werden kann.

giftool

giftrans

Eine Sammlung von Verweisen auf Software zur Erstellung
transparenter und Interlaced-GIFs für die wichtigsten Betriebssysteme finden Sie mit der »Transparent/Interlaced GIF Resource Page« unter *http://www.put.poznan.pl/hypertext/Internet/faq/
t-gif/transparent.html*.

6.4 Progressive JPEG-Bilder

Bei Interlaced GIFs bildet sich die Darstellung durch Wiederholung der horizontalen Zeilen. Beim JPEG-Format gibt es eine
ähnliche Variante, die »Progressive JPEG« genannt wird. Sie ist

etwas komplexer und arbeitet mit der sukzessiven Übertragung von horizontalen und vertikalen Bildzeilen und -spalten. Der dadurch entstehende Effekt ist entsprechend zweidimensional: Das Bild ist zunächst insgesamt unscharf und wird mit fortlaufender Übertragung des Bildes flächig schärfer.

Progressive JPEG wurde zuerst vom Netscape-Browser unterstützt und ist bisher eher selten in Bildbearbeitungsprogrammen zu finden. Im Vergleich zu Interlaced GIFs besteht der Vorteil dieses Formats in der durch die JPEG-Komprimierung kleineren Dateigröße des Bildes.

Informationen und viele Verweise auf Programme zum progressiven JPEG-Format finden Sie auf dem »Jpeg playground« unter *http://www.cclab.missouri.edu/~c675830/jpeg tests/testgrnd.htm*.

6.5 Animierte GIFs

Mit der Version 3.0 des Netscape-Browsers wurden Web-Seiten zunehmend durch kleine Animationen ergänzt, ohne daß Filme in einem Videoformat übertragen werden mußten. Der Schlüssel zu blinkenden Linien, rotierenden Pfeilen und Textanimationen ist eine Variante des GIF-Formats, die »animierten GIFs«.

Mit diesem Format kann man in einer GIF-Datei mehrere Bilder hintereinander speichern. Der Browser spielt sie nacheinander ab und erzeugt so eine kleine Animation.

Zur Erzeugung von animierten GIFs benötigen Sie ein Tool mit dem Sie entweder die Einzelbilder manuell zusammensetzen oder einen Film in einem Videoformat entsprechend konvertieren.

GIF Construction Set

Ein Beispiel für die erste Kategorie ist das *GIF Construction Set*, das Sie in Abbildung 6.4 auf der nächsten Seite in Aktion sehen (erhältlich bei *http://www.mindworkshop.com/alchemy/alchemy.html*). In einem animierten GIF befinden sich die jeweiligen Bilder und Kontrollblöcke, mit denen der Ablauf der Animation gesteuert werden kann.

Einer davon steuert die Wiederholung der Animation. Sie werden diesen Block unter dem Namen »Loop« in Tools finden. Wenn Sie ihn in das animierte GIF einfügen, spielt der Browser die Animation immer wieder ab. Mit einem »Loop count« oder »Repeat count« läßt sich über diesen Parameter eine bestimmte Anzahl von Wiederholungen einstellen.

Für jedes Einzelbild können Sie folgende Eigenschaften in einem Kontrollblock festlegen:

6.5 Animierte GIFs

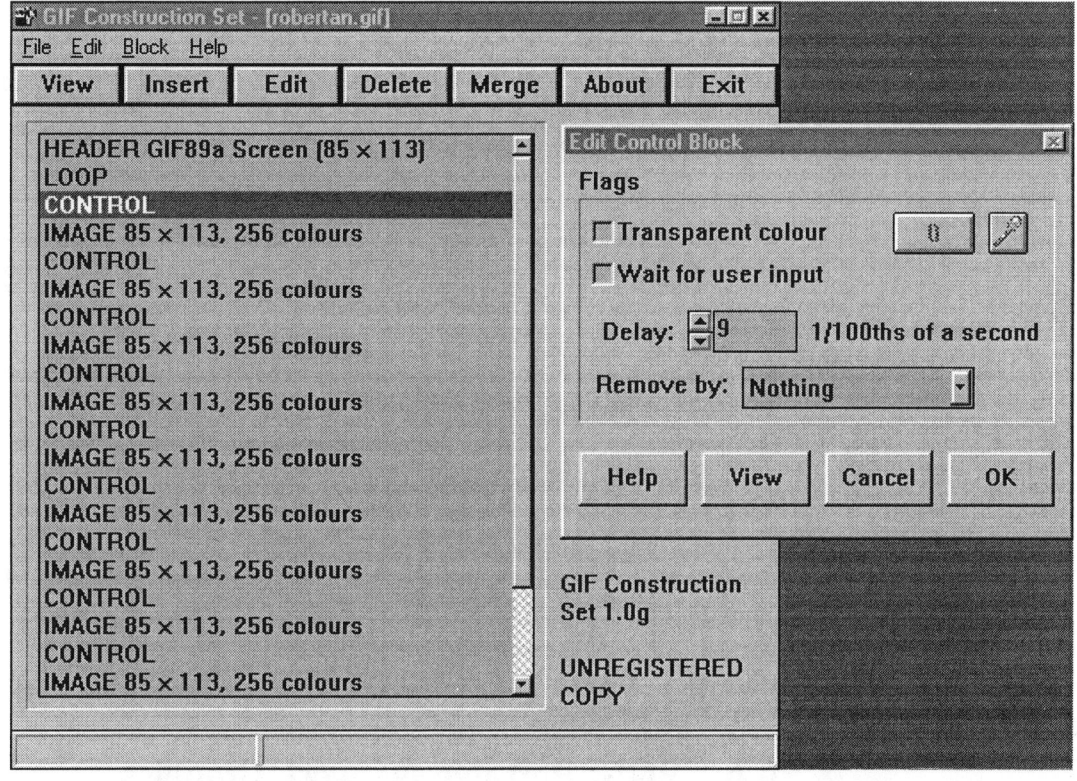

Abbildung 6.4
Das GIF Construction Set für animierte GIFs

- Die transparente Farbe eines Einzelbilds. Auf diese Weise können alle Einzelbilder zu transparenten GIFs gemacht werden.

- Die Verzögerung zwischen zwei Einzelbildern (»Duration« oder »Delay«). Der Browser wartet beim Abspielen nach der Bilddarstellung die entsprechende Zeitspanne, die Sie zumeist in Hundertstelsekunden angeben.

- Auf welche Weise das Einzelbild ersetzt wird.

Bei der letzten Eigenschaft haben Sie verschiedene Steuermöglichkeiten, wie der Browser mit dem gerade dargestellten Einzelbild umgeht, nachdem die Verzögerung abgelaufen ist. Besonders wichtig ist dieses Verhalten beim letzten Bild einer Animation, die nicht fortlaufend wiederholt wird. Die möglichen Aktionen sind:

- Das Einzelbild bleibt unverändert angezeigt (oft als »Leave« bezeichnet).

6 Grafik

❏ Das Bild wird durch das vorherige ersetzt (meistens unter der Bezeichnung »Restore previous«).

❏ Der ursprüngliche Seitenhintergrund wird erneut dargestellt (»Restore background«).

Das Zusammensetzen eines animierten GIFs aus Einzelbildern ist sehr mühevoll. Einfacher ist es, ein geeignetes Tool zu verwenden, das ein kleines digitales Video erstellt, und es von dort aus als animiertes GIF zu speichern.

Da erst wenige Videotools dieses Format unterstützen, bietet sich auch die Konvertierung aus einem Videoformat an. Für das AVI-Format von Windows stellt Microsoft auf seinen Servern (*http://www.microsoft.com* oder *http://www.microsoft.de*) das Programm *GIF Animator* kostenlos bereit. In Abbildung 6.5 auf der nächsten Seite sehen Sie das Tool im Gebrauch.

GIF Animator

Für Apple Macintosh gibt es ein entsprechendes Tool unter dem Namen *GifBuilder* unter der URL *http://iawww.epfl.ch/Staff/Yves.Piguet/clip2gif-home/GifBuilder.html*. Es ist auf die Konvertierung von Filmen im Macintosh-spezifischen Format Quicktime spezialisiert.

GifBuilder

6.6 PNG: Portable Network Graphics

Das GIF-Format hat verschiedene Nachteile. Einer ist technischer Natur: Ein normales GIF kann nur maximal 256 Farben verwenden. Damit ist das Format nicht für hochwertige Abbildungen geeignet.

Der zweite Nachteil ist komplexer: Das GIF-Format ist durch Patentrechte belastet, deren Eigentümer die Firma CompuServe war. 1995 hat CompuServe einen Fehler begangen, der den Internet-Gepflogenheiten zuwider läuft: Für die Nutzung von GIF-Bildern und den patentierten Algorithmen sollten Lizenzgebühren verlangt werden.

Dieser Vorgang hat dazu geführt, daß versucht wird, die Nutzung von GIFs einzuschränken und schließlich überflüssig zu machen. Auch wenn CompuServe seinen Vorstoß zur Kommerzialisierung des Formats eingestellt hat, wurde ein Ersatzformat definiert. Diese Entwicklung trägt den Namen »Portable Network Graphics«, kurz PNG.

PNG ist ein neues Format, das speziell für das Web geeignet ist. Es kombiniert verschiedene Vorteile von GIF und JPEG. So sind verschiedene Komprimierungsverfahren wie bei JPG vorgesehen, die aber keinen Verlust an Bildqualität bewirken. Ähnlich

6.6 PNG: Portable Network Graphics

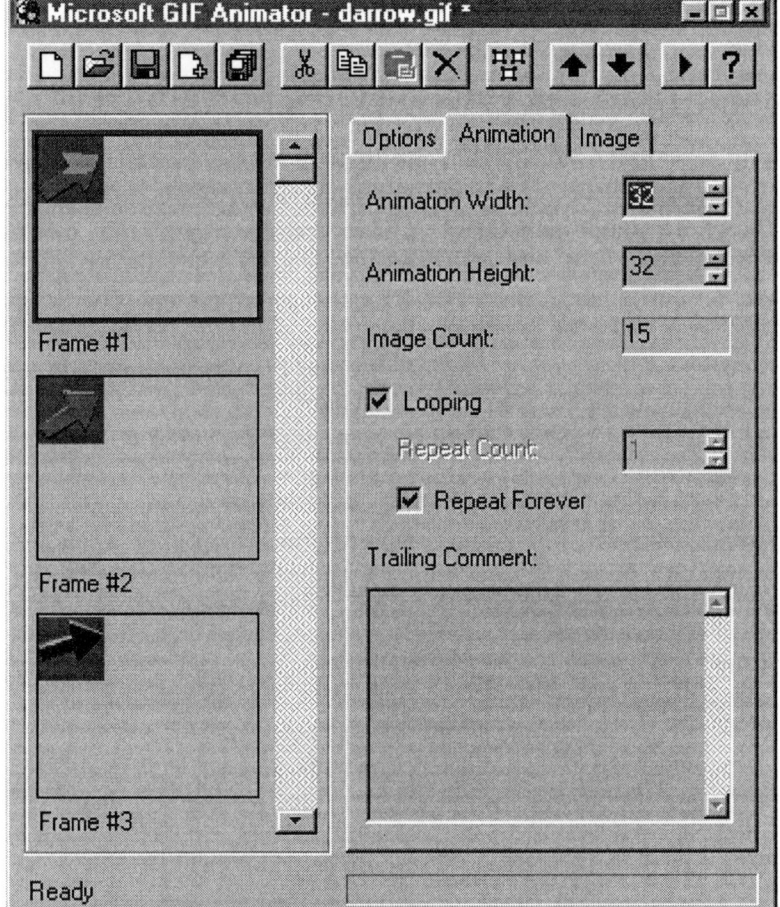

Abbildung 6.5
Der GIF Animator von Microsoft

den progressive JPEGs ist ein gradueller Bildaufbau mit dem Format möglich. Im Gegensatz zu GIF unterstützt PNG eine erheblich größere Farbtiefe – bis zu 24 Bit pro Pixel. Schließlich sind zur Erkennung von Übertragungsfehlern verschiedene Verfahren für Prüfsummen vorgesehen.

Eine wirklich eingehende Darstellung von PNG würde an dieser Stelle den Rahmen sprengen und Ihnen als Web-Nutzer auch wenig bringen. Für Details sollten Sie im Web unter der URL *http://www.wco.com/˜png* schauen. Die Spezifikation des PNG Formats ist inzwischen als Internet RFC 2083 ([5]) veröffentlicht.

PNG ist als Speicherformat inzwischen in einigen Bildbearbeitungsprogrammen vorhanden, hat sich aber noch nicht wirklich durchgesetzt. Da die technischen Qualitäten des Formats allerdings überzeugend sind, ist damit zu rechnen, daß es zu einem Standardformat wie JPEG werden kann.

6.7 Neue Linienformen mit Minigrafiken

Mit bestimmten Grafiken kann man die Seitengestaltung noch weiter beeinflussen, als das eigentlich mit HTML möglich ist. Der Trick dabei ist folgender: Man erstellt eine Grafik, die lediglich aus einem Pixel besteht. Verwendet man die Attribute WIDTH und HEIGHT des <IMG>-Tags, kann man sie auf beliebige Ausmaße bringen. Und anders als bei normalen Grafiken treten keinerlei Verzerrungen und Effekte wie Pixeltreppen auf, da die Grafik ja nur aus einem Pixel aufgebaut wird.

Für die folgenden Beispiele benötigen Sie zwei Dateien, white.gif und black.gif, die jeweils nur ein Pixel enthalten. Diese Minigrafiken sollen aus einem weißen bzw. einen schwarzen Punkt bestehen. Sie können damit neue Linientypen erzeugen, indem Sie sie einfach bei einer bestimmten Höhe auf volle Seitenbreite mit WIDTH=100% bringen.

Abbildung 6.6
Neue Linien

```
<HR>
<IMG SRC="black.gif" WIDTH=100% HEIGHT=2><P>
<IMG SRC="white.gif" WIDTH=100% HEIGHT=2><P>
<IMG SRC="black.gif" WIDTH=100% HEIGHT=2
><IMG SRC="white.gif" WIDTH=100% HEIGHT=2><P>
```

Im Beispiel in Abbildung 6.6 entsteht so eine weiße und eine schwarze Linie als Alternative zum normalen <HR>. Achtet man darauf, daß kein Leerraum entsteht, kann man zwei solche Linien auch direkt untereinander plazieren. Abbildung 6.6 zeigt ein Beispiel.

Sie können so horizontale Linien beliebiger Farbe und Dicke erstellen. Kombiniert man diese Möglichkeit mit der Ausrichtung von Grafiken lassen sich einfach Linien am Textrand darstellen, um beispielsweise eine Änderung hervorzuheben. Das Beispiel in Abbildung 6.7 auf der nächsten Seite zeigt dies.

```
<P><IMG SRC="black.gif" WIDTH=2 HEIGHT=50
ALIGN=LEFT>Ein Absatz mit einer Markierung
am linken Rand
```

Abbildung 6.7
Randmarkierung für Absätze

> Ein Absatz mit einer Markierung am linken Rand

Im Gegensatz zu den horizontalen Linien gibt man einfach einen größeren Wert für HEIGHT an und schon hat man eine vertikale Linie. Durch den Wert LEFT für das ALIGN-Attribut veranlaßt man den Browser, den Text daneben zu formatieren. Die passende Höhe der Linie müssen Sie allerdings per Hand herausfinden.

Die Wahl dieser Höhe ist schwierig, da ja nicht bekannt ist, welche Fensterbreite der Nutzer verwendet. Damit ist auch nicht klar, wieviel vertikalen Raum der Absatz belegt – selbst wenn man Annahmen über die im Browser gewählte Schriftgröße macht.

Will man als Dekoration eine Linie am Rand der gesamten Seite, kann man für das Attribut HEIGHT einfach 100% verwenden. Durch ALIGN bestimmt man wieder, ob die Randlinie links oder rechts plaziert wird. Es lassen sich auch doppelte Linien erzeugen, wie das Beispiel in Abbildung 6.8 auf der nächsten Seite zeigt.

6.8 Leerraum und transparente Minigrafiken

Der Trick mit den Minigrafiken aus dem letzten Abschnitt läßt sich noch weiter verwenden. Macht man in einer solchen Grafik genau die Farbe des einzigen Pixels transparent, wird die Minigrafik in der Browser-Darstellung unsichtbar. Wenn man mit HEIGHT und WIDTH eine bestimmte Größe der Grafik vorgibt, nimmt sie aber dennoch Raum bei der Formatierung ein. Mit anderen Worten: Es entsteht Leerraum an beliebiger Stelle, den man pixelgenau definieren kann.

Dieser Effekt ist im Netscape-Browser mit dem <SPACER>-Tag einfacher zu erreichen (siehe Abschnitt 3.6 auf Seite 46) – allerdings verstehen nicht alle Browser dieses Tag.

Abbildung 6.8
Linien am Seitenrand

```
<IMG SRC="white.gif" WIDTH=2
HEIGHT=100% ALIGN=LEFT>
<IMG SRC="white.gif" WIDTH=2
HEIGHT=100% ALIGN=LEFT>
<IMG SRC="white.gif" WIDTH=2
HEIGHT=100% ALIGN=RIGHT>
```
Eine ganze Seite, auf der an den linken und rechten Rändern eine Linie steht.

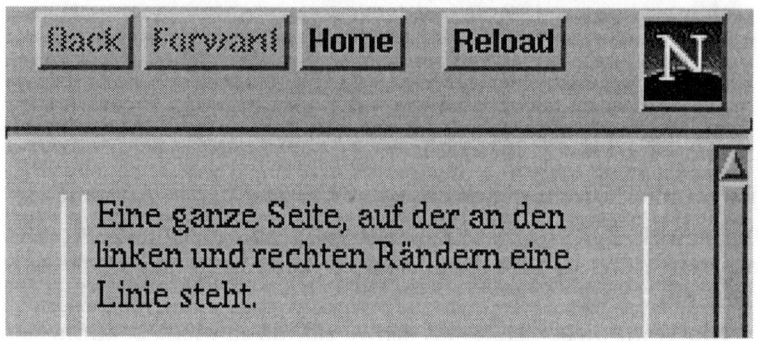

Abbildung 6.9
Leerraum innerhalb eines Absatzes

```
Normaler Text, der von einem gro&szlig;en
Leerraum <IMG SRC="spacet.gif" WIDTH=40
HEIGHT=1> unterbrochen wird.
```

Mit normalen HTML-Mitteln hat man keinen Einfluß auf den Abstand zwischen Worten. Mit einer transparenten Minigrafik hat man aber genau diese Möglichkeit. Nehmen wir an, daß die Datei spacet.gif eine solche transparente Grafik enthält, die jeweils ein Pixel breit und hoch ist. Im Beispiel in Abbildung 6.9 wird damit mitten im Absatz ein Leerraum erzeugt.

Verwendet man das ALIGN-Attribut bei <IMG>, kann man Text um eine Grafik herum fließen lassen. Wenn die Grafik aber auf die beschriebene Weise transparent ist, kann man mit ihr die Absatzform beeinflussen. Mit jeder an den linken oder rechten Rand geschobene Grafik bewirkt man eine Einrückung des Textflusses an dieser Stelle, wie das Beispiel in Abbildung 6.10 auf der nächsten Seite zeigt. Dieser Effekt ist mit <SPACER> übrigens nicht zu realisieren.

```
<P><IMG SRC="spacet.gif" WIDTH=20 HEIGHT=20
 ALIGN=LEFT>Ein anfangs um 20 Pixel
eingerü ckter Absatz, der dann in normaler
Breite weiterlä uft. Damit man nichts sieht,
ist die Grafik transparent und nur 1 Pixel breit
und hoch. <IMG SRC="spacet.gif" WIDTH=80
 HEIGHT=30 ALIGN=RIGHT>Man kann ihn auch
rechts einrü cken, indem man die
Grafik an den rechten Rand rü ckt.
```

Abbildung 6.10
Absatzgestaltung mit transparenten Grafiken

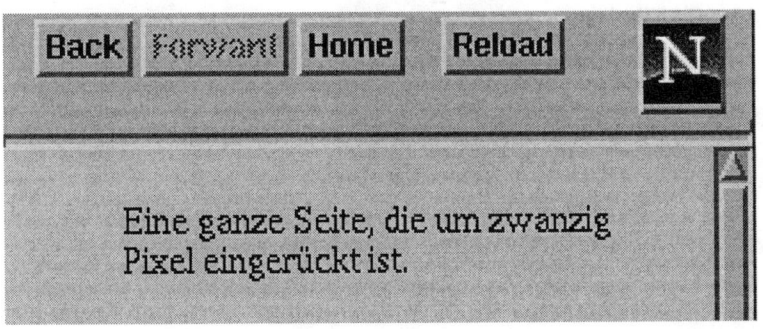

```
<IMG SRC="spacet.gif" WIDTH=20 HEIGHT=100%
ALIGN=LEFT>Eine ganze Seite, die um zwanzig
Pixel eingerü ckt ist.
```

Abbildung 6.11
Eingerückte Seite

Wie bei den vertikalen Linien am Seitenrand, läßt sich auch dieser Trick wieder mit der Größenangabe 100% für HEIGHT kombinieren. Das Ergebnis ist eine Einrückung der gesamten Seite um den in WIDTH angegebenen Wert, wie in Abbildung 6.11 auf der vorherigen Seite zu sehen ist.

Besser als diese Tricks ist die Verwendung von Style Sheets, die mit HTML 4 eingeführt wurden. Sie finden in Abschnitt 12.9 auf Seite 155 die relevanten Mechanismen und Elemente.

```
<HR>
<HR><IMG SRC="spacet.gif" HEIGHT=10>
<HR><IMG SRC="spacet.gif" HEIGHT=20>
<HR><IMG SRC="spacet.gif" HEIGHT=30>
```

Abbildung 6.12
Vertikale Abstände

Neben horizontalem Leerraum mit transparenten Grafiken kann man auch vertikale Abstände erzeugen. Das Beispiel in Abbildung 6.12 stellt mehrere <HR>-Linien in verschiedenen Abständen dar.

```
<P>S<BR>
<IMG SRC="spacet.gif" WIDTH=5
 HEIGHT=1>c<BR>
<IMG SRC="spacet.gif" WIDTH=10
 HEIGHT=1>h<BR>
<IMG SRC="spacet.gif" WIDTH=15
 HEIGHT=1>r<BR>
<IMG SRC="spacet.gif" WIDTH=20
 HEIGHT=1>&auml;<BR>
<IMG SRC="spacet.gif" WIDTH=25
 HEIGHT=1>g<BR>
```

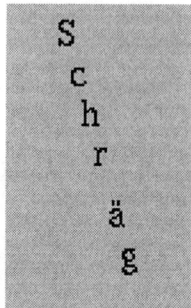

Abbildung 6.13
Schräge Schrift

Schließlich lassen diese Möglichkeiten auch viel Raum für die feine Ausrichtung einzelner Buchstaben und können auch für ausgefallene Effekte mit Text verwendet werden. Im Beispiel in Abbildung 6.13 stellt Netscape ein Wort schräg auf der Seite dar.

7 Imagemaps

In diesem Kapitel lernen Sie, wie Sie anklickbare Grafiken in Ihre Web-Seiten aufnehmen und verarbeiten.

7.1 Anklickbare Grafiken – Imagemaps

Grafiken, die mit dem <IMG>-Tag ausgezeichnet sind, können in einem Anker verwendet werden, wie Sie schon in Abschnitt 3.5 auf Seite 39 gesehen haben. Bei ihnen wartet der Browser auf einen Klick innerhalb der Grafik und folgt dann dem Link. Dabei ist es aber unerheblich, wo innerhalb der Grafik der Klick erfolgte.

Mit den Imagemaps kann man Klicks auf verschiedene Stellen einer Grafik unterscheiden und dementsprechend unterschiedlichen Links folgen. Dazu muß die Grafik das Attribut ISMAP tragen. Als Ziel des Links muß ein Skript im HREF-Attribut von <A> angegeben sein.

Als Beispiel soll die Grafik in Abbildung 7.1 verwendet werden. Der Nutzer soll auf die drei kreisförmigen Symbole klicken können und unterschiedliche Informationen zu unterschiedlichen Verkehrsmitteln erhalten.

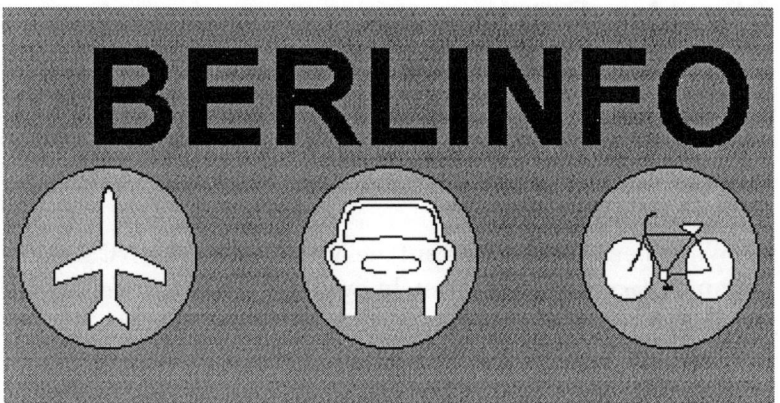

Abbildung 7.1
Die Beispielgrafik

In einer HTML-Seite wird die Grafik in einem Link eingebunden:

```
<A HREF=
 "http://www.info.berlin.de/cgi/imagemap/verkehr"
><IMG
  SRC="http://www.info.berlin.de/berlinfo.gif"
  ISMAP></A>
```

Klickt man im Browser beispielsweise in die ungefähre Mitte des Autos, dann stellt der Browser die Koordinaten des Klicks innerhalb der Grafik fest und schickt sie als Anfrage an das angegebene Skript. Die URL, die er anfordert, lautet dann

http://www.info.berlin.de/cgi/imagemap/verkehr?194,118

Das Skript *imagemap* kann die angehängten Informationen auswerten und feststellen, daß es sich um einen Klick an den Koordinaten 194,118 handelt, die zu einer Imagemap gehören, deren Maße unter dem Namen *verkehr* beim Server gespeichert sind. Aus diesen Informationen kann er entscheiden, welche HTML-Seite für einen Klick in das Auto geliefert werden soll. Mehr zur Skriptprogrammierung finden Sie in Kapitel 14 auf Seite 195.

Nun wäre es aber sehr aufwendig, für jede einzelne anklickbare Grafik ein extra Skript zu schreiben; zudem wäre es ziemlich mühsam, alle Koordinaten einzeln abzutesten. Daher liegen fast allen Web-Servern kleine Programme bei, die die Ermittlung einer URL aus Grafikkoordinaten übernehmen. Sie kann man so konfigurieren, daß einer bestimmten Fläche eine URL zugeordnet ist. Diese Zuordnung nimmt man in sogenannten Map-Dateien vor.

7.2 Map-Dateien

imagemap

Für die Verarbeitung von Map-Dateien ist jeweils ein kleines CGI-Programm zuständig, das den Servern beiliegt. Das verbreitetste ist *imagemap* des NCSA-Servers. Leider ist das Format der Map-Dateien abhängig vom verwendeten Programm, und es gibt keinen Standard dafür.

Wir gehen im folgenden auf die Map-Dateien des NCSA-Programms *imagemap* ein. Es besteht aus einer Reihe von Zeilen, die jeweils einen Bereich innerhalb einer Grafik beschreiben und eine URL angeben, die beim Klick auf diesen Bereich ausgewählt werden soll. Für unser Beispiel könnte man die Map-Datei in Abbildung 7.2 auf der nächsten Seite verwenden.

```
circle http://www.info.berlin.de/auto.html 188,119 230,119
circle http://www.info.berlin.de/flugzeug.html 51,119 93,119
circle http://www.info.berlin.de/fahrrad.html 326,119 368,119
rect http://www.info.berlin.de/about.html 45,20 365,66
default http://www.info.berlin.de/help.html
```

Abbildung 7.2
Eine Map-Datei für den NCSA-Server

Das jeweils erste Wort der Zeile gibt an, welche Form der beschriebene Bereich hat. Darauf folgt die URL und Angaben über die Ausmaße des Bereichs. *imagemap* kann folgende Flächenarten verarbeiten:

- `rect` *URL x1,y1,x2,y2*

  Der Klick muß in einem Rechteck mit der oberen linken Ecke bei den Koordinaten *x1,y1* und der unteren rechten Ecke bei *x2,y2* liegen.

- `circle` *URL x1,y1,x2,y2*

  Der Klick muß in einem Kreis um Koordinate *x1,y1* mit dem Radius *x2–x1* liegen.

- `poly` *URL x1,y1 x2,y2 ...xn,yn*

  Der Klick muß in einer Fläche liegen, die von dem Polygonzug *x1,y1 x2,y2 ...xn,yn* umrissen ist.

- `default` *URL*

  Der Klick muß auf der Fläche liegen, die von den anderen Flächen nicht abgedeckt ist.

Das Programm *htimage*, das beim CERN-Server verwendet wird, hat ein anderes Format, das sich aber nur leicht von den Map-Dateien von *imagemap* unterscheidet:

htimage

- `rectangle` *(x1,y1) (x2,y2) URL*

  Der Klick muß in einem Rechteck mit der oberen linken Ecke bei *x1,y1* und der unteren rechten Ecke bei *x2,y2* liegen.

- `circle` *(x,y) Radius URL*

  Der Klick muß in einem Kreis um Koordinate *x,y* mit dem Radius *Radius* liegen.

```
default http://www.info.berlin.de/help.html
circle (188,119) 42 http://www.info.berlin.de/auto.html
rectangle (45,20) (365,66) http://www.info.berlin.de/about.html
circle (51,119) 42 http://www.info.berlin.de/flugzeug.html
circle (326,119) 42 http://www.info.berlin.de/fahrrad.html
```

Abbildung 7.3
Eine Map-Datei für den CERN Server

- `poly (x1,y1) (x2,y2) ...(xn,yn) URL`

  Der Klick muß in einer Fläche liegen, die von dem Polygonzug *x1,y1 x2,y2 ... xn,yn* umrissen ist.

- `default URL`

  Der Klick muß auf der Fläche liegen, die von den anderen Flächen noch nicht abgedeckt ist.

Dem obigen Beispiel entspricht in dieser Schreibweise die Map-Datei in Abbildung 7.3.

Die Map-Datei muß nun noch dem *imagemap*-Skript bekannt gemacht werden. Beim NCSA-Server existiert die Datei *imagemap.conf* in der Sie eintragen, welche Map-Datei die Einstellungen für welche Grafik enthält. Wenn die obige Map-Datei für den NCSA-Server unter dem Namen `/maps/verkehr.map` abgelegt ist, dann muß in der *imagemap.conf*-Datei eine Zeile

`verkehr: /maps/verkehr.map`

stehen, damit das Skript die richtige Map-Datei lädt. Weitere Details zur Konfigurierung müssen Sie Ihrem Server-Handbuch entnehmen, da dieser Mechanismus abhängig von der jeweiligen Implementierung ist.

7.3 Map-Dateien erstellen

Das Erstellen von Map-Dateien per Hand für eine Grafik ist eine sehr mühsame Angelegenheit: Man muß geeignete Koordinaten im Bild und die dazu entsprechende Flächen ermitteln sowie in die Map-Datei eintragen.

Naheliegend ist es, sich durch ein Programm helfen zu lassen, das einem erlaubt, Flächen interaktiv per Maus in der Grafik auszumessen, ihnen URLs zuzuordnen und eine Map-Datei aus diesen Angaben zu erstellen. Ein solches Programm kann auch sehr einfach verschiedene Map-Dateiformate unterstützen.

Web Hotspots

Windows-Benutzer finden dafür sehr komfortable Editoren als Public Domain. Einer davon ist *Web Hotspots* (siehe Bildschirmausschnitt in Abbildung 7.4), der eine praktische und übersichtliche Oberfläche hat. Im Internet findet man Web Hotspots über die Web-Seite http://www.cris.com/~automata/hotspots.shtml.

Abbildung 7.4
Der Web Hotspots Editor für Windows

Unix-Benutzer müssen sich mit dem Programm *mapedit* zufriedengeben, das seit den ersten Versionen des NCSA-Servers existiert. Es läuft unter der X-Windows-Oberfläche und ist nicht ganz so komfortabel wie *hotspots*, da es erheblich weniger Editierfunktionalität anbietet. In Abbildung 7.5 auf der nächsten Seite finden Sie einen Bildschirmausschnitt. *mapedit* ist im Netz unter der URL ftp://sunsite.doc.ic.ac.uk/computing/information-systems/WWW/mapedit zu finden.

Besitzer eines Apple Macintosh können das Programm *Mac-ImageMap* verwenden, das im Web bei http://weyl.zib-berlin.de/imagemap/Mac-ImageMap.html zu finden ist.

mapedit

Mac-ImageMap

7.4 Browser-seitige Imagemap-Verarbeitung

Die beschriebenen Mechanismen zur Verarbeitung von Klicks in Grafiken beruhen auf einer Server-seitigen Verarbeitung, denn dort wird ja das *imagemap*-Skript ausgeführt. Dies ist aber eigentlich ein umständlicher Weg, denn der Browser könnte ja auch selber eine entsprechende URL bei einem Klick auswählen.

Diese Überlegung beschreibt ein Internet RFC über die – im englischsprachigen Original »Client-side Image Maps« genann-

W3C HTML 3

Abbildung 7.5
Der mapedit Editor für Unix

ten – Browser-seitigen Imagemaps ([18]). Er definiert eine HTML-Erweiterung, mit der die Map-Dateien in das HTML-Dokument verlagert werden. In Netscape 2.x wurde dieser Mechanismus zuerst implementiert. Er bewirkt eine schnelle Verarbeitung, da der Browser nicht mehr mit dem Server kommunizieren muß.

Grundlage dafür ist die Verwendung des Attributs USEMAP bei <IMG>. Es besagt, daß es sich um eine Grafik handelt, für die der Browser Klicks auswerten soll. Der Wert des Attributs ist eine URL, allerdings kann es sich auch um einen Verweis auf einen lokalen Namen handeln (wird mit # eingeleitet).

Im ersten Fall ist die Map-Datei in HTML-Notation auf einem Web-Server verfügbar und wird von dort geladen. Bei einem Verweis auf einen lokalen Namen befindet sich die Definition der Map-Datei im HTML-Text der Seite und ist dort mit einem Namen versehen worden.

Die HTML-Notation einer Map-Datei ähnelt dem Format bei der Server-seitigen Verarbeitung. Sie wird mit den Tags <MAP>...

`<MAP>` </MAP> umschlossen. Das Tag kann einen Namen im Attribut NAME tragen. Handelt es sich um eine externe Datei mit mehreren Flächendefinitionen, kann mit der URL bei USEMAP durch Anhängen des Namens nach einem # eine bestimmte ausgewählt werden. Ist die Map-Datei in das HTML-Dokument eingebettet, muß NAME verwendet werden.

`<AREA>` In der so ausgezeichneten Fläche werden mit dem Tag <AREA> anklickbare Bereiche ausgewählt. Die Form dieser Bereiche werden durch die Attribute SHAPE (von »Form«) und COORDS (von »Coordinates«) beschrieben. Folgende Formen sind möglich:

7.4 Browser-seitige Imagemap-Verarbeitung

- SHAPE=RECT COORDS="x1,y1,x2,y2"
  SHAPE=RECTANGLE COORDS="x1,y1,x2,y2"

  Der Klick muß in einem Rechteck mit der oberen linken Ecke bei *x1,y1* und der unteren rechten Ecke bei *x2,y2* liegen.

- SHAPE=CIRC COORDS="x,y,Radius"
  SHAPE=CIRCLE COORDS="x,y,Radius"

  Der Klick muß in einem Kreis um Koordinate *x,y* mit dem Radius *Radius* liegen.

- SHAPE=POLY COORDS="x1,y1,...,xn,yn"
  SHAPE=POLYGON COORDS="x1,y1,...,xn,yn"

  Der Klick muß in einer Fläche liegen, die von dem Polygonzug *x1,y1 x2,y2 ... xn,yn* umrissen ist.

Für jede dieser durch <AREA> beschriebenen Flächen ist mit weiteren Attributen festgelegt, welchem Link bei einem Klick gefolgt werden soll:

- HREF: Bei einem Klick in die Fläche soll das Dokument mit der angegebenen URL geladen werden.

- NOHREF: Bei einem Klick in die Fläche soll keinem Link gefolgt werden.

Für die Auswertung der einzelnen <AREA>-Tags ist ihre Reihenfolge entscheidend. Damit lassen sich auch die `default`-Definitionen der Server-seitigen Map-Dateien verwirklichen: Als letztes Tag wird ein <AREA>-Tag aufgeführt, das die gesamte Grafikfläche umfaßt und auf die URL verweist, die bei einem Klick auf noch nicht beschriebene Flächen gewählt wird.

Damit Sie <AREA> auch auf Frame-basierten Seiten verwenden können, läßt sich im TARGET-Attribut der Name eines Zielframes für die zu ladende HTML-Seite angeben. Mögliche Werte sind natürlich auch die in Abschnitt 4.5 auf Seite 58 aufgelisteten vordefinierten Namen.

Wie bei <IMG> läßt sich für die einzelnen Flächen mit dem Attribut ALT bei <AREA> auch eine textuelle Repräsentation beschreiben, so daß ein zeichenorientierter Browser die Auswahlgrafik näherungsweise darstellen kann.

Das USEMAP-Attribut läßt sich zusammen mit ISMAP verwenden, wodurch man auch Browser anspricht, die diesen neuen Mechanismus noch nicht beherrschen. »Alte« Browser ignorieren alle <MAP>- und <AREA>-Definitionen und wenden sich an den Server zur Verarbeitung des Klicks in die Grafik – neuere erkennen, daß USEMAP eine schnellere Verarbeitung ermöglicht.

8 Objekte in Web-Seiten einbetten

Die in Kapitel 6 auf Seite 81 vorgestellten Grafiken mit dem <IMG>-Tag unterscheiden sich von allen anderen HTML-Tags dadurch daß sie *innerhalb* eines HTML-Dokuments dargestellt werden. Dabei sind sie aber nicht tatsächlich im Dokument vorhanden, sondern werden in einer anderen, durch eine URL bezeichneten Datei gehalten, die vom Browser in die Seite eingebettet wird.

Grafiken sind sicherlich nur eine Spielart von Objekten, die man in eine Seite einbetten will – naheliegende Beispiele sind digitalisierte Videofilme oder andere Medienarten. <IMG> ist allerdings auf Grafiken spezialisiert und ist nicht hinreichend allgemein gehalten, um andere Medienarten aufzunehmen.

Daher unterstützen Browser seit Netscape 2.0 das Tag <EMBED>, mit dem man beliebige Medienarten einbetten kann. Es wurde als <OBJECT>-Tag vom W3-Konsortium aufgenommen und in der dabei definierten Form vom Internet Explorer neben <EMBED> akzeptiert.

Browser werden mit einer Ausstattung für einen festen Satz von Medienarten (hauptsächlich JPG- und GIF-Bilder) ausgeliefert. Will man beliebige Medienarten einbetten, muß der Browser entsprechend erweitert werden. In der Anfangszeit des Web geschah dies durch externe Programme – die »Helper Applications« –, heute sind Browser in der Lage, solche Programme als »Plugin« nachzuladen.

8.1 Plugins in Browsern

Browser beherrschen die Darstellung eines festen Satzes von Objekten. Typischerweise sind dies auf jeden Fall HTML-Seiten, Textseiten, GIF- und JPG-Bilder etc. Will man nun beliebige Objekte in Seiten einbetten, entsteht für einen Browser-Hersteller das Problem, für praktisch jede erdenkliche Objektart ein Darstellungsmodul zu implementieren.

Um dieses Problem zu umgehen, wurde in Netscape 2.x der Mechanismus der Plugins eingeführt. Er ermöglicht es, einen Browser nachträglich durch Module zu erweitern, die bestimmte Objektarten darstellen können. Dazu ist eine Programmierschnittstelle im Browser definiert, die ein solches Plugin nutzt, um beispielsweise ein Video im Browser-Fenster darzustellen.

Da diese Schnittstellen offengelegt sind, ist es Drittanbietern möglich, eigene Datenformate zu definieren und die entsprechenden Darstellungsmodule als Plugins anzubieten.

Ein Plugin ist wie »normale« Software abhängig vom verwendeten Betriebssystem und Prozessor. Es muß geladen und in den Browser installiert werden. Haben Sie ein solches Plugin, beispielsweise für MPEG-Videofilme, von einem Anbieter in einer Windows 95-Version geladen, startet ein Installationsprogramm, das einige Dateien in die Verzeichnisse Ihres Browsers kopiert.

Ein Plugin registriert sich beim Browser, indem es angibt, für welche MIME-Inhaltstypen es die Darstellung beherrscht. Bei dem Video-Plugin könnte dies der Typ `video/mpeg` sein. Finden Sie nun im Web eine Seite, in der ein solcher Film eingebettet ist, erscheint nicht mehr eine Dialogbox zum Speichern dieses Objekts, vielmehr ruft der Browser das Plugin auf, das den Film darstellt.

Plugins sind üblicherweise kostenlos erhältlich – praktisch immer für Windows 95-Rechner, meistens auch für Apple Macintosh und eher selten für Unix und dessen Varianten.

Der Grund dafür ist zumeist, daß spezielle Datenformate von Herstellern entwickelt wurden, deren Details aber nicht offengelegt werden sollen. Die Hersteller sind daran interessiert, das Format möglichst weit zu verbreiten, da sie ihr Geschäft mit der Software zur Erstellung dieser Daten machen.

Ein Beispiel dafür sind Radio-Übertragungen nach dem Real Audio Format. Hier hat der Hersteller Progressive Networks, Seattle, ein besonderes Datenformat für Audiodaten entwickelt. Das Abspielprogramm ist als Plugin frei verfügbar, während man als Radio-Anbieter für entsprechende Server-Programme Lizenzen bezahlen muß.

Doch zurück zur Einbindung beliebiger Objekte in HTML-Seiten. Es gibt dafür zwei etwas konkurrierende Alternativen, die Sie in den nächsten Abschnitten kennenlernen werden.

8.2 Das <EMBED>-Tag

Die Einbettung eines Objekts in einer HTML-Seite wurde erstmals in Netscape 2.x durch die Einführung des <EMBED>-Tags ermöglicht. Die Definition dieses Tags unterscheidet sich von allen anderen Tags – ein Teil der möglichen Attribute ist vorgegeben, aber es lassen sich beliebige weitere Attribute verwenden, die ein Plugin, abhängig vom dargestellten MIME-Typ, benutzt. Damit entzieht es sich einer formalen Definition durch eine SGML-DTD (siehe Abschnitt 2.1 auf Seite 9).

<EMBED>

Die folgenden Attribute sind vorgegeben:

- ❏ NAME vergibt an das eingebettete Objekt einen Namen, der als Zielanker verwendet werden kann.

- ❏ HEIGHT enthält die Höhe des eingebetteten Objekts in Pixel oder in der in UNITS festgelegten Einheit.

- ❏ WIDTH gibt die Breite des Objekts an. WIDTH und HEIGHT ermöglichen es dem Browser – wie die gleichen Attribute bei <IMG> – die Seite vollständig zu formatieren, während das Objekt noch geladen wird.

- ❏ UNITS legt fest, in welchen Einheiten HEIGHT und WIDTH angegeben sind. Mögliche Werte sind PIXELS für Bildpunkte und EN für die halbe Höhe der verwendeten Schriftgröße.

- ❏ Mit dem Attribut HIDDEN kann ein Objekt bei Bedarf »unsichtbar« gemacht werden. Abhängig von der Medialität des eingebetteten Objekts kann dies notwendig sein – ein eingebettetes Musikstück benötigt keinen Raum für die Darstellung in der Seite. Als Wert für das Attribut ist eigentlich nur TRUE interessant, das die Sichtbarkeit ausschaltet; das ebenfalls mögliche FALSE beläßt alles bei der Normaleinstellung – das Objekt nimmt in der Seite Raum ein. Die denkbare Alternative WIDTH und HEIGHT gleich 0 zu setzen wird vom Browser übrigens nicht korrekt dargestellt.

- ❏ SRC enthält die URL des einzubettenden Objekts.

- ❏ Trifft man auf ein Objekt, das noch nicht von einem installierten Plugin dargestellt werden kann, dann muß der Browser das Objekt eigentlich ignorieren. Tatsächlich implementiert wird aber eine Nachfrage beim Benutzer, ob er das Plugin laden und installieren will. Dazu enthält das PLUGINSPAGE eine URL, die für diesen Download und die Installation dargestellt werden soll. Um Ihre Nutzer nicht mit einem ihnen unbekannten Objekttyp alleine zu lassen, sollten Sie dieses Attribut immer verwenden.

- Der MIME-Typ des Objekts wird im Attribut TYPE vermerkt. Normalerweise schickt ein Web-Server diese Information im HTTP-Header mit – es kann aber auch Objekte geben, die keine Informationen von einem Server benötigen und lediglich ein Plugin starten. In diesem Fall verwendet man kein SRC-Attribut, sondern nur TYPE.

- PALETTE legt die in dem Objekt zu verwendenden Vorder- und Hintergrundfarben fest. Es hat die Form *Vordergrundfarbe|Hintergrundfarbe*, wobei Sie die normale RGB-Kodierung oder die symbolischen Farbwerte verwenden können.

Daneben lassen sich weitere Plugin-abhängige Attribute verwenden. Das bei Netscape mitgelieferte Plugin zum Abspielen von Animationen im Video for Windows Format AVI kennt beispielsweise zwei Attribute: AUTOSTART und LOOP. Abbildung 8.1 zeigt ein Beispiel für eine solche Einbettung.

```
<HTML><BODY>
<EMBED SRC="film.avi" WIDTH=320
 HEIGHT=200 AUTOSTART=TRUE>
</EMBED>
<NOEMBED>
Kein Plugin für AVI Filme...
</NOEMBED>
</HTML>
```

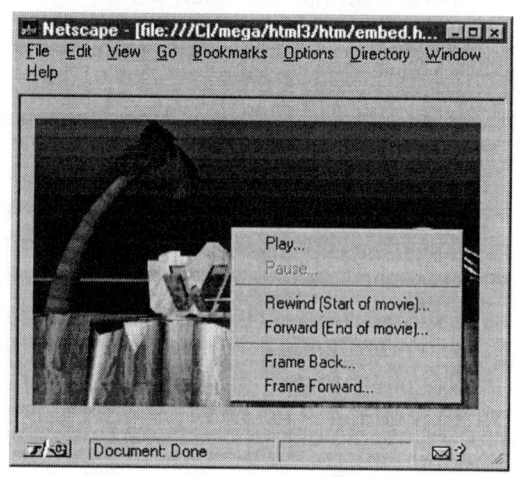

Abbildung 8.1
Ein mit <EMBED> eingebetteter Film

8.3 Das <OBJECT>-Tag

Das Vorpreschen von Netscape mit einer Einbettungslösung, die sich nicht formal korrekt als DTD ausdrücken läßt, hat das W3-Konsortium auf den Plan gerufen, eine technisch bessere Lösung zu erarbeiten. Das so entstandene <OBJECT>-Tag wurde als erstes im Microsofts Internet Explorer implementiert.

8.3 Das `<OBJECT>`-Tag

Die Definition von `<OBJECT>` ist zum Zeitpunkt der Drucklegung dieses Buchs nochnicht abgeschlossen. Es kann daher sein, daß sich einige Attribute noch ändern oder neue hinzukommen.

`<OBJECT>` ähnelt `<EMBED>` in der Konzeption, benutzt aber teilweise unterschiedliche Attribute und übergibt Parameter an ein Plugin durch das `<PARAM>`-Tag, das innerhalb einer Klammerung durch `<OBJECT>`...`</OBJECT>` verwendet wird.
Die für `<OBJECT>` vorgesehenen Attribute sind:

- ID vergibt an das eingebettete Objekt einen Namen, der als Zielanker verwendet werden kann. Das Attribut entspricht damit NAME bei `<EMBED>`.

- NAME dagegen spielt eine Rolle bei der Verwendung von Objekten innerhalb eines Formulars mit `<FORM>`. Da `<OBJECT>` möglichst allgemein definiert werden sollte, wurden damit auch Objekte in Betracht gezogen, die einen vom Leser eingebbaren Wert enthalten. Der Mechanismus, wie aus einem Plugin ein solcher Wert ausgelesen werden kann, bleibt der Browser-Implementierung überlassen. Falls er vorhanden ist, kann der Browser den Wert in einem Formular mit dem angegebenen Namen zur Verarbeitung übertragen.

- WIDTH legt die Breite des Objekts fest. Bei Abweichungen von der Originalbreite kann der Browser oder das Plugin die Darstellung entsprechend skalieren. Im Gegensatz dazu wird bei WIDTH in `<EMBED>` das Objekt bei dieser Breite abgeschnitten – jedenfalls in den zur Drucklegung dieses Buchs vorhandenen Implementierungen.

- HEIGHT gibt die Höhe des Objekts in Pixel an. Bei Abweichungen von der Originalhöhe kann der Browser das Objekt wieder skalieren. Im Vergleich zu `<EMBED>` gilt hier das gleiche wie bei WIDTH.

    Wie bei `<IMG>` sollten Sie bei der Verwendung von WIDTH oder HEIGHT möglichst nur Vielfache der originalen Breite oder Höhe angeben, da es sonst zu sehr ungleichmäßigen Vergrößerungen und Verkleinerungen kommt.

    Durch die Angabe von WIDTH und HEIGHT kann der Browser mir der Formatierung der Seite fortfahren, während er das Objekt lädt. Sie sollten daher beide Attribute angeben.

- HSPACE enthält die Angabe eines Leerraums in Pixel, den der Browser links und rechts vom Objekt darstellt.

- Mit VSPACE legt man fest, wieviel Leerraum der Browser über und unter dem Objekt zusätzlich erzeugen soll.
- ALIGN bestimmt die Ausrichtung des Objekts. Für die vertikale Ausrichtung sind folgende Werte möglich, die denen bei <IMG> ähneln, aber doch leicht unterschiedlich sind:
  - TEXTTOP: Ausrichtung der Oberkante des Objekts mit der Oberkante der umgebenden Textzeile.
  - MIDDLE: Ausrichtung der vertikalen Mitte des Objektes mit der Grundlinie des Textes.
  - TEXTMIDDLE: Ausrichtung der vertikalen Mitte des Objektes mit der Mitte der Textzeile, die auf halber Höhe eines »x« definiert ist.
  - BASELINE: Ausrichtung der Unterkante des Objekts mit der Grundlinie der Textzeile.
  - TEXTBOTTOM: Ausrichtung der Unterkante des Objekts mit der Unterkante der Textzeile, also an den Unterlängen wie beim Buchstaben »g«.

  Alternativ können folgende Werte eine horizontale Ausrichtung festlegen. Sie entsprechen den Ihnen schon von <IMG> bekannten Attributwerten.
  - LEFT: Das Objekt wird am linken Rand dargestellt, der restliche Text der Seite fließt rechts um das Objekt herum.
  - CENTER: Das Objekt wird in der horizontalen Mitte der Seite dargestellt. Dafür wird umschließender Text zunächst darüber oder darunter plaziert, so daß er – anders als bei LEFT und RIGHT – nicht um das zentrierte Objekt herumfließt.
  - RIGHT: Das Objekt wird am rechten Rand dargestellt, der restliche Text der Seite fließt links um das Objekt herum.
- DATA enthält die URL des Objekts. Das Attribut entspricht damit SRC bei <EMBED>.
- CODEBASE findet bei einigen URL-Typen Verwendung. Es kann sein, daß das Laden eines Objekts abhängig von einer zweiten URL ist. Dazu ein kleiner Vorgriff auf Kapitel 18 auf Seite 243.

Ein in der Programmiersprache Java geschriebenes Objekt gehört zu einer Klasse, die in einer Klassenhierarchie angesiedelt ist. Die URL in DATA würde dann lediglich den vollständigen Klassenbezeichner enthalten, beispielsweise `java:office.word.asciieditor`. Damit soll das einzubettende Objekt von einer Klasse `asciieditor` sein, die in einer Klassenhierarchie in der Klassensammlung `word` angesiedelt ist, die wiederum zu `office` gehört.

Sind diese Klassen lokal auf der Platte installiert, kann der Browser das entsprechende Objekt ohne Netzzugriff laden. Die Angabe eines Servers macht in einem solchen URL-Schema also keinen Sinn.

Falls die Klasse aber lokal nicht vorhanden ist, muß der Browser sie über das Netz holen, und dazu braucht er eine Server-Adresse. In CODEBASE kann man diese dann angeben, beispielsweise als *http://www.office.com*.

- TYPE enthält den MIME-Typ der durch DATA bezeichneten Daten und entspricht damit dem gleichnamigen Attribut bei <EMBED>. Für den Browser ist diese Angabe nützlich, weil er so schon ohne Netzzugriff auf das Objekt dessen Art kennt.

- Das Attribut CLASSID ist vorgesehen, um auf Entwicklungen im Web einzugehen, die vor allem vom Microsoft vorangetrieben werden. In Windows gibt es unter dem Namen OLE (»Object Linking and Embedding«) seit langem einen Mechanismus, um Objekte in Dokumente einzubetten. Microsoft versucht mit Internet-fähigen Erweiterungen unter dem Namen »ActiveX«, seine Technologie in das Web einzubringen und so diesen spät entdeckten Markt zu besetzen.

  Vereinfacht beschrieben, sollen damit komplexere Anwendungen aus kleinen, als Objekte repräsentierten Komponenten zusammengesetzt werden – beispielsweise ein Objekt, das einen Text editieren kann, oder ein anderes, das aus einer Tabelle eine Balkengrafik aufbaut. Jedes dieser Objekte ist einer Klasse zugeordnet, die durch einen eindeutigen Bezeichner beschrieben wird. Für Videofilme im AVI-Format ist beispielsweise der Schlüssel 00022602-0000-0000-C000-000000000046 vorgesehen.

  Ein Windows-System ist in der Lage, aus einem solchen Identifizierer abzuleiten, daß es sich um ein Film-Objekt handelt. Microsoft entwickelt Mechanismen, mit denen ein solches Objekt geladen und ausgeführt werden kann.

Im CLASSID-Attribut wird ein solcher Bezeichner als URL vermerkt – für das Beispiel hätte sie die Form

clsid:00022602-0000-0000-C000-000000000046.

Die Definition von <OBJECT> ist offen bezüglich anderer Objektsysteme und deren Klassenbezeichnern – das Ausmaß der Marktmacht von Microsoft wird an diesem Attribut aber sehr deutlich. Es ist anzunehmen, daß Entwicklungswerkzeuge von Microsoft die Erstellung einbettbarer Objekte in Web-Seiten stark unterstützen werden.

✗ Durch die Einführung von Technologien wie ActiveX wird das Internet zum Objekt starker kommerzieller Bestrebungen, wobei Hersteller versuchen, ihre proprietäre – also firmeneigene – Technologie durchzusetzen. Damit soll die frei verfügbare, oftmals bessere Internet-Technologie wie MIME abgelöst werden. Welcher Ansatz sich durchsetzt und welche Technologie zu bevorzugen wäre, ist momentan völlig offen.

❏ CODETYPE gibt den MIME-Inhaltstyp des durch CLASSID bezeichneten Objekts an. Der Browser kann so auch ohne Netzzugriff erfahren, daß es sich beim Beispielschlüssel um einen Verweis auf ein Objekt vom MIME-Typ video/avi handelt.

❏ STANDBY kann einen Kurztext enthalten, der während des Ladens des Objekts angezeigt wird. Damit entspricht es dem Attribut ALT bei <IMG>.

In bezug auf die Verwendung eines Objekts als Ausgangsanker bietet <OBJECT> noch eine Reihe weiterer Attribute:

❏ Falls ein Objekt innerhalb eines <A>...</A>-Ankers liegt, umrahmt ein Browser das Objekt normalerweise. Mit BORDER läßt sich die Breite dieses Rahmens – wie bei <IMG> – bestimmen. Durch BORDER=0 schaltet man ihn ab.

❏ USEMAP gibt die URL einer Map-Datei an nach dem in Abschnitt 7.4 auf Seite 100 beschriebenen Format.

❏ Ist das Attribut SHAPES vorhanden, dann befinden sich innerhalb der <OBJECT>...</OBJECT>-Klammerung eine Reihe von <A>-Ankern, die zusätzlich in den Attributen SHAPE und COORDS einen Bereich innerhalb des eingebetteten

Objekts beschreiben, der als Ausgangsanker dient. Die dabei verwendbaren Werte entsprechen denjenigen, die in Abschnitt 7.4 auf Seite 100 bei Browser-seitigen Imagemaps beschrieben sind.

Mit dieser Sammlung von Attributen hofft das W3C, eine Definition geschaffen zu haben, das einen allgemeingültigen Mechanismus für eingebettete Objekte bereitstellt. Das <OBJECT>-Tag ist damit sicherlich mächtiger als <EMBED> – die Verfügbarkeit von Implementierungen in Browsern wird aber über die praktische Verwendbarkeit entscheiden.

Die Parameterübergabe an ein Objekt wird im Gegensatz zu <EMBED> nicht durch weitere Attribute vorgenommen, sondern durch ein oder mehrere Parametertags innerhalb der <OBJECT>... </OBJECT>-Klammerung. Es hat den Namen <PARAM> und kann folgende Attribute tragen:

<PARAM>

- NAME ist der Name des Parameters.

- VALUE enthält seinen Wert.

- VALUETYPE gibt die Art des Wertes an. Durch die folgenden Attributwerte lassen sich verschiedene Mechanismen erreichen:

  - REF: Bei dem Parameterwert handelt es sich um eine URL. Dadurch wird sie vor der Übergabe an das Plugin vom Browser in Sachen Sonderzeichen nicht verändert. In diesem Fall kann <PARAM> zusätzlich das Attribut TYPE tragen, dessen Wert der MIME-Typ des in der URL verwiesenen Objekts ist.

  - OBJECT: Der Parameterwert ist der Name eines anderen Objektes innerhalb desselben Dokuments. Damit läßt sich bei mehreren Objekten aufeinander verweisen.

  - DATA: Beim Parameterwert handelt es sich um eine normale Zeichenkette, die vom Browser direkt verwendet werden kann. Dies ist der Normalfall.

Ohne enthaltenen weiteren Text entspricht die Verwendung einer HTML-Klammerung <OBJECT>...</OBJECT> formal nicht mehr ganz der DTD. Falls Sie Ihre Seiten von einem Programm auf Korrektheit hin überprüfen lassen und dabei Probleme entstehen, können Sie das Tag <BODYTEXT> innerhalb der Klamme-

<BODYTEXT>

rung `<OBJECT>...</OBJECT>` verwenden. Sie tragen damit lediglich der formalen Korrektheit Rechnung – das Tag selber hat keinerlei Funktion.

Im folgenden Kapitel lernen Sie die Möglichkeiten zur Auszeichnung von Tabellen in HTML kennen.

9 Tabellen

Tabellen finden sich in fast jeder Textverarbeitung und werden häufig benötigt. In HTML wurden sie aber erst in der Version 3 definiert und zuerst in den Browsern Netscape und Arena implementiert. Das Erstellen von Tabellen kann im Detail kompliziert werden; in HTML ist es aber einfach, ansprechende und übersichtliche Tabellen zu erzeugen.

W3C HTML 3.2

Abbildung 9.1 zeigt ein Beispiel einer Tabelle, in der schon verschiedene Möglichkeiten der Formatierung eingesetzt sind. HTML-Tabellen bestehen aus Tabellenzeilen, die wiederum aus Tabellenzellen gebildet werden.

```
<TABLE BORDER>
<TR ALIGN=CENTER><TH></TH>
<TH>1968</TH><TH>1978</TH><TH>1987</TH></TR>
<TR ALIGN=RIGHT>
<TD ALIGN=LEFT>Gesamt</TD>
<TD>2141</TD><TD>1910</TD><TD>2013</TD></TR>
<TR ALIGN=CENTER>
<TD ALIGN=LEFT>Davon weiblich</TD>
<TD>59,6%</TD><TD>55,4%</TD><TD>53,5%</TD></TR>
</TABLE>
```

Abbildung 9.1
Einwohner in Berlin (West)

Das Tag <TABLE> (für »Tabelle«) umschließt eine Tabelle in HTML und kann verschiedene Attribute besitzen. Im Beispiel legt BORDER fest, daß die Zellen der Tabelle umrahmt werden.

`<TABLE>`

<TR> (für »table row«) umschließt eine Tabellenzeile. Dabei kann ALIGN eine horizontale Ausrichtung aller Zellen festlegen, wobei LEFT für linksbündig steht und der Normalwert ist, CENTER eine Zentrierung aller Zelleninhalte und RIGHT rechtsbündige Ausrichtung bewirkt.

`<TR>`

In einer Tabellenzeile werden Einträge als normale Zellen mit <TD> (für »table data«) umschlossen oder mit <TH> (für »table header«) als Bestandteil einer Kopfzeile ausgezeichnet. Der

`<TD>`

`<TH>`

Unterschied dieser beiden Tags besteht eigentlich nur in der Darstellung: Zellen von Kopfzeilen werden fett dargestellt.

Im Beispiel ist zu sehen, daß auch für Zeilen und Zellen jeweils mit dem ALIGN-Attribut die horizontale Ausrichtung gesondert definiert werden kann. Der Browser stellt die Beispieltabelle wie folgt dar:

Abbildung 9.2
Die Beispieltabelle mit Netscape

	1968	1978	1987
Gesamt	2141	1910	2013
Davon weiblich	59,6%	55,4%	53,5%

9.1 Tabellenauszeichnung

W3C *HTML 3.2*

Der Leeraum um und zwischen den Tabellenzellen ließ sich erstmalig mit dem Netscape-Browser beeinflussen. Mit dem Attribut CELLSPACING legt man fest, wieviel Raum zwischen den Zellen gelassen werden soll. Das Attribut CELLPADDING bestimmt, wie groß der Abstand zwischen dem Zelleninhalt und seiner Umrandung ist. Das Beispiel in der Abbildung 9.3 auf der nächsten Seite demonstriert die beiden Attribute.

Sollen die Inhalte der Tabellenzellen nicht vom Browser automatisch umgebrochen werden, kann man das Attribut NOWRAP verwenden. In diesem Fall müssen entsprechende
-Tags in den Zelleninhalten vorkommen. Diese Einstellungen können für einzelne Spalten und Tabellenzellen durch Attribute außer Kraft gesetzt werden.

Die gesamte Breite der Tabelle kann mit dem Attribut WIDTH bestimmt werden. Verwendbar sind absolute Pixelangaben oder ein Prozentwert, der die Breite relativ zur Fensterbreite angibt.

W3C *HTML 4*

In HTML 4 ist das Attribut COLS für <TABLE> eingeführt worden. Sein Wert gibt die Anzahl der Spalten der Tabelle an. Ein Browser kann so mit der Formatierung der Tabelle sofort beginnen, da er nicht mehr den gesamten HTML-Code der Tabelle zur Ermittlung der Spaltenzahl durcharbeiten muß.

In HTML 3 kann der laufende Text wie bei Grafiken mit <IMG> um eine Tabelle herum fließen. Die horizontale Ausrichtung der Tabelle steuert das ALIGN-Attribut. Es kann die folgenden Werte annehmen:

```
<TABLE BORDER CELLSPACING=1
  CELLPADDING=2>
<TR><TD>1</TD><TD>2</TD></TR>
<TR><TD>3</TD><TD>4</TD></TR>
</TABLE>
<P><BR>

<TABLE BORDER CELLSPACING=4
  CELLPADDING=2>
<TR><TD>1</TD><TD>2</TD></TR>
<TR><TD>3</TD><TD>4</TD></TR>
</TABLE>
<P><BR>

<TABLE BORDER CELLSPACING=2
  CELLPADDING=6>
<TR><TD>1</TD><TD>2</TD></TR>
<TR><TD>3</TD><TD>4</TD></TR>
</TABLE>
```

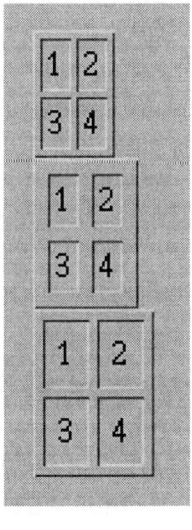

Abbildung 9.3
Unterschiedliches
CELLSPACING *und*
CELLPADDING

- LEFT: Die Tabelle kommt an den linken Rand, der Text fließt rechts um sie.

- CENTER: Die Tabelle wird zentriert dargestellt und der Text umfließt die Tabelle nicht. Dies ist der Standardwert für die Tabellenausrichtung.

- RIGHT: Ausrichtung am rechten Textrand und Fluß des Textes auf der linken Seite der Tabelle.

- BLEEDLEFT: Ausrichtung am linken Fensterrand. Wie die folgenden beiden Werte ist diese Ausrichtung im HTML 3-Entwurf vorgesehen, aber nicht verbreitet implementiert worden.

- BLEEDRIGHT: Ausrichtung am rechten Fensterrand.

- JUSTIFY: Die Tabelle wird auf die volle Textbreite ausgedehnt.

W3C *HTML 3*

Die vertikale Ausrichtung der Tabelle im bezug auf ihre Umgebung steuern Sie mit dem VALIGN-Attribut. Es kann die Werte TOP und BOTTOM annehmen.

Die Farbe der gesamten Tabelle können Sie mit dem Attribut BGCOLOR festlegen. Dazu kann die aus Abschnitt 2.8 auf Seite 25 bekannte RGB-Kodierung oder ein vordefinierter Farbname verwenden.

Tabellen, ihre Zeilen und Zellen können von einem Rahmen umgeben werden. Mit dem Attribut BORDER wird diese Umrahmung eingeschaltet. Für BORDER kann ein Wert angegeben werden, der die Dicke der Rahmen in Pixel festlegt.

Für den Internet Explorer können Sie die Farbgebung der Linien in der Tabelle genauer beeinflussen. Die Attribute sind:

- BORDERCOLOR: Die Farbe der Linien.

- BORDERCOLORLIGHT: Die Farbe des einen Linienrands, der für einen 3D-Effekt heller dargestellt wird.

- BORDERCOLORDARK: Die Farbe des anderen Linienrands, der für einen 3D-Effekt dunkler dargestellt wird. Abbildung 9.4 zeigt die Wirkung der beiden Attribute.

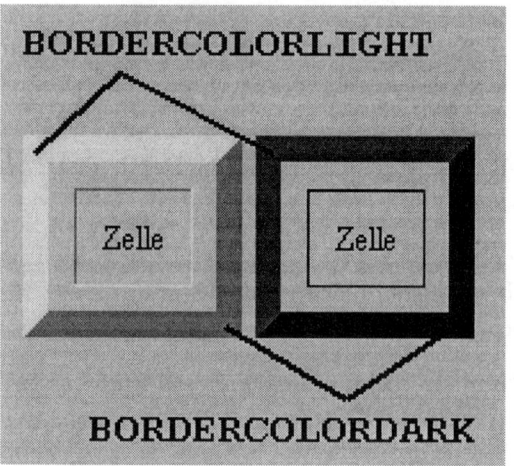

Abbildung 9.4
Die BORDERCOLOR-Attribute

Mit HTML 4 können Sie zusätzlich auch festlegen, welche Seiten der Tabelle einen Rahmen haben und welche Linien zwischen den Tabellenzellen zu verwenden sind. In Abschnitt 9.6 auf Seite 123 finden Sie die dafür definierten Attribute beschrieben.

Zu einer Tabelle kann eine erläuternde Tabellenunter- oder -überschrift mit dem <CAPTION>-Tag ausgezeichnet werden. Der Browser zeigt eine solche Zeile entsprechend wie im Beispiel in Abbildung 9.5 auf der nächsten Seite.

```
<TABLE ...><TR>...</TR>
<CAPTION>Quelle: Stat.
Landesamt</CAPTION>
</TABLE>
```

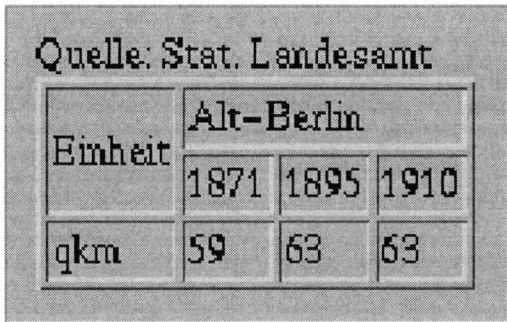

Abbildung 9.5
Tabelle mit Quellenangabe

Die Ausrichtung und Position dieser Zeile läßt sich mit den Attributen von <CAPTION> steuern:

- ALIGN bestimmt die horizontale Ausrichtung der Tabellenunterschrift. Mögliche Werte sind LEFT für linksbündige Ausrichtung, RIGHT für rechtsbündig und CENTER für Zentrierung.

- VALIGN steuert die Position der Erläuterungszeile – mit dem Wert TOP erscheint sie über der Tabelle, mit BOTTOM darunter.

9.2 Tabellenzeilen

Jede Tabellenzeile in <TABLE>...</TABLE> wird von der Klammerung <TR>...</TR> umschlossen. <TR> kann Attribute zur horizontalen und vertikalen Ausrichtung aller Zellen sowie zum Zeilenumbruch enthalten. Alle Attribute lassen sich für einzelne Zellen wieder ändern.

ALIGN beschreibt die horizontale Ausrichtung. Es kann die folgenden Werte annehmen:

- LEFT: Linksbündige Ausrichtung der Zelleninhalte (der Standardwert bei normalen Zellen).

- CENTER: Zentrierte Ausrichtung (Standardwert bei Zellen in der Kopfzeile).

- RIGHT: Rechtsbündige Ausrichtung.

- JUSTIFY: Linker und rechter Randausgleich.

In HTML 4 ist zusätzlich eine Ausrichtung an einem beliebigen Zeichen vorgesehen. Dazu enthält das Attribut CHAR dieses

Zeichen, beispielsweise das Kommazeichen für eine Tabelle mit Zahlen. ALIGN muß den Wert CHAR tragen, damit der Browser die Zellen der Spalte an diesem Zeichen ausrichtet.

Falls eine Zelle das Ausrichtungszeichen nicht enthält, soll der Browser es vor der Ausrichtungsposition darstellen. Falls dieses Verhalten nicht gewünscht ist, läßt sich der Abstand des Inhalts solcher Zellen mit dem Attribut CHAROFF als Länge angeben.

Die vertikale Ausrichtung der Zelleninhalte in einer Reihe legt das Attribut VALIGN fest. Es kann die folgenden Werte erhalten:

- ❏ TOP: Ausrichtung an der Oberkante der Zellen (Standardwert).
- ❏ MIDDLE: Mittige Ausrichtung aller Zellen.
- ❏ BOTTOM: Ausrichtung an der Unterkante der Zellen.
- ❏ BASELINE: Ausrichtung an der Grundlinie der ersten Zeile der Zellen.

Schließlich können Sie die Farbe aller Zellen in der Zeile mit BGCOLOR festlegen. Der Internet Explorer unterstützt auch für <TR> die Attribute BORDERCOLOR, BORDERCOLORLIGHT und BORDERCOLORDARK zur Farbsteuerung der Rahmen.

W3C HTML 4

HTML 4 legt besonderen Wert auf Mechanismen die die Ausgabe von HTML als Sprache unterstützen. Bei Tabellen ist es dabei nützlich, Spaltenüberschriften und Zellennamen zu kennen um beim Vorlesen des Texts eine bessere Orientierung zu erlauben.

Für <TH> ist daher das Attribut AXIS vorgesehen, das einen kurzen Spaltentitel enthalten kann. Für normale Zellen mit <TD> erlaubt das Attribut AXES es, eine durch Kommas getrennte Liste von Spalten- und Zeilentiteln anzugeben, die für die Zelle gelten.

9.3 Tabellenzellen

`<TH>`
`<TD>`

Es gibt zwei Tags für Zelleninhalte. Zellen, die zu einer Kopfzeile in der Tabelle gehören, werden mit <TH> (von »table header«) ausgezeichnet, normale Zellen mit <TD> (von »table data«). Der Unterschied zwischen diesen Tags liegt in ihrer Darstellung: Zellen von Kopfzeilen werden üblicherweise fett und zentriert dargestellt, während für normale Zellen normale Schrift und linksbündige Ausrichtung verwendet wird. <TH> muß übrigens nicht immer in der allerersten Zeile vorkommen, man kann es beliebig verwenden.

Die Attribute ALIGN, VALIGN und NOWRAP können bei <TH> und <TD> dieselben Werte wie bei <TR> annehmen und haben dieselbe Bedeutung. Sie überlagern die für die gesamte Zeile festgelegten Ausrichtungen.

Ebenso können Sie die Farbgebung einzelner Zellen mit BGCOLOR festlegen. Beim Internet Explorer gibt es wiederum auch für die Rahmen die Attribute BORDERCOLOR, BORDERCOLORLIGHT und BORDERCOLORDARK.

In HTML 4 sind die Attribute CHAR und CHAROFF auch für <TH> und <TD> definiert.

W3C HTML 4

Bei vielen Tabellen benötigt man Zellen, die nicht in die uniforme Zeilen-Reihenaufteilung passen. Aus diesem Grund kann man bei Zellen festlegen, daß sie mehrere Spalten oder Zeilen umfassen. Das Attribut COLSPAN (von »column spanning«) enthält die Anzahl der Spalten, über die eine Zelle reicht. Hat eine Tabelle beispielsweise fünf Spalten. Wenn nun in der dritten Zelle COLSPAN=2 angegeben ist, erstreckt sie sich über die Spalten drei und vier, so daß es insgesamt nur vier Zellen in der Zeile gibt.

Entsprechend gibt es das Attribut ROWSPAN (von »row spanning«), in dem angegeben ist, über wie viele Zeilen sich die Zelle erstreckt. In der <TR>-Reihe darunter läßt man die entsprechende Zelle aus, wie das Beispiel in Abbildung 9.6 zeigt.

```
<TABLE BORDER>
<TR><TD ROWSPAN=2>Einheit</TD>
  <TD COLSPAN=3>Alt-Berlin</TD>
</TR>
<TR><TD>1871</TD><TD>1895</TD>
  <TD>1910</TD></TR>
<TR><TD>qkm</TD><TD>59</TD>
  <TD>63</TD><TD>63</TD></TR>
</TABLE>
```

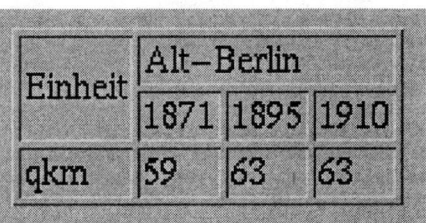

Abbildung 9.6
Eine Tabelle mit Flächenangaben zu Alt-Berlin

Mit Hilfe von Tabellen ist auch mehrspaltiger Textsatz auf einer Seite möglich. Mit <MULTICOL> ist dies zwar schon direkt vorgesehen, doch noch nicht alle Browser beherrschen dieses Tag.

Für zwei Spalten definiert man einfach eine Tabelle mit zwei Tabellenspalten, in denen jeweils nur eine Zeile und eine Zelle stehen. In ihnen befindet sich der laufende Text der Textspalten.

Nachteil dieser Lösung ist, daß der Browser den unteren Rand der Spalten nicht ausgleichen kann. Dennoch bietet sich diese Lösung an, wenn die Länge der Spalten vorhersehbar ist. Das Beispiel in Abbildung 9.7 demonstriert die Auszeichnung.

```
Normaler einspaltiger Text, der jetzt von einem
zweispaltigen unterbrochen wird:

<TABLE><TR>
<TD VALIGN=TOP>Die erste Spalte in dem zweispaltigen Text,
die in der ersten Tabellenzelle dieser Reihe steht.</TD>
<TD VALIGN=TOP>Die zweite Spalte in dem zweispaltigen Text,
die in der zweiten Tabellenzelle dieser Reihe steht.</TD>
</TR></TABLE>
Hier geht es wieder einspaltig &uuml;ber die ganze Breite
weiter.
```

Abbildung 9.7
Zweispaltiger Textsatz mit Tabellen

9.4 Zeilengruppen

 HTML 4

Der HTML 4-Entwurf sieht ein erweitertes Tabellenmodell vor, das in Teilen schon im Internet Explorer der Version 3 unterstützt wird. Nach diesem Modell können die Zeilen einer Tabelle in Gruppen als logische Abschnitte zusammengefaßt werden. Dabei unterscheidet man zwischen einem Tabellenkopf, einem Tabellenkörper und einem Tabellenfuß.

`<THEAD>`
`<TBODY>`
`<TFOOT>`

Der Tabellenkopf wird von `<THEAD>`...`</THEAD>` geklammert, während der eigentliche Tabellenkörper von `<TBODY>`...`</TBODY>` und `<TFOOT>`...`</TFOOT>` umfaßt den Tabellenfuß. Ihre logische Gruppierung dient hauptsächlich dazu, den einzelnen

Abschnitten Stileigenschaften zuordnen zu können und das Erscheinungsbild der Tabelle genauer zu steuern. Alle drei Tags können Sie mit den folgenden Attributen versehen:

- `CLASS` legt fest, welche in einem Style Sheet festgelegte Klasse für den Tabellenteil verwendet werden soll.

- `STYLE` legt weitere, zusätzliche Stileigenschaften fest.

- `ID` vergibt einen Namen an den Tabellenteil, auf den im Rest des Dokuments verwiesen werden kann.

Bei `<THEAD>` läßt sich mit weiteren Attributen die Ausrichtung der Tabelle steuern. In `ALIGN` legen Sie die Orientierung von Text im Kopfteil mit den Werten `LEFT`, `CENTER`, `RIGHT` und `JUSTIFY` fest. Die vertikale Ausrichtung von Text bestimmt `VALIGN` mit den möglichen Werten `TOP`, `MIDDLE` und `BOTTOM`.

Sie sollten die beiden Tabellenmodelle – das normale, weit verbreitete unterstützte und das spezielle im Internet Explorer – nicht mischen. Bevor `<THEAD>`, `<TBODY>` und `<TFOOT>` nicht in allen verbreiteten Browsern implementiert sind, sollten Sie eher auf das normale, Tabellenmodell setzen.

9.5 Spaltengruppen

Neben den Tabellenzeilen lassen sich mit HTML 4 auch Spalten gruppieren und Attribute für alle darin enthaltenen Zellen setzen. In den früheren Versionen von HTML ist dies nicht möglich – um beispielsweise alle Zellen der zweiten Spalte zu zentrieren müssen Sie bei den jeweiligen Tabellenzellen das `ALIGN`-Attribut setzen.

W3C HTML 4

HTML 4 bietet das Tag `<COLGROUP>` an, das lediglich zum Setzen der Attribute verwendet wird und keinerlei Ausgabe erzeugt. Sie sollten es am Anfang der Tabelle, also direkt nach dem Tag `<TABLE>` verwenden.

`<COLGROUP>`

Das Attribut `SPAN` legt fest, für wieviele Spalten die Festlegungen in `<COLGROUP>` gelten sollen. `WIDTH` bestimmt die gemeinsame Breite dieser Spalten.

Für die Breite können Sie entweder einen Pixelwert verwenden oder den speziellen Wert `0*`, durch den alle Spalten den minimal notwendigen Raum erhalten. `0*` entspricht damit den normalen Verhalten von Browsern beim Darstellen einer Zeile.

Die Ausrichtung der Zellen der Spalten steuern Sie mit den Attributen `ALIGN` und `VALIGN` und den bekannten Werten. Bei

Ausrichtung an einem Dezimalzeichen können zusätzlich CHAR und CHAROFF verwendet werden.

<COL> Sollen innerhalb einer Spaltengruppe die Spalten unterschiedliche Eigenschaften haben, so könenn Sie mit dem Tag <COL> Attribute für einzelne Spalten in der Gruppe setzen.

Das Attribut SPAN gibt an, für wieviele Spalten die Festlegungen gelten sollen. Bei einer positiven Zahl beeinflußt das Tag genau diese Anzahl von Spalten. Bei dem Wert 0 gelten die Attribute für die restlichen Spalten in der Spaltengruppe. Ist SPAN nicht verwendet, legen Sie Eigenschaften für genau eine Spalte fest.

Das WIDTH-Attribut bei <COL> erlaubt eine relative Einteilung der Spaltenbreiten. Dazu ein Beispiel:

```
<COL WIDTH="100">
<COL WIDTH="0*">
<COL WIDTH="3*">
<COL WIDTH="1*">
```

Der Browser teilt bei diesen WIDTH-Werten die Breiten der Spalten wie folgt zu. Die erste Spalte erhält 100 Pixel Breite, während die zweite Spalte genau soviel Platz einnimmt, wie für die Zellen notwendig ist. Der nun noch verbleibende horizontale Raum der Spalte wird in vier gleiche Abstände geteilt. Davon erhält die dritte Spalte drei Anteile, während für die vierte nur noch einen Teil reserviert wird.

ALIGN LEFT RIGHT MIDDLE SPAN Für die Ausrichtung der Zellen der Spalte stehen wieder die Attribute ALIGN und VALIGN bereit. Zusätzlich können CHAR und CHAROFF verwendet werden.

Aufgrund der fast identischen Attribute bei <COLGROUP> und <COL> stellt sich vielleicht die Frage, warum zwei Tags existieren und nicht eventuell eins davon reichen würde. Der Grund liegt in der Unterscheidung von Eigenschaften. So wollen Sie vielleicht die Ausrichtung der Tabellenzellen mit einem Schlag setzen, während die Breite der Spalten jeweils unterschiedlich ist.

In diesem Fall verwenden Sie ALIGN mit einem entsprechenden SPAN-Attribut mit einem <COLGROUP>-Tag um die allgemeinen Eigenschaften zu setzen. Die Breiten legen Sie individuell für die Spalten in gesonderten <COL>-Tags fest.

9.6 Tabellenlinien

Bei Tabellen nach dem Internet-Explorer-Modell läßt sich die Verwendung von Linien um und in der Tabelle genauer steuern. Dazu können Sie bei <TABLE> zwei weitere Attribute verwenden: W3C HTML 4

- FRAME bestimmt an welchen Rändern außen an der Tabelle eine Linie dargestellt wird. Es gibt acht mögliche Werte:

VOID	Tabelle	Kein Rahmen
ABOVE	Tabelle	Rand oben
BELOW	Tabelle	Rand unten
HSIDES	Tabelle	Rand oben und unten (von »horizontal sides«)
LHS	Tabelle	Rand links (von »left hand side«)
RHS	Tabelle	Rand rechts (von »right hand side«)
VSIDES	Tabelle	Rand links und rechts (von »vertical sides«)
BOX,BORDER	Tabelle	Rand an allen Seiten

- RULES steuert die Verwendung von Linien zwischen den Tabellenzellen. Hier gibt es fünf Werte:

NONE	Keine Linien zwischen Zellen
BASIC	Linien nur zwischen den Tabellenabschnitten
ROWS	Horizontale Linien zwischen Tabellenzeilen
COLS	Vertikale Linien zwischen Tabellenspalten
ALL	Linien zwischen allen Tabellenzellen

9.7 Formulare und Tabellen

Die Gestaltung von Formularen wird durch Tabellen erheblich vereinfacht. Formulare haben das Problem, daß man nur schwer Vorgaben über deren Aufbau machen kann, da man nur die normalen Formatierungsmöglichkeiten von HTML hat. Oft möchte man ein Formular aber sehr strukturiert darstellen und Eingabefelder in Reihen und Spalten ordnen. Genau dafür lassen sich Tabellen hervorragend mit Formularen verbinden.

Nehmen wir als Beispiel das Formular in Abschnitt 5.3 auf Seite 68. Hier könnte es sinnvoller sein, die beiden Auswahlfelder zur Preislage und zur Ausstattung nebeneinander darzustellen. Ohne Tabellen ist dies aber nicht möglich, weil der Browser die Überschriften nicht weit genug auseinander darstellt, wie Abbildung 9.8 zeigt.

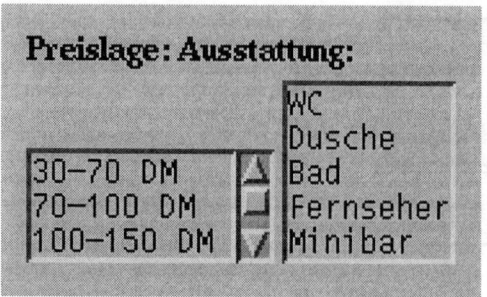

Abbildung 9.8
Der mißlungene Versuch, zwei Auswahlfelder nebeneinander darzustellen

Mit Tabellen ist dies jedoch kein Problem, wenn man die Überschrift zusammen mit dem Auswahlfeld in eine Tabellenzelle steckt und diese entsprechend ausrichtet, wie das Beispiel in Abbildung 9.9 auf der nächsten Seite zeigt.

9.7 Formulare und Tabellen

```
<FORM ...>
<TABLE><TR><TD VALIGN=TOP>
<B>Preislage:</B><BR>
<SELECT NAME="preis" SIZE=3>
<OPTION VALUE="billig">30-70 DM
<OPTION VALUE="einfach">70-
100 DM
<OPTION VALUE="gut">100-150 DM
<OPTION VALUE="teuer">&uuml;ber
150 DM
</SELECT>
</TD><TD VALIGN=TOP>
<B>Ausstattung:</B><BR>
<SELECT MULTIPLE>
<OPTION VALUE="WC"> WC
<OPTION VALUE="Dusche"> Dusche
<OPTION VALUE="Bad"> Bad
<OPTION VALUE="Fernseher">
Fernseher
<OPTION VALUE="Minibar"> Minibar
</SELECT>
</TD></TR>
</TABLE>
...
</FORM>
```

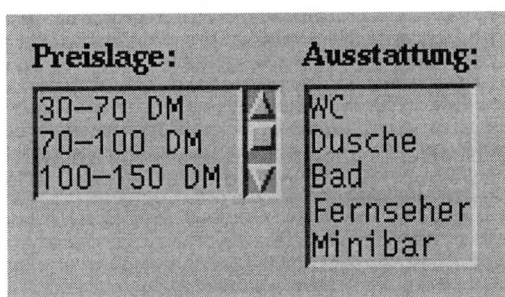

Abbildung 9.9
Ein Formular mit Hilfe einer Tabelle

10 Framesets

Mit der Version 2.x hat Netscape einen Mechanismus eingeführt, mit dem man mehrere Dokumente gleichzeitig in einem Browser-Fenster darstellen kann. Diese »Framesets« werden von einem speziellen HTML-Dokument gesteuert, das eine andere Struktur als normale Seiten hat. Microsoft hat mit dem Internet Explorer 3 eine Variante eingeführt, die »Floating Frames«, mit denen eine HTML-Seite in eine andere eingebettet werden kann.
Das W3C hat diese Entwicklungen mit HTML 4 unverändert übernommen und will sie standardisieren.

W3C HTML 4

10.1 Framesets

In einem solchen Frameset werden mehrere HTML-Seiten mit unterschiedlichen URLs vom Browser geladen und zusammen innerhalb eines Browser-Fensters dargestellt. Für jede der geladenen Seiten wird ein rechteckiger Bereich – ein »Frame« – verwendet. Die Definition des Layouts dieser Bereiche und die Festlegung, welche Seiten der Browser jeweils darin darstellt, nennt man »Frameset«.

Auf den folgenden Seiten lernen Sie den entsprechenden Mechanismus schrittweise kennen. Ausgangspunkt ist eine Reihe von Beispielseiten, die wie in Abbildung 10.1 aufgebaut sind.

```
<HTML><HEAD></HEAD>
<BODY BGCOLOR=white>
<B>Seite A</B>
</BODY></HTML>
```

Abbildung 10.1
Eine einfache Seite

Nun sollen zwei solcher Seiten in einem Frameset zusammengefaßt werden. In Abbildung 10.2 finden Sie die dafür notwendige HTML-Datei. Bei ihr umschließt anstelle von <BODY>... </BODY> das Tag-Paar <FRAMESET>...</FRAMESET> den Inhalt der Seite. Dieser Inhalt besteht nur aus Definitionen für Darstellungsrahmen im Browser-Fenster. In jedem dieser Rahmen wird ein HTML-Dokument dargestellt. Die Attribute von <FRAMESET> bestimmen das Layout der Gesamtseite, bei den einzelnen <FRAME>-Tags legt das Attribut SRC fest, welche anderen Seiten in den Teilbereichen darzustellen sind.

<FRAMESET>

```
<HTML><HEAD></HEAD>
<FRAMESET COLS="*,*">
  <FRAME SRC="f1.html">
  <FRAME SRC="f2.html">
</FRAMESET></HTML>
```

Abbildung 10.2
Ein einfaches Frameset

Als Attribute kann <FRAMESET> Angaben über die Verteilung der Rahmen im Browser-Fenster haben. Dabei ist das Frameset in Spalten und Zeilen unterteilt, die die einzelnen Rahmen bilden. Das Attribut COLS bestimmt die Anzahl und Breite der Spalten, während ROWS die Anzahl und Höhe der Zeilen festlegt.

Der Wert beider Attribute ist eine Zeichenkette, in der die Breiten oder Höhen der Spalten oder Reihen jeweils durch Kommas getrennt notiert werden. Im Beispiel definiert COLS="*,*" daß zwei gleichbreite Spalten verwendet werden sollen. Für drei Spalten würde man einfach COLS="*,*,*" schreiben. Der Stern ist nur eine von drei möglichen Arten von Werten, mit denen Sie die Breiten oder Höhen ausdrücken können:

- ❏ Prozentwerte als *Prozent%* legen die Breite oder Höhe relativ zur Gesamtbreite oder -höhe des Browser-Fensters fest.

- ❏ Absolute Zahlen beschreiben die Ausmaße in Pixeln.

- ❏ * bezeichnet einen gleichen Anteil am restlichen Platz im Browser-Fenster. Bei ROWS="70%,*" erhält die letzte Zeile 30% des Platzes, bei "ROWS=70%,*,*" bleiben für die beiden letzten Zeilen jeweils 15% übrig.

    Der Stern kann auch durch Angabe einer Zahl gewichtet werden. Mit ROWS="70%,1*,2*" werden für die zweite Spalte ein Drittel des verbleibenden Platzes, also 10%, und für die dritte zwei Drittel, also 20%, reserviert.

Abbildung 10.3 zeigt Ihnen ein weiteres Beispiel eines einfachen Framesets, wobei diesmal zwei Zeilen unterschiedlicher Höhe mit Frames gefüllt sind.

```
<HTML><HEAD></HEAD>
<FRAMESET COLS="*,*"
  ROWS="30%,*">
  <FRAME SRC="frameA.html">
  <FRAME SRC="frameB.html">
  <FRAME SRC="frameC.html">
  <FRAME SRC="frameD.html">
</FRAMESET></HTML>
```

Abbildung 10.3
Ein weiteres Frameset mit Zeilen unterschiedlicher Höhe

Die gleichmäßige Aufteilung in Zeilen und Spalten schränkt einen in der Frameset-Gestaltung ein und erlaubt immer nur eine gerade Anzahl von Frames. Um mehr Flexibilität zu ermöglichen, lassen sich Framesets schachteln. Während in den obigen Beispielen in jedem Bereich mit <FRAME> eine HTML-Seite dargestellt wurde, können Sie auch ein weiteres <FRAMESET> einfügen, in dem eine eigene Rahmengestaltung möglich ist.

In Abbildung 10.4 sehen Sie ein solches geschachteltes Frameset. In ihm wird zunächst ein Layout in zwei Zeilen definiert. Das Frame in der ersten Zeile ist aber wiederum selber ein Frameset, das zwei Spalten enthält. In jedem dieser Frames befindet sich dann eine eigene Seite.

```
<HTML><HEAD></HEAD>
<FRAMESET ROWS="*,*">
  <FRAMESET COLS="*,*">
    <FRAME SRC="f1.html">
    <FRAME SRC="f2.html">
  </FRAMESET>
  <FRAME SRC="f3.html">
</FRAMESET></HTML>
```

Abbildung 10.4
Ein geschachteltes Frameset

Da in einem <FRAME> ja ein Verweis auf eine HTML-Seite enthalten ist, könnte man in dem Beispiel auch anstelle des inneren <FRAMESET>...</FRAMESET> ein <FRAME> verwenden, das im SRC-Attribut auf die URL des Framesets aus Abbildung 10.2 auf der vorherigen Seite verweist.

✗ Bedenken Sie, daß durch die Verwendung von Frames die Ladezeit einer kompletten Seite auf ein Vielfaches verlängern kann. Während eine beispielsweise mit Tabellen gegliederte Seite mit einer HTTP-Verbindung geladen wird, benötigt eine Frame-basierte Seite mit vier Frames wie in Abbildung 10.3 auf der vorherigen Seite schon fünf Übertragungen – eine für das Frameset und vier für die Frameinhalte. Bei vielen Nutzern sind Frames daher nicht beliebt – Sie sollten alternative Gestaltungsmittel in Betracht ziehen und vielleicht auch Seiten gleichen Inhalts ohne Frames anbieten.

✗ <FRAME> kann auf beliebige Web-Seiten verweisen, also auch auf Seiten, die sich auf anderen Servern befinden und nicht von Ihnen stammen.

Mit den folgenden Attributen von <FRAMESET> können Sie das Aussehen der Rahmen bestimmen:

- BORDER legt die Rahmenbreite in Pixel fest. Mit BORDER=0 kann man die Darstellung des Rahmens abschalten, während ohne dieses Attribut der Normalwert von 5 Pixel verwendet wird.

- FRAMEBORDER legt fest, ob der Rahmen mit einem 3D-Effekt dargestellt wird. Der Wert 1 schaltet diesen Effekt ein, mit 0 erzeugt man eine einfache Linie als Rahmen. Der Normalwert ist die Darstellung mit 3D-Effekt.

  Anstelle der Werte 1 und 0 verlangten ältere Browser-Versionen YES und NO. Der HTML 4-Entwurf benutzt allerdings die Werte 1 und 0.

- BORDERCOLOR definiert die Farbe des Rahmens in der gewohnten RGB-Schreibweise oder mit einem vordefinierten Farbnamen.

✗ Mit rahmenlosen Frames lassen sich Seitenteile definieren – beispielsweise für eine Navigationsleiste –, die z.B. am Kopf der Seite feststehen.

Framesets sind eine einschneidende Erweiterung von HTML, da sie das <BODY>-Tag für das Dokument verbieten. Ein Browser, der Framesets nicht kennt, wird alle genannten Tags ignorieren und deshalb eine leere Seite darstellen. Damit keine solchen unerwünschten leeren Seiten entstehen, können Sie mit der Klammerung <NOFRAMES>...</NOFRAMES> HTML-Text auszeichnen, den ein Browser darstellt. Da er auch das Tag <NOFRAMES> selber ignoriert, findet dadurch eine normale HTML-Seite vor und zeigt sie an.

`<NOFRAMES>`

Browser, die Framesets unterstützen, arbeiten genau andersherum: Sie erkennen die Frameset-Tags und ignorieren den Text innerhalb von <NOFRAMES>...</NOFRAMES>.

10.2 Frames

Das <FRAME>-Tag kann eine Reihe von Attributen tragen – in den Beispielen haben Sie schon SRC kennengelernt, das die URL des HTML-Dokuments enthält, das in dem Rahmen dargestellt werden soll. Ist es nicht vorhanden, bleibt der Rahmen leer. Die weiteren Attribute von <FRAME> sind:

<FRAME>

- ❏ SCROLLING: Steuert die Darstellung von Scrollbars in dem Rahmen. Mit dem Wert YES werden sie wie im Beispiel in Abbildung 10.3 auf Seite 129 angezeigt. Bei NO sind sie abgeschaltet und bei AUTO – der Voreinstellung – errechnet der Browser anhand der Seitengröße selber, ob sie notwendig sind.

- ❏ NORESIZE: Durch Ziehen per Maus an den Rahmen kann man die Größe der einzelnen Rahmen verändern. Trägt ein Frame dieses Attribut, bleibt seine Größe fest.

- ❏ MARGINWIDTH: Die Breite eines linken und rechten Rands, den der Browser um die Seite in einem Rahmen läßt.

- ❏ MARGINHEIGHT: Die Breite eines oberen und unteren Rands, den der Browser um die Seite in einem Rahmen läßt.

10.3 Seiten gezielt in Frames laden

Beim Laden einer Seite durch Verfolgen eines Links stellt sich die Frage, in welchem Frame sie dargestellt werden soll. Durch die Einführung des Attributs NAME bei <FRAME> und die Verwendung des Attributs TARGET bei Links läßt sich dies steuern.

Jedem Frame kann durch NAME ein beliebiger Name gegeben werden. Diese Namen werden vom Browser vermerkt und können als Ziel für einen Ladevorgang verwendet werden. Der Schlüssel dafür ist das Attribut TARGET, das als Wert einen solchen Namen erhält. Das Attribut ist bei den Tags möglich, durch die eine Seite geladen werden kann:

- ❏ <BASE>: Alle Links auf der Seite zielen in den Frame mit dem angebenen Namen.

10 Framesets

- `<A>`: Die angegebene URL wird in den angegebenen Frame geladen.
- `<FORM>`: Die Ausgabe des Verarbeitungsskripts kommt in den entsprechenden Frame.
- `<AREA>`: Die in der Imagemap ausgewählte Seite wird in den angegebenen Frame geladen.
- `<LINK>`: Wertet der Browser die Beziehungen zu anderen Dokumenten, die im `<LINK>`-Tag definiert sind, aus, so wird bei einem Verfolgen dieser Beziehung das Dokument in den angegebenen Frame geladen.

✘ Eine häufig gestellte Frage ergibt sich aus den komplexen Interaktionen, die in Framesets möglich sind: Wie kann man zwei Frames mit einem Klick neu laden? In Abbildung 10.4 auf Seite 129 hatten Sie die Schachtelung von Framesets kennengelernt. Genau darin ist der Schlüssel zum Neuladen mehrerer Frames versteckt. Angenommen, die Frames »Seite A« und »Seite B« sollen auf einen Schlag durch »Seite E« und »Seite F« ersetzt werden. Dazu sind insgesamt drei HTML-Dateien notwendig. Die erste ähnelt dem Beispiel, allerdings ist das innere Frameset nicht mehr direkt notiert, sondern in einer Datei framesetAB.html enthalten:

```
<HTML><HEAD></HEAD>
<FRAMESET ROWS="*,*">
 <FRAME NAME="oben" SRC="framesetAB.html">
 <FRAME SRC="frameC.html">
</FRAMESET></HTML>
```

framesetAB.html enthält das innere Frameset mit zwei Spalten und den Verweisen auf die Seiten A und B:

```
<HTML><HEAD</HEAD>
 <FRAMESET COLS="*,*">
 <FRAME SRC="frameA.html">
 <FRAME SRC="frameB.html">
</FRAMESET></HTML>
```

Schließlich benötigt man ein drittes Frameset – framsetEF.html –, das die Verweise auf die Seiten E und F enthält:

```
<HTML><HEAD</HEAD>
 <FRAMESET COLS="*,*">
 <FRAME SRC="frameE.html">
 <FRAME SRC="frameF.html">
</FRAMESET></HTML>
```

10.3 Seiten gezielt in Frames laden

Verwendet man nun an einer Stelle einen Link wie `<A HREF="framesetEF.html" TARGET="oben">`, dann lädt der Browser in den Frame mit Namen `oben` – der ja die Seiten A und B enthielt – das Frameset, das auf die Seiten E und F verweist. Damit sind die beiden oberen Frames in einem Klick neu geladen worden.

Neben den von Ihnen frei gewählten Namen gibt es vier vordefinierte Frame-Ziele, die jeweils mit dem Unterstrich _ beginnen. Diese Namen sind reserviert und werden vom Browser wie folgt verarbeitet.

Name	Zielfenster ist...
_blank	ein neues, leeres Fenster
_self	der Frame, in dem der Link steht – der Normalfall
_parent	das Frameset in dem das Frame enthalten ist. Falls es sich nicht um ein geschachteltes Frameset handelt wird das Ziel in dasselbe Frame geladen
_top	das gesamte Browser-Fenster

Dazu wieder eine Reihe von Beispielen. Wir verwenden dazu wie oben ein geschachteltes Frameset, das bei dem folgenden HTML-Text beginnt:

```
<HTML><HEAD></HEAD>
<FRAMESET ROWS="*,*">
 <FRAME SRC="framesetA2B.html">
 <FRAME SRC="frameC.html">
</FRAMESET></HTML>
```

`framesetA2B.html` enthält wieder ein neues Frameset mit zwei Rahmen:

```
<HTML>
<FRAMESET COLS="*,*">
<FRAME SRC="frameA2.html">
<FRAME SRC="frameB.html">
</FRAMESET></HTML>
```

In `frameA2.html` stehen vier Links mit jeweils unterschiedlichem TARGET-Attribut:

```
<HTML><HEAD></HEAD>
<BODY BGCOLOR=white>
<B>Seite A</B>
<A HREF="frameD.html" TARGET=_blank>_blank</A>
```

10 Framesets

```
<A HREF="frameD.html" TARGET=_self>_self</A>
<A HREF="frameD.html" TARGET=_parent>_parent</A>
<A HREF="frameD.html" TARGET=_top>_top</A>
</BODY></HTML>
```

Beim Verfolgen der Links in dem einen Frame lösen die Linkziele beim Browser unterschiedliche Ladevorgange aus. Beim Klick auf den Link mit `TARGET=_blank` erscheint ein neues Browserfenster in das `frameD.html` geladen wird:

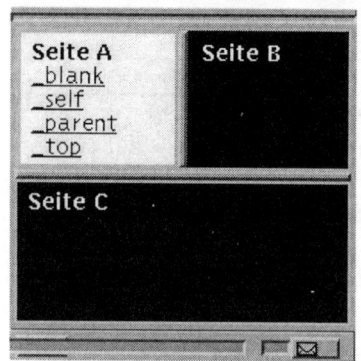
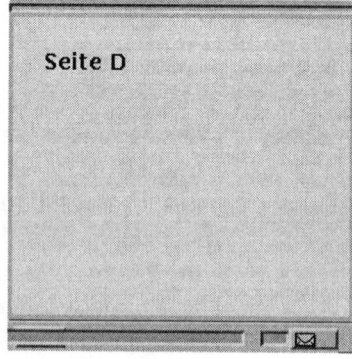

Ausgangs-Frameset   _blank

Die anderen drei Links bewirken ein unterschiedliches Laden von `frameD.html` in dasselbe Browserfenster:

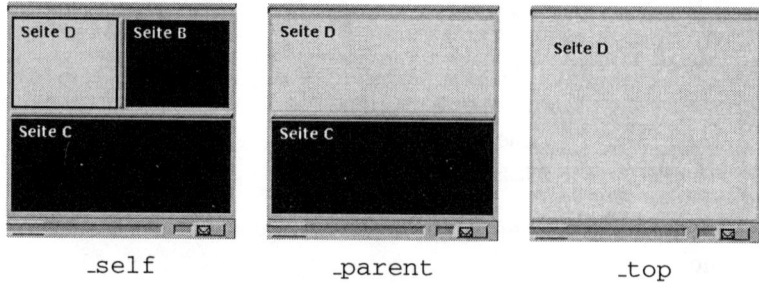

_self   _parent   _top

`_self` führt zum Überladen des Frames in dem der Link stand. `_parent` überschreibt das Frameset in dem das Frame mit dem Link stand. `_top` schließlich lädt die neue Seite in das gesamte Browser-Fenster.

10.4 Eingebettete Frames

W3C HTML 4

Die Framesets teilen das Browser-Fenster in eine starre Struktur auf – gleichzeitig sind die einzelnen Seiten in den Frames voneinander getrennt. Mit den eingebetteten Frames hat Microsoft einen Mechanismus eingeführt, der zu einer Framefläche innerhalb einer normalen HTML-Seite führt.

10.4 Eingebettete Frames

Dementsprechend wird das Tag <IFRAME>...</IFRAME> auch im laufenden HTML-Text verwendet. Die Attribute von <IFRAME> ähneln den von <FRAME> bekannten. Der für den eingebetteten Frame zu verwendende Raum wird in den Attributen WIDTH und HEIGHT in Pixel- oder Prozentnotation angegeben.

Die Ihnen schon bekannten Attribute SRC, NAME, SCROLLING, MARGINWIDTH, MARGINHEIGHT und FRAMEBORDER haben die gleiche Bedeutung wie bei <FRAME>.

Neu ist das Attribut ALIGN, das die Position des eingebetteten Rahmens bestimmt. Mögliche Werte sind LEFT, CENTER und RIGHT für Ausrichtung am linken Rand, in der Mitte und am rechten Rand.

<IFRAME>

11 Überlagerte Seiteninhalte

HTML-Seiten bestehen aus Elementen, die neben- und untereinander dargestellt werden. Dieser einfache Sachverhalt bedeutet eine Einschränkung der Gestaltungsmöglichkeiten für Seiten, die schon viele Web-Designer erfahren haben: Es lassen sich keinerlei Überlagerungen von Seitenteilen darstellen. Damit zusammenhängend existiert auch kaum eine Möglichkeit, ein bestimmtes Objekt pixelgenau auf einer Seite zu positionieren.

Im HTML 3-Entwurf war ein Tag <OVERLAY> vorgesehen, das etwas Abhilfe durch die Möglichkeit der Überlagerung von Grafiken gebracht hätte – es wurde aber nie in einem Browser implementiert.

Der Netscape-Browser wird in der Version 4 in dieser Richtung innovativ und führt ein neues Tag ein, mit dem sich beliebige Teile von Seiten kontrolliert positionieren und übereinander darstellen lassen. Bedenken Sie, daß die folgende Beschreibung auf einer ersten Beta-Version des Netscape Communicator beruht und vielleicht durch Änderungen im Verlauf bis zu einer endgültigen Version teilweise überholt sein kann. Selbst die ersten Dokumentationen sind teilweise widersprüchlich (so wird das Tag <ILAYER> in einem Beispiel ersetzt durch <LAYER INFLOW=TRUE>).

11.1 <LAYER>- und <ILAYER>-Schichten

Um Teile von Seiten zu überlagern, muß zunächst ausgezeichnet werden, welche Schichten dabei verwendet werden. Bei Netscape markieren Sie mit <LAYER>...</LAYER> (von »Schicht«) und <ILAYER>...</ILAYER> Seitenteile, die als Ganzes mit anderen, gleich ausgezeichneten Schichten kontrolliert überlagert werden können. Dabei ergibt sich durch die Schichtung eine Ordnung der Schichten in der dritten Dimension – es gibt eine »hinterste« und eine »vorderste« Schicht sowie eine Reihe von Schichten dazwischen.

Eine mit `<LAYER>...</LAYER>` umfaßte Schicht belegt keinen Platz im laufenden Text, sondern wird mit ihm überlagert. Wollen Sie, daß Raum entsprechend der Größe der Schicht belegt wird – wie bei einer Grafik – verwenden Sie das Tag `<ILAYER>... </ILAYER>`. Eine Anwendung ist beispielsweise, mit `<ILAYER>` eine Fläche zu belegen, innerhalb derer man weitere Schichten mit geschachtelten `<LAYER>` übereinanderlegt.

Vier Attribute bestimmen die Position und das Ausmaß einer Schicht:

- `LEFT` enthält eine positive oder negative ganze Zahl. Sie bestimmt die horizontale Verschiebung der Schicht in Pixel gegenüber der umschließenden Rahmen. Der umschließende Rahmen ist – bei geschachteltem `<LAYER>...</LAYER>` – eine weitere Schicht oder das Brower-Fenster.

- `TOP` bestimmt die vertikale Verschiebung der Schicht in Pixel.

- `WIDTH` legt die Breite der Schicht in Pixel fest. Der Browser formatiert den Inhalt so, als wenn er in einem Fenster der angegebenen Breite dargestellt würde.

- `CLIP` ermöglicht es, eine Schicht nur ausschnittsweise darzustellen. Dazu definieren Sie in dem Attribut einen rechteckigen Ausschnitt aus der Seite.

  Soll dessen linke obere Ecke mit der linken oberen Ecke der Schicht übereinstimmen, sind nur zwei Koordinaten notwendig, die in dem Attribut durch Komma getrennt angegeben werden (z.B. `CLIP="50,100"`). Soll der Ausschnitt weiter in der Schicht liegen, sind vier Koordinaten für die linke obere und die rechte untere Ecke des Ausschnitts notwendig: `CLIP="20,30,70,130"`. Das erste Beispiel ist identisch mit `CLIP="0,0,50,100"`.

Schichten sind durchsichtig – an den Stellen, an denen keine Darstellung durch Text, Linien, Grafiken etc. erzeugt wird, ist der Inhalt der dahinterliegenden Schicht sichtbar. Dies betrifft auch die eventuell in Grafiken transparent gemachten einzelnen Pixel.

Das Beispiel in Abbildung 11.1 auf der nächsten Seite verwendet zwei Schichten. Im Hintergrund stellt eine zum Ursprung um jeweils 30 Pixel verschobene Schicht den Schriftzug »Entwurf« dar; darüber liegt eine Tabelle (wie lassen im Beispiel die Ende-Tags `</TD>` und `</TR>` weg, weil der Browser das Ende der Zellen bzw. Zeilen erkennen kann).

11.1 <LAYER>- und <ILAYER>-Schichten

```
<HTML><HEAD>
<TITLE>LAYER Beispiel 1</TITLE>
</HEAD><BODY>
<LAYER TOP=30 LEFT=30>
<FONT SIZE=7 COLOR=GRAY
 >Entwurf</FONT>
</LAYER>
<LAYER>
<TABLE BORDER=1>
<TR><TD>10<TD>20<TD>30<TD>40
<TR><TD>50<TD>60<TD>70<TD>80
</TABLE>
</LAYER>
</BODY></HTML>
```

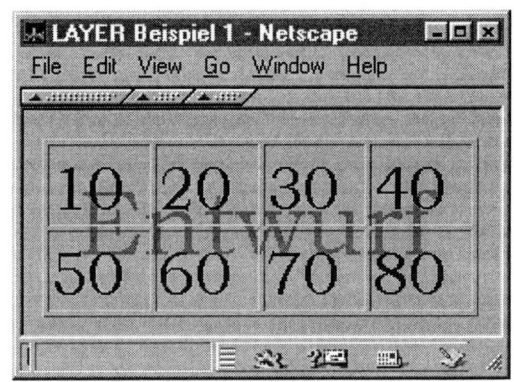

Abbildung 11.1
Hinter der Tabelle steht »Entwurf«

Normalerweise werden Schichten in der Reihenfolge ihres Auftretens übereinandergelegt. Im Beispiel 11.2 wird dies deutlich: Durch Änderung der Reihenfolge stellt der Browser »Entwurf« über der Tabelle dar. Mit den folgenden Attributen können

```
<HTML><HEAD>
<TITLE>LAYER Beispiel 2</TITLE>
</HEAD><BODY>
<LAYER>
<TABLE BORDER=1>
<TR><TD>10<TD>20<TD>30<TD>40
<TR><TD>50<TD>60<TD>70<TD>80
</TABLE>
</LAYER>
<LAYER TOP=30 LEFT=30>
<FONT SIZE=7 COLOR=GRAY
 >Entwurf</FONT>
</LAYER>
</BODY></HTML>
```

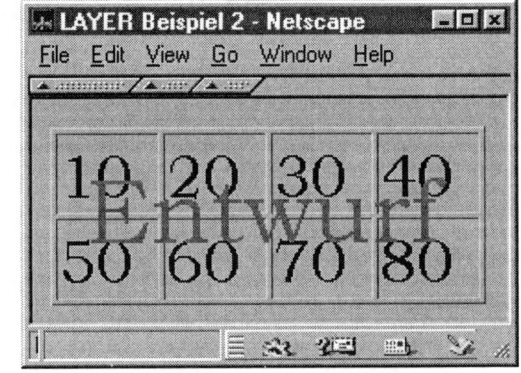

Abbildung 11.2
Auf der Tabelle steht »Entwurf«

Sie die Ordnung der Schichten unabhängig von ihrer Abfolge im HTML-Text steuern:

- Z-INDEX legt als positive Zahl die Position der Schicht entlang der Z-Achse fest. Dabei liegen »hinten« die Schichten mit einer geringen Zahl.
- NAME legt einen symbolischen Namen der Schicht fest. Er sollte im Dokument eindeutig sein.
- ABOVE erhält als Wert den symbolischen Namen der Schicht, »vor« der die aktuelle Schicht dargestellt werden soll.
- Bei BELOW stellt der Browser die aktuelle Schicht »unter« der dar, deren symbolischer Name als Wert angegeben ist.

Damit es keine widersprüchlichen Angaben über die Position einer Schicht gibt, dürfen Sie jeweils nur eins der Attribute Z-INDEX, ABOVE und BELOW verwenden.

Eine Schicht kann wie eine HTML-Seite eine Hintergrundfarbe oder -muster haben. Im Attribut BGCOLOR legen Sie eine Hintergrundfarbe mit der aus Abschnitt 2.8 auf Seite 25 bekannten RGB-Kodierung oder einem vordefinierten Farbnamen fest. Dadurch sind die Schichten dahinter nicht mehr sichtbar.

Mit dem Attribut BACKGROUND legen Sie eine Grafik als Hintergrundmuster für die Schicht fest. Befinden sich in Ihr transparente Bildpunkte, so ist an diesen Stellen die dahinterliegende Schicht sichtbar.

11.2 Schichten aufdecken und verstecken

Wenn Sie in Ihren Seiten JavaScript verwenden, können Sie mit einer Reihe von Funktionen Schichten dynamisch aufdecken und verstehen. In diesem Buch gehen wir auf die Programmierung mit JavaScript nicht ein – Sie erhalten einen Überblick in Abschnitt 18.3 auf Seite 248 und können sich z.B. in [10] im Detail informieren.

In HTML können Sie bei <LAYER> und <ILAYER> die Sichtbarkeit einer Schicht mit dem Attribut VISIBILITY festlegen. Es kann die folgenden Werte annehmen:

- SHOW: Die Schicht ist sichtbar.
- HIDE: Die Schicht ist unsichtbar.
- INHERIT: Die Schicht »erbt« die Sichtbarkeit bei geschachteltem <LAYER>...</LAYER> von der umgebenden Schicht – dies ist der Normalwert.

12 Style Sheets

In diesem Kapitel lernen Sie den Style Sheet-Mechanismus kennen, der eine sehr genaue Festlegung des Aussehens von HTML erlaubt, ohne auf Tricks zurückgreifen zu müssen. Sie können so beispielsweise festlegen, daß Überschriften eines Dokuments in einer bestimmten Schriftart bestimmter Größe angezeigt werden, und mit einer Reihe weiterer Eigenschaften ansprechende Gestaltung von Web-Seiten betreiben und sich dabei auf einen anerkannten Standard stützen.

Mit HTML bestehen keinerlei Möglichkeiten, Vorgaben über die tatsächliche Darstellung einer Seite im Browser zu machen. Der Browser verwendet eine Schriftart nach seiner Wahl – oder der des Benutzers –, und er bestimmt den Raum zwischen zwei Absätzen.

Diese Situation ist unbefriedigend, denn die Gestaltung von Web-Seiten verlangt heute Flexibilität ähnlich der Gestaltung von Plakaten, Broschüren oder Büchern. Um diesem Bedarf entgegenzukommen, wurde vom W3C nach längeren Diskussionen ein Mechanismus, die Style Sheets, eingeführt.

In einem Style Sheet sammeln Sie Eigenschaften der Darstellung von HTML-Elementen. Der Browser verarbeitet den so festgelegten Stil des Aussehens und wendet ihn auf die HTML-Elemente der Seite an. Einen Eindruck von den Möglichkeiten mit Style Sheets geben die entsprechenden Seiten beim W3C-Server unter *http://www.w3.org*.

In Abbildung 12.1 auf der nächsten Seite sehen Sie, wie Browser mit und ohne Style Sheet-Unterstützung eine Seite mit normalen HTML-Elementen darstellen und der modernere Darstellungsregeln für Schriftgröße, -art, -farbe und Plazierung beachtet. Der HTML-Code ist dabei identisch, nur ignoriert der ältere Browser alle Darstellungseigenschaften, während der moderne die Einstellungen für Schriften, Farben und Positionierung beachtet.

Um dies zu verwirklichen, sind zwei Mechanismen notwendig. In HTML müssen Mechanismen vorgesehen werden, die Style Sheets einer Seite zuordnen. Für die HTML-Elemente muß

Abbildung 12.1
Seite ohne CSS in Netscape 3 und mit CSS im Internet Explorer 3

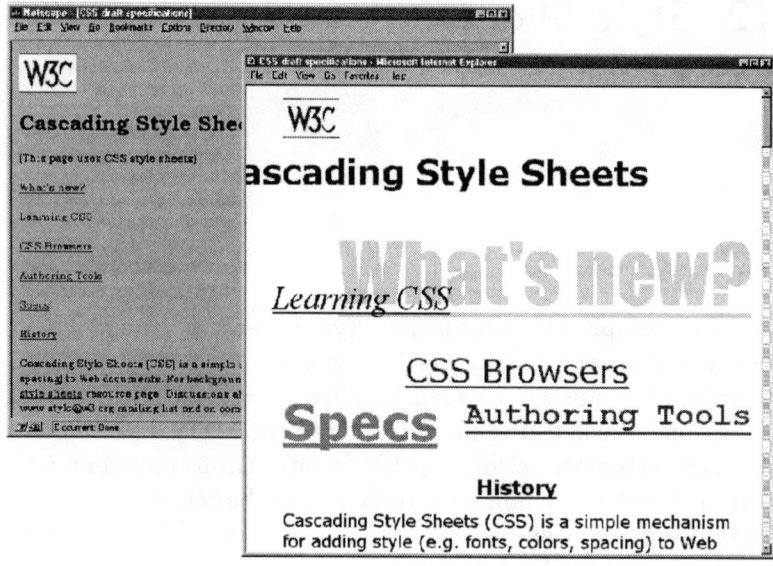

 W3C HTML 4

ein in Style Sheet vorgesehener Stil ausgewählt werden können. Im HTML 4-Entwurf ist dies durch Tags wie <DIV> und <SPAN> und für alle Elementen vorgesehenen Attributen wie CLASS möglich.

Die zweite notwendige Komponente ist eine Sprache, in der die Darstellungseigenschaften in einem Style Sheet notiert werden. Für eine solche Sprache gibt es verschiedenste Möglichkeiten. Als eine erste Sprache für Style Sheets hat das W3C einen Standard unter dem Namen »*Cascading Style Sheets*«, kurz CSS, definiert. Weitere Sprachen sind in Arbeit. Da es momentan nur diese eine Sprache für Style Sheets gibt, verwenden wir in diesem Kapitel die Begriffe CSS und Style Sheets synonym.

Die neuesten Versionen der Web-Browser unterstützen Style Sheets, wobei Netscape Communicator 4 und Internet Explorer 3 die ersten waren. Damit handelt es sich bei Style Sheets um einen Mechanismus, der weite Verbreitung finden wird und auf den Sie bei der Gestaltung Ihrer Web-Seiten bauen können – und sollten.

Der Autor einer Web-Seite kann mit Style Sheets für jedes HTML-Element bestimmte Eigenschaften festlegen, durch die gewünschte Effekte möglich werden. Als ein kleines Beispiel zeigt Abbildung 12.2 auf der nächsten Seite eine HTML-Seite mit einem Style Sheet.

Im Kopfteil der Seite steht hier eine Stildefinition für HTML-Absätze. P.bunt besagt, daß für Absätze der Art bunt die in geschweiften Klammern aufgeführten Stileigenschaften gelten sollen.

Festgelegt werden dafür die Schriftfarbe, der Hintergrund, ein bestimmter Schriftschnitt und daß der Text des Absatzes in Großbuchstaben verändert werden soll. Nach dieser Festlegung kann man die Absatzart bunt im weiteren HTML-Text verwenden.

Dies geschieht durch den Einsatz des Attributs CLASS beim entsprechenden Element, in diesem Fall bei <P>. Trifft der Browser auf dieses Attribut, schaltet er die vorher festgelegten Eigenschaften für die Darstellung ein. Im Beispiel ist die Klasse bunt gefordert, also gelten die Einstellungen von P.bunt.

```
<HTML><HEAD>
<STYLE>
P.bunt {color: yellow;
        background: blue;
        font-family: serif;
        font-weight: bold;
        font-size: large;
        text-transform: uppercase;
        }
</STYLE>
</HEAD><BODY>
<P>Ein normaler Absatz
<P CLASS=bunt>Und ein auffälliger Absatz
</BODY></HTML>
```

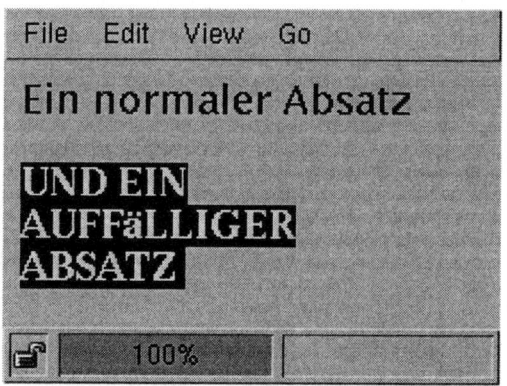

Abbildung 12.2
Ein einfacher Effekt mit einem Style Sheet

Mit Style Sheets steht ein sehr mächtiges Werkzeug zur Verfügung. Mit einfachen Festlegungen von Eigenschaften läßt sich das Erscheinungsbild einer Seite sehr detailliert beeinflussen.

Die CSS-Sprache zur Notation der Stileigenschaften unterscheidet sich erheblich von HTML. Sie definiert einer Reihe Eigenschaften von HTML-Elementen und mögliche Werte dafür. Hinzu kommt eine Syntax und ein Konzept von Stilklassen. Bevor wir auf CSS eingehen, beginnen wir mit den Möglichkeiten zur Einbindung von Style Sheets in HTML-Seiten.

12.1 Einbindung von Style Sheets in HTML

Ein Style Sheet ergänzt eine HTML-Seite durch die Festlegungen der Darstellungseigenschaften für HTML-Elemente. Notiert wird es in einer Style Sheet-Sprache – momentan ist dafür CSS der erste Standard.

Um HTML-Seiten mit Style Sheets zu verbinden, sind Mechanismen notwendig, die unabhängig von der verwendeten Sprache sind und gleichzeitig in das HTML-Konzept passen.

Es sind vier solche Mechanismen vorgesehen. Bei der ersten ist das Style Sheet getrennt von der HTML-Seite gespeichert und wird durch das <LINK>-Tag mit ihr verbunden. Dabei gibt es folgende relevante Attribute:

<LINK>

- ❏ REL bezeichnet die Art der Beziehung die in <LINK> beschrieben wird. Für Style Sheets ist hier der Wert stylesheet vorgesehen.

- ❏ TYPE gibt den MIME-Typ der Seite an, mit der <LINK> eine Beziehung herstellt. Für Style Sheets in der CSS-Notation ist der Medientyp text/css definiert.

- ❏ HREF enthält die URL des Style Sheets.

- ❏ TITLE schließlich gibt dem definierten Stil einen Namen. Dadurch soll es Browsern möglich werden, die Auswahl zwischen verschiedenen Stilen in einem Menü anzubieten.

W3C HTML 4
<STYLE>

Anstelle eines solchen Verweises auf ein externes Style Sheet ist mit HTML 4 das <STYLE>-Tag eingeführt worden. Innerhalb von <STYLE>...</STYLE> befindet sich dann ein komplettes Style Sheet in der jeweiligen Sprache. Die Sprache gibt man im TYPE-Attribut von <STYLE> an – dabei ist für CSS wieder der Wert text/css definiert.

Eine HTML-Seite bekommt damit die folgende Form:

```
<HTML><HEAD><TITLE>Titel</TITLE>
<STYLE TYPE="text/css">
  H1 {color: yellow}
</STYLE></HEAD><BODY>...
```

Die Einbindung eines Style Sheets in die HTML-Seite schließt die Verwendung externer Style Sheets nicht aus. Man kann zusätzlich <LINK> verwenden, beispielsweise um extern ein Style Sheet zu halten, das für alle Seiten einer Informationssite verwendet wird. In den Dokumenten können zusätzlich mit <STYLE> seitenspezifische Einstellungen vorgenommen werden.

In einem <STYLE>...</STYLE> können Sie weitere, externe Style Sheets einbinden. Dafür ist das CSS-Element @import vorgesehen. Sein Wert ist eine URL:

```
<HTML><HEAD><TITLE>Titel</TITLE>
<STYLE TYPE="text/css">
  @import url(http://www.foo.de/styles/gross.css)
  H1 {color: yellow}
</STYLE></HEAD><BODY>...
```

Hier könnten in *http://www.foo.de/styles/groess.css* Festlegungen für Seiten mit grossen Schriften vorhanden sein, die durch gelbe Überschriften ergänzt werden.

Als dritte Stufe können Sie Stilelemente beim Auftreten eines HTML-Elements festlegen. Dafür ist in HTML 4 bei allen Elementen das Attribut STYLE definiert. Sein Wert ist eine Stildefinition in der Style Sheet-Sprache. Auf diese Weise lassen sich Eigenschaften noch detaillierter festlegen:

```
<H1 STYLE="color: green">...</H1>
```

Durch diese verschiedenen Möglichkeiten der Festlegung von Eigenschaften stellt sich die Frage, wie mit Konflikten umgegangen wird, die auftreten, wenn beispielsweise das Style Sheet, auf das <LINK> verweist, gelbe Überschriften fordert, während das STYLE-Attribut an einer Stelle grüne Schriftfarbe festlegt.

Bei den bisher beschriebenen Mechanismen hat die jeweils spezifischere Vorrang vor der allgemeinen. Im Beispiel wird die Festlegung auf gelbe Überschriften also von der spezifischen Einstellung auf eine grüne Schrift überschrieben. Weitere Details zu der Frage des Vorrangs von Einstellungen finden Sie in Abschnitt 12.5 auf Seite 149.

12.2 Aufbau von Style Sheets

Wie oben angemerkt, schreibt man Style Sheets in einer speziellen Sprache auf. Es kann und wird mehrere solche Sprachen geben; als erste wurden »*Cascading Style Sheets*« (CSS) standardisiert und in Browsern implementiert. In diesem Abschnitt lernen Sie diese Sprache kennen.

Für alle HTML-Elemente sind Eigenschaften definiert, die in Style Sheets mit Werten belegt werden können. In den Beispielen im vorherigen Abschnitt hatten wir die Eigenschaft color beim <H1>-Element verwendet. Die Syntax im Style Sheet lautete

```
Element { Eigenschaft: Wert }
```

Oben war also das `Element` der Tag-Name H1, die `Eigenschaft` hieß color, und der eingestellte `Wert` war yellow.

Will man die gleiche Eigenschaft für mehrere Elemente festlegen, kann man die Elementnamen gruppieren. Dazu schreibt man für `Element` eine durch Kommas getrennte Liste von Tag-Namen auf:

```
H1, H2, H3, H4, H5, H6 {color: yellow}
```

Durch diese Definition werden alle Überschriften in gelber Farbe dargestellt. Ein ähnlicher Gruppierungsmechanismus läßt sich auf die Eigenschaften anwenden. Dabei legt man mehrere Eigenschaften durch Semikola getrennt fest. Sollen die Überschriften erster Stufe in gelber Schrift auf blauem Hintergrund dargestellt werden, können Sie schreiben:

```
H1 {color: yellow;
    background-color: blue}
```

Mit einer solchen Festlegung würden alle Elemente innerhalb einer Überschrift diese Farbgebung übernehmen. Vielleicht möchte man aber definieren, daß Hervorhebungen in einer Überschrift durch eine andere Farbe dargestellt werden. In diesem Fall bildet die Auszeichnung der Überschrift den *Kontext* der Hervorhebung. Soll eine Eigenschaft nur in einem bestimmten Kontext gelten, stellt man den Namen des Kontextes dem Element voran. Mit der Zeile

```
H1 STRONG {color: red}
```

legen Sie fest, daß der Browser alle durch <STRONG> markierte Passagen im Kontext einer <H1>-Überschrift in der Farbe Rot darstellt. Die Hintergrundfarbe wird dabei von der H1-Definition übernommen.

Auf diese Weise können Sie alle Darstellungseigenschaften der normalen HTML-Tags festlegen. In den folgenden Abschnitten stellen wir die für die Elemente definierten Eigenschaften dar. Natürlich läßt sich so auch die voreingestellte Darstellungsweise eines Browsers durch ein Style Sheet darstellen.

12.3 Darstellungsklassen

Innerhalb einer Seite werden nicht alle Tags gleich verwendet. Ihre unterschiedliche Bedeutung soll oft auch in der Darstellung reflektiert werden. In diesem Buch verwenden wir beispielsweise `Schreibmaschinenschrift` für HTML-Bestandteile, die in dieser Form eingegeben werden müssen, und *kursive Schreibmaschinenschrift* für Platzhalter, in die Sie selber Text, Attribute oder Werte einfügen:

```
Element.Klassenname { Eigenschaft: Wert }
```

Nehmen wir an, daß alle diese Code-Ausschnitte mit gelber Hintergrundfarbe und in Schreibmaschinenschrift dargestellt werden sollen. Würde man nun die Eigenschaften von `<TT>` entsprechend umdefinieren, hätte man aber keine einfache Möglichkeit mehr, die Platzhalter auszuzeichnen.

Daher sehen Style Sheets *Klassen* vor, die Eigenschaften für eine bestimmte Art der Verwendung eines Elements zusammenfassen. Jeder solchen Klasse wird ein Name gegeben, der in der Style Sheet-Definition durch einen Punkt getrennt an den Elementnamen angehängt wird. Dem gelb hinterlegten Code-Ausschnitt wird mit der Festlegung

```
TT.code {background-color: yellow}
```

die Klasse »code« zugeordnet. Für die Platzhalter können Sie eine zweite Klasse »platz« des `<TT>`-Elements definieren:

```
TT.platz {background-color: yellow;
          font-style: italic}
```

Will man diese unterschiedlichen Klassen des `<TT>`-Tags in der HTML-Seite verwenden, benötigt man einen Mechanismus zur Klassenauswahl. Ab HTML 4 ist daher für alle Elemente das Attribut CLASS vorgesehen, dessen Wert der Klassenname ist. Mit dem folgenden HTML-Code erreicht man also den obigen Effekt:

W3C HTML 4

```
<TT CLASS="code">{
<TT CLASS="platz">Eigenschaft</TT>:
<TT CLASS="platz">Wert</TT>}</TT>
```

Klassen können auch unabhängig von einem HTML-Element definiert werden. Dadurch legt das Style Sheet-Eigenschaften für alle Elemente fest, die diese Klasse verwenden. In der Definition läßt man einfach den Elementnamen weg:

```
.gelbblau {color: yellow;
           background-color: blue}
```

Danach steht die Klasse `gelbblau` für alle Elemente bereit:

```
<H1 CLASS="gelbblau">Schweden</H1>

<P>Schwedens Fahne ist <B CLASS="gelbblau">Gelb
auf blauem Grund</B>.</P>
```

Schließlich sind auch in Style Sheets Kommentare möglich. Sie werden – wie in der Programmiersprache C – als /* *Kommentar* */ eingeschlossen.

12.4 Freie Klassenverwendung

Wie im vorherigen Abschnitt beschrieben, können Klassen unabhängig von einem konkreten HTML-Element definitiert werden. Im obigen Schweden-Beispiel ist die Verwendung des `<B>`-Tags eigentlich nicht notwendig, da lediglich die Verwendung der gelbblau-Klasse erzwungen werden soll.

Darüber hinaus gibt es neben den in HTML durch Tags implementierten Textstrukturen noch viele, deren Auszeichnung ebenfalls nützlich wäre, beispielsweise für Blöcke, in denen eine Zusammenfassung oder Informationen über Autoren stehen. Dadurch käme es aber zu einer unübersehbaren Anzahl von Tags.

Der Ausweg hier sind zwei HTML-Tags, die ohne Klassenangabe keine besondere Formatierung bewirken. Für Abschnitte, die im laufenden Text verwendet werden, ist in HTML 4 das Tag `<SPAN>` definiert. Es startet keinen neuen Textblock, sondern wird in die laufende Textzeile formatiert. Das obiger Beispiel sollten Sie also besser wie folgt formulieren:

```
<H1 CLASS="gelbblau">Schweden</H1>

<P>Schwedens Fahne ist <SPAN CLASS="gelbblau">Gelb
auf blauem Grund</SPAN>.</P>
```

Wollen Sie hingegen einen Abschnitt, der einen eigenen Textblock bildet, auszeichnen, verwenden Sie das Tag `<DIV>`:

```
<P>Und nun ein schwedisches Kochrezept:</P>
<DIV CLASS="gelbblau">1 Prise K"onigshaus,
etwas K"alte und frische Milch</DIV>
```

Neben den Klassenbildungen können Sie auch Eigenschaften definieren, die nur für bestimmte Elemente gelten sollen und Klassenfestlegungen ergänzen. Dazu kann jedes HTML-Element das Attribut ID (von »Identifier«, deutsch »Bezeichner«) tragen, das einen in der Seite eindeutigen Namen vergibt.

Nehmen wir an, daß für das Rezept eine spezielle Überschrift dargestellt werden soll. Mit

```
#rezept {font-style: italic}
```

definieren Sie, daß das Element mit dem Bezeichner `rezept` in kursiver Schrift dargestellt werden soll. In der HTML-Seite verwenden Sie also:

```
<H1 ID="rezept">Schwedisches Essen</H1>
<P>Und nun ein schwedisches Kochrezept:</P>
...
```

Der Wert von `ID` muß immer eindeutig sein, Sie dürfen also an keiner anderen Stelle das Attribut mit dem Wert `rezept` verwenden. Da dieser Mechanismus dem Anspruch auf logische Auszeichnung von Textpassagen und Darstellungsklassen widerspricht, rät der Style Sheet von der Verwendung von `ID` ab.

12.5 Vorrang von Eigenschaften

In den vorangegangenen Abschnitten haben Sie einige Möglichkeiten zur Festlegung von Eigenschaften für die Darstellung von Elementen kennengelernt. Daraus können sich Konflikte zwischen Einstellungen ergeben – beispielsweise ob eine Festlegung für das `<H1>`-Element wichtiger ist als die Einstellung derselben Eigenschaft mit dem `ID`-Mechanismus.

Gelöst wird dieses Problem durch die Definition von Vorrangsregeln in Style Sheets. Cascading Style Sheets tragen ihren Namen, weil durch die unterschiedliche Wichtigkeit von Einstellung eine Kaskade entsteht.

Die folgenden Vorrangsregeln müssen Browser beachten:

- Einstellungen, die mit `STYLE` für ein Element gemacht werden, sind wichtiger als jene, die von der allgemeineren Einstellung geerbt werden.

- Einstellungen, denen zusätzlich die Markierung `!important` folgt, werden bevorzugt. Um die Farbe von Überschriften mit höherem Gewicht zu versehen, können Sie folgende Definition verwenden:

    ```
    H1 {color: yellow !important}
    ```

- Die Einstellungen des Autors überdecken die Einstellungen des Lesers, die wiederum die Normaleinstellungen im Browser überschreiben.

- Einstellungen die in einer Klasse für das Element gemacht wurden überwiegen die allgemeinen Einstellungen für das Element.
- Mit ID ausgewählte Einstellungen sind wichtiger als die bisher festgestellten.
- Bei gleichem Gewicht zweier Einstellungen wird die später im Style Sheet auftretende bevorzugt.

12.6 Pseudoelemente und -klassen

HTML zeichnet Text in logischen Einheiten aus. Für die Kontrolle der Darstellung ist diese Einteilung oft zu grobkörnig. Ein Beispiel ist dieser Absatz, der logisch ein von <P> umfaßter Textblock wäre. In der Darstellung ist aber der erste Buchstabe durch seine Größe hervorgehoben. Um diesen Unterschied der Granularität zwischen logischer Auszeichnung in HTML und Gestaltung der Darstellung auszugleichen, führen Style Sheets *Pseudoelemente* ein.

Für Absätze gibt es beispielsweise das Pseudoelement first-letter mit dem in HTML der erste Buchstabe ausgezeichnet werden kann. Die entsprechende Notation ist folgende:

```
<P><P:first-letter>H</P:first-letter>TML
zeichnet Text...</P>
```

Dementsprechend kann man im Style Sheet die Darstellungseigenschaften dieses Pseudoelements festlegen:

```
P:first-letter {font-size: large}
```

:first-letter

:first-line

Es gibt momentan zwei Festlegungen, die Pseudoelemente ergeben – das oben genannte :first-letter und :first-line. Mit beiden lassen sich aus allen HTML-Elementen, die Blöcke ergeben, Pseudoelemente bilden. Damit sind <P:first-letter> oder <LI:first-letter> erlaubt, es gibt aber nicht das Pseudoelement <EM:first-letter>.

:first-letter bildet ein Pseudoelement, mit dem der oder die ersten Buchstaben eines Blocks ausgezeichnet werden, und kann in Style Sheets zur Festlegung deren Darstellungseigenschaften verwendet werden. Mit den aus :first-line gebildeten Pseudoelementen können Sie die Eigenschaften der jeweils ersten Textzeile eines Blocks einstellen.

Neben den Pseudoelementen, die Sie auch als HTML-Tags verwenden können, gibt es in Style Sheets das Konzept der *Pseudoklassen*. Sie ergeben keine neuen Tags, sondern sind nur in

Style Sheet-Definitionen zu verwenden. Momentan gibt es nur drei Pseudoklassen, die ausschließlich das <A>-Tag betreffen. Sie ermöglichen die Festlegung von Eigenschaften für besuchte, aktive und noch nicht besuchte Links:

- ❏ A:link erlaubt die Einstellung von Eigenschaften der Ankertexte noch nicht verfolgter Links. Die Eigenschaft verallgemeinert damit das LINK-Attribut bei <BODY>.

    A:link

- ❏ A:visited bezieht sich auf den Ankertext schon besuchter Links, ähnlich dem VLINK-Attribut bei <BODY>.

    A:visited

- ❏ A:active stellt die Darstellung des Ankertexts des Links ein, der momentan geladen wird – ähnlich ALINK bei <BODY>.

    A:active

Pseudoklassen können allerdings nicht wie andere Klassen im CLASS-Attribut verwendet werden. Dies liegt auf der Hand, weil die Unterscheidung der Links keine Charakteristik der Auszeichnung ist, sondern sich dynamisch durch die Browser-Nutzung ergibt. Pseudoelemente lassen sich in Kombination mit den herkömmlichen Klassen verwenden:

```
TT.platz:first-letter {background-color: red}
```

12.7 Werte für Eigenschaften

Als Werte von Eigenschaften in einem Style Sheet lassen sich Schlüsselwörter, Zeichenketten wie URLs, Längenangaben oder Farbwerte verwenden. Schlüsselwörter sind durch die CSS-Definition festgelegt; bei Zeichenketten handelt es sich teilweise um URLs in der gewohnten Notation.

Längeneinheiten können Sie in zwei Varianten verwenden. Die absoluten Werte bestehen aus einem Längenmaß in einer bestimmten Einheit, während relative Werte als Prozentangaben notiert werden.

Absolute Längen können ein Vorzeichen tragen, d.h., negative Maße schreiben Sie mit einem vorangestellten - auf. Längen müssen keine ganzen Zahlen sein – auf den Dezimalpunkt kann ein Nachkommateil folgen. Einen negativen Abstand von 2,5 Zentimetern schreibt man also als -2.5cm auf.

In Abbildung 12.3 auf der nächsten Seite finden Sie eine Aufstellung der in CSS unterstützten Längeneinheiten. Beachten Sie, daß em, en und px eigentlich keine absoluten Längeneinheiten darstellen, da sie relativ zur aktuellen Schrift oder zur Bildschirmauflösung sind.

Abbildung 12.3
Längeneinheiten für absolute Maße

mm Millimeter
cm Zentimeter = 10 mm
in Zoll = 2,54 cm
pt typografischer Punkt = 1/72 in
pc typografischer Pica-Punkt = 12 pt
em die Höhe des aktuellen Fonts
 (entspricht etwa der Höhe des Buchstabens »M«)
en die Höhe der Kleinbuchstaben des aktuellen Fonts
 (entspricht etwa der Höhe des Buchstabens »x«)
px Pixel, als Bildpunkt des Ausgabegeräts

Farben werden in Style Sheets symbolisch oder durch ihre Farbanteile beschrieben. Ähnlich wie HTML kennt auch CSS sechzehn vordefinierte Farbnamen: `aqua`, `black`, `blue`, `fuchsia`, `gray`, `green`, `lime`, `maroon`, `navy`, `olive`, `purple`, `red`, `silver`, `teal`, `white` und `yellow`.

Um die Farbtiefe moderner Anzeigen auszunutzen, reichen diese Farben natürlich nicht aus. Farben kann man unter anderem durch die Angabe ihrer Rot-, Grün- und Blauanteile beschreiben – in Abschnitt 2.8 auf Seite 25 hatten wir dieses Verfahren für die HTML-Farbkodierung beschrieben.

Style Sheets bieten noch mehr Möglichkeiten als HTML zur Notation von Farben. Neben den vordefinierten Farbnamen kennen Sie bereits die `#RRGGBB`-Notation – `#0000FF` bezeichnet die Farbe Blau.

Daneben kann in Style Sheets eine Farbe auch mit drei Hexadezimalziffern beschrieben werden, so daß `#00F` ebenfalls Blau bezeichnet. Für die erweiterte Form wird jede Ziffer für den Farbanteil wiederholt, d.h. aus `#00F` wird `#0000FF` erweitert wird (und nicht `#00000F`, wie man vielleicht erwarten könnte).

Anstelle hexadezimaler Ziffern kann man auch Dezimalzahlen für die Farbanteile verwenden, allerdings ist dann die Notation etwas unterschiedlich. An die Stelle der mit `#` eingeleiteten Zahl treten drei durch Komma getrennte Dezimalzahlen, die speziell markiert werden:

```
rgb(Rotanteil, Gr"unanteil, Blauanteil)
```

Die verwendbaren Werte laufen für alle Anteile von `0` bis `256`. Schließlich ist es möglich, die Farbanteile auch prozentual auszudrücken. Statt der absoluten Werte steht dabei eine Zahl von `0%` bis `100%`.

In Abbildung 12.4 auf der nächsten Seite sehen Sie die unterschiedlichen Möglichkeiten zum Setzen der Eigenschaft `color` auf Rot.

`color: #F00`	16 Stufen pro Grundfarbe	
`color: #FF0000`	256 Stufen pro Grundfarbe	
`color: rgb(255, 0, 0)`	dezimale Schreibweise	
`color: rgb(100%, 0%, 0%)`	dezimaler Farbanteil	
`color: red`	vordefinierte Farbnamen	

Abbildung 12.4
Style Sheet-Notationen für Rot

Neben Längen und Farben sind bei einigen Eigenschaften URLs als Werte vorgesehen. Auch hier müssen Sie eine spezielle Notation verwenden. Ähnlich wie bei den Farben wird die eigentliche URL von einer Markierung eingeschlossen: `url(URL)`. Die URL selber kann zwischen einfachen oder doppelten Anführungszeichen stehen.

12.8 Ausmaße und Umrandung

Jedes Element in HTML nimmt in der Darstellung einen bestimmten Raum ein. Dabei ist die »natürliche Größe« der Platz, den das Element ohne jeglichen Leerraum um sich herum einnimmt.

Mit Style Sheets läßt sich sehr genau steuern, was um diese natürliche Größe herum geschieht. Sie können einen Leerraum um das Element definieren, einen Rahmen in einer bestimmten Breite und schließlich einen Leerraum um diesen Rahmen herum.

In Abbildung 12.5 auf der nächsten Seite sehen Sie die betreffenden Eigenschaften, die allesamt Längen als Werte tragen können. Mit `width` und `height` können Sie die natürliche Größe auf einen festen Wert bringen. Der Browser skaliert den Inhalt entsprechend. Der Normalwert neben absoluten Längenangaben ist `auto`, durch den die natürliche Größe unverändert bleibt.

Dem eigentlichen Inhalt am nächsten ist der Abstand zum Rahmen. Mit `padding-left`, `padding-right`, `padding-top` und `padding-bottom` legen Sie deren Größen links, rechts, oben und unten fest.

Die Eigenschaft `padding` dient als Abkürzung, wenn man alle vier Abstände auf einmal setzen will. Sollen sie gleich groß sein, reicht die Angabe einer Länge. Sollen alle vier Seiten unterschiedlich eingestellt werden, sind vier Werte nötig, die oben

`width`
`height`

`padding-left`
`padding-right`
`padding-top`
`padding-bottom`
`padding`

Abbildung 12.5
Ausmaße von Blöcken

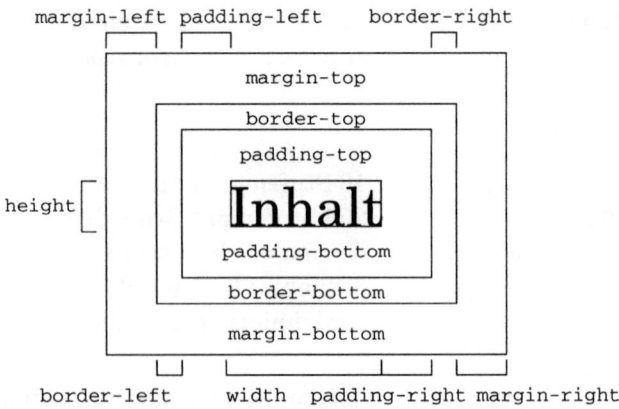

beginnend, die vier Seiten im Uhrzeigersinn belegen. Damit sind die folgenden beiden Definitionen gleichwertig:

```
H1 {padding-top: 1cm;
    padding-right: 2cm;
    padding-bottom: 3cm;
    padding-left: 4cm;
   }
```

```
H1 {padding: 1cm 2cm 3cm 4cm}
```

border-left
border-right
border-top
border-bottom
border
border-left-width
border-right-width
border-top-width
border-bottom-width
border-width

Die jeweiligen Größen der Seiten der möglichen Umrandung des Elements sind mit den Eigenschaften border-left, border-right, border-top und border-bottom einzustellen. Auch hier dient border wieder als eine Abkürzung, wenn man alle vier Werte auf einmal setzen will.

Auch der Rahmen selber läßt sich vielfältig gestalten. Zunächst kann man die Breite des Rahmens – dies ist der Abstand zweichen den Linien, die den Rahmen darstellen – für die vier Seiten mit den Eigenschaften border-left-width, border-right-width, border-top-width und schließlich mit border-bottom-width einzeln eingestellen.

Drei symbolische Werte sind mit thin, medium und thick für dünne, normale und dicke Ränder vorgesehen. Wie gewohnt gibt es auch hier wieder eine Eigenschaft zum Setzen aller vier Eigenschaften – sie heißt border-width.

border-color

Während der Leerraum um den Inhalt und außerhalb des Rahmens durchsichtig ist, läßt sich mit der Eigenschaft border-color die Farbe des Rahmens festlegen. Ihr Wert ist eine Farbangabe.

border-style

Die Art des Rahmens bestimmt man über die Eigenschaft border-style. Sie kann eine Reihe symbolischer Werte annehmen, die Effekte wie in Abbildung 12.6 auf Seite 156 ermöglichen:

- `none`: Kein Rahmen
- `dotted`: Gepunktete Linie
- `dashed`: Gestrichelte Linie
- `solid`: Normale Linie
- `double`: Doppelte Linie
- `groove`: 3D-Effekt: tiefer Graben um Inhalt
- `ridge`: 3D-Effekt: hoher Rand um Inhalt
- `inset`: 3D-Effekt: erhöhter Inhalt
- `outset`: 3D-Effekt: vertiefter Inhalt

Schließlich kann außerhalb des Rahmens noch weiterer Leerraum eingefügt werden. Wie bei den anderen Maßen dienen dazu die Eigenschaften `margin-left`, `margin-right`, `margin-top` und `margin-bottom`. `margin` ist wiederum die Eigenschaft zum Setzen aller vier Werte.

`margin-left`

`margin-right`

`margin-top`

12.9 Positionierung

`margin-bottom`

`margin`

Die genaue Positionierung von Elementen auf einer Seite ist eine Funktionalität, die HTML nicht bietet. In Abschnitt 6.8 auf Seite 91 hatten Sie Tricks mit Grafiken kennengelernt, um zumindest einen genauen Leerraum zwischen Elementen zu erzeugen; Kapitel 11 auf Seite 137 hat den Layers-Mechanismus erläutert, der allerdings bisher nur im Netscape Navigator implementiert ist. Ebenfalls ein Netscape-Mechanismus (Abschnitt 3.6 auf Seite 46) ist das <SPACER>-Tag zum Erzeugen von Leerraum.

Style Sheets sind das Mittel um die Gestaltung von Seiten festzulegen, entsprechend sind auch hier Eigenschaften vorgesehen, um Elemente genau auf einer Seite zu positionieren. Mit der sich abzeichnenden Unterstützung von Style Sheets sollten Sie auf die oben genannten Tricks verzichten und statt dessen auf Style Sheets setzen.

Für die Positionierung von Elementen kennt CSS drei Modi, die mit den Werten der Eigenschaft `position` für ein Element einstellbar sind:

`position`

- `static`: Die normale Positionierung von Elementen an der Stelle, an der sie im HTML-Text auftreten.

```
<HTML><HEAD>
<STYLE>
.dotted {border-style: dotted}
.dashed {border-style: dashed}
.solid  {border-style: solid}
.double {border-style: double}
.groove {border-style: groove}
.ridge  {border-style: ridge}
.inset  {border-style: inset}
.outset {border-style: outset}
</STYLE>
</HEAD><BODY>

<P CLASS="dotted">dotted</P>

<P CLASS="dashed">dashed</P>

<P CLASS="solid">solid</P>

<P CLASS="double">double</P>

<P CLASS="groove">groove</P>

<P CLASS="ridge">ridge</P>

<P CLASS="inset">inset</P>

<P CLASS="outset">outset</P>

</BODY></HTML>
```

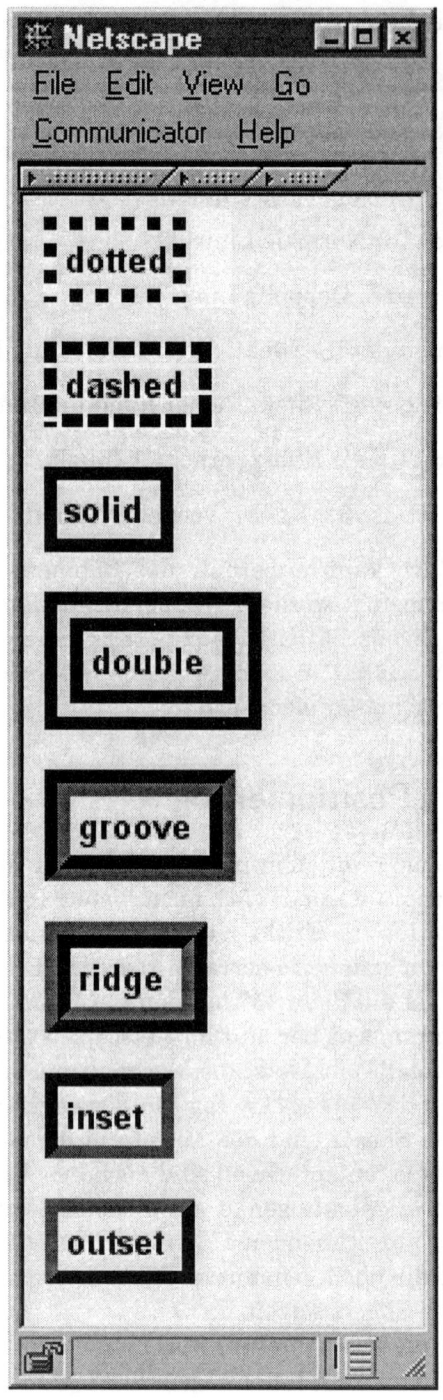

Abbildung 12.6
Die verschiedenen Rahmenarten

❏ relative: Die Positionierung eines Elements relativ zu der Stelle, an der es normalerweise dargestellt würde.

12.9 Positionierung

❏ `absolute`: Die Postitionierung eines Elements in einem neuen Darstellungsbereich, in dem ein eigenes Koordinatensystem gilt.

In Abbildung 12.7 sehen Sie einige Beispiele für den Einsatz der relativen Positionierung. In der ersten Zeile erkennen Sie, daß ein relativ positioniertes Element im fortlaufenden Text den Raum einnimmt, der seiner natürlichen Größe entspricht.

```
<HTML><HEAD>
<STYLE>
.relativ {position: relative;
         background-color: red;
         color: white;
         }
</STYLE>
</HEAD><BODY>
css<SPAN CLASS="relativ"
>1</SPAN>css<BR>
css<SPAN CLASS="relativ"
 STYLE="left:1cm"
>1</SPAN>css<BR>
css<SPAN CLASS="relativ"
 STYLE="left:-1cm"
>1</SPAN>css<BR>
<BR><BR>
css<SPAN CLASS="relativ"
 STYLE="top:-1cm"
>1</SPAN>css<BR>
css<SPAN CLASS="relativ"
 STYLE="top:1cm"
>1</SPAN>css
</BODY></HTML>
```

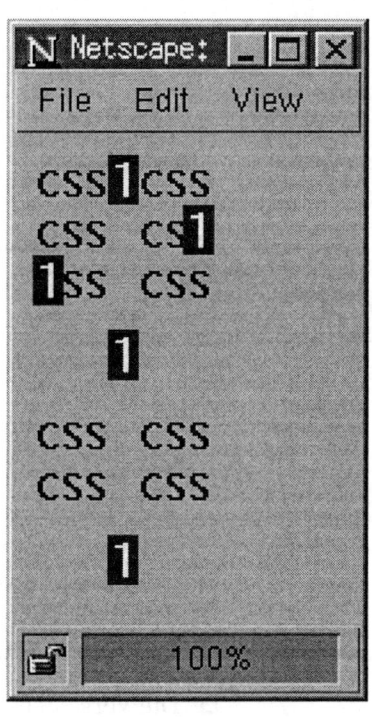

Abbildung 12.7
Relative Positionierung

Die folgenden Zeilen verwenden zusätzlich die Eigenschaften `left` und `top`. Mit ihnen läßt sich der positionierte Inhalt horizontal und vertikal verschieben. Beide Eigenschaften erhalten eine Längenangabe als Wert oder `auto`, um die Verschiebung auszuschalten.

In allen Fällen bleibt an der ursprünglichen Stelle des verschobenen Elements dessen Form als Leerraum bestehen. Der Leerraum zwischen der dritten und der vierten Beispielzeile entsteht übrigens durch die eingefügten
-Tags und nicht durch die Verschiebung.

In Abbildung 12.8 finden Sie ein ähnliches Beispiel, allerdings mit absoluter Positionierung. Im Gegensatz zu relativer Positionierung ergeben sich zwei Unterschiede:

```
<HTML><HEAD>
<STYLE>
.absolut {position: absolute;
         background-color: red;
         color: white;
         }
</STYLE>
</HEAD><BODY>
css
<SPAN CLASS="absolut">A</SPAN>
<SPAN CLASS="absolut"
 STYLE="left:0cm">B</SPAN>
<SPAN CLASS="absolut"
 STYLE="top:1cm">C</SPAN>
<SPAN CLASS="absolut"
 STYLE="top:1cm;left:0cm">D</SPAN>
css
</BODY></HTML>
```

Abbildung 12.8
Absolute Positionierung

❏ Ein absolut positionierter Abschnitt nimmt keinen Platz an der Stelle ein, an der er im HTML-Code steht. Sie erkennen dies beim »A« unter dem »css« steht.

❏ Die Verschiebungen sind relativ zum umgebenden Element, für das ein Koordinatensystem gilt, in diesem Fall zum Ausmaß der Seite, weil <BODY> das umgebende HTML-Tag ist.

In Abbildung 12.9 auf der nächsten Seite sehen Sie weitere Varianten. In der ersten Version wird ein Schatten fälschlicherweise absolut positioniert und `left` und `top` sind Abstände zum Seitenrand. Der zweite Versuch verwendet relative Positionierung für den Schatten, wodurch seine Position relativ zur normalen Positionierung wird. Erst die letzte Version ist korrekt: Sie umgibt den zu schattierenden Text mit <SPAN> und erzeugt so ein neues Koordinatensystem. Die absolute Position des Schattens ist dann relativ zu diesen neuen Koordinaten.

```
<HTML><HEAD>
<STYLE>
.shadow {position: absolute;
         color: red;
         top: 2px;
         left: 2px;
         }
.shadowrel {position: relative;
         color: red;
         top: 2px;
         left: 2px;
         }
</STYLE>
</HEAD><BODY>
Ein Schattenwurf:<BR>
CSS<SPAN
 CLASS="shadow">CSS</SPAN><BR>
CSS<SPAN
 CLASS="shadowrel">CSS</SPAN><BR>
<SPAN STYLE="position:relative">
CSS<SPAN CLASS="shadow">CSS</SPAN></SPAN>
</BODY></HTML>
```

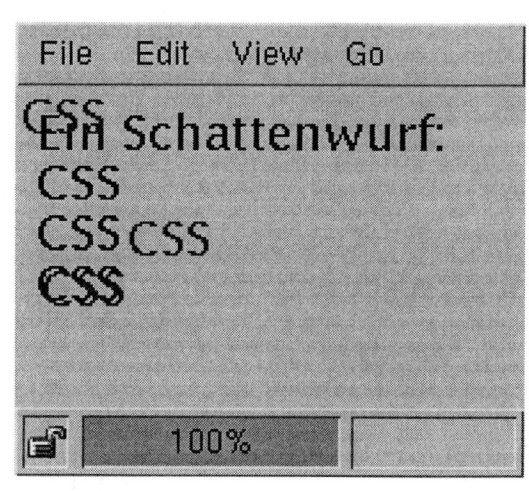

Abbildung 12.9
Absolute und relative Positionierung

Die Eigenschaften height und width kennen Sie schon. In Verbindung mit absoluter Positionierung definieren sie die Ausmaße der Fläche in die der markierte Text fließt. Fehlt width, erstreckt sie sich bis zum rechten Rand des umgebenden Koordinatensystems. Fehlt height reserviert der Browser gerade soviel Platz, wie der Inhalt benötigt.

Falls ein Element größer als die angegebenen Ausmaße ist, können Sie mit der Eigenschaft overflow das Verhalten des Browsers beeinflussen. Es gibt drei vordefinierte Werte:

overflow

- clip: Der Browser schneidet das Element an den definierten Ausmaßen ab.

- none: Der Browser stellt das Element über seine eigentlich vorgesehenen Ausmaße trotzdem dar.

- scroll: Der Browser kann beispielsweise Scrollbalken anbieten.

clip Welcher Bereich des Elements sichtbar ist, können Sie mit der Eigenschaft `clip` steuern. Sein Wert ist eine Rechtecksdefinition. Ähnlich wie bei den Farben oder bei URLs gibt es dafür die spezielle Notation:

```
rect(oben rechts unten links)
```

Alles außerhalb dieses Rechtecks, das im Koordinatensystem des Elements gemessen wird, stellt der Browser nicht da. Dieses Abschneiden wird mit dem Wert `auto` ausgeschaltet. Die Eigenschaft ähnelt damit dem CLIP-Attribut beim <LAYER>-Tag.

Abbildung 12.10 stellt die beteiligten Längenmaße für positionierte Blöcke im Überblick dar.

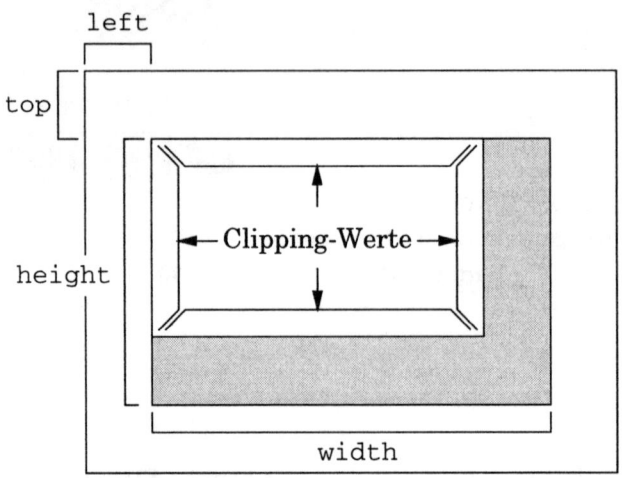

Abbildung 12.10
Positionierung von Blöcken

Durch das Positionieren von Blöcken über andere entsteht eine Ordnung der Elemente. Dabei legt der Browser dasjenige Element über die Darstellung des Elements, das dieses enthält. Diese Ordnung können Sie mit der Eigenschaft `z-index` explizit setzen.

z-index

Als Wert muß eine ganze Zahl angegeben werden, wobei das umgebende Element auf der Ebene 0 liegt. Mit negativen Zahlen legen Sie Elemente hinter das umgebende Element. Der Wert `auto` schaltet die automatische Stapelung wieder ein. Einen ähnlichen Mechanismus hatten Sie schon mit dem Attribut Z-INDEX beim <LAYER>-Tag kennengelernt.

Schließlich können Blöcke ähnlich dem Attribut VISIBILITY bei <LAYER> unsichtbar gemacht werden. Die Eigenschaft

visibility `visibility` stellt mit dem Wert `hidden` ein, daß der Block zwar Raum einnimmt, aber nicht dargestellt wird. `visible` ist der Normalfall mit Darstellung, und bei `inherit` wird die Sichtbarkeit des umgebenden HTML-Elements übernommen.

12.10 Farben und Hintergründe

Mit Style Sheets läßt sich jedes HTML-Element mit einer eigenen Hintergrundfarbe und einem -muster versehen. Damit werden die Attribute BACKGROUND und BGCOLOR von <BODY> und das COLOR-Attribut einiger Elemente entsprechend verallgemeinert.

Die Eigenschaft background-color bestimmt die Hintergrundfarbe eines Elements. Mögliche Werte sind eine Farbe oder transparent, das die Farbgebung abschaltet.

background-color

Die Vordergrundfarbe legt color fest. Auch hier sind als Werte Farbdefinitionen vorgesehen. Als Beispiel zeigt die Abbildung 12.11 eine Definition mit der inverser Text möglich wird.

color

```
<HTML><HEAD>
<STYLE>
.invers
   {color: white;
    background-color: black}
</STYLE>
</HEAD><BODY>
<SPAN CLASS=invers>inverser</SPAN>
Text weiß auf schwarz
</BODY></HTML>
```

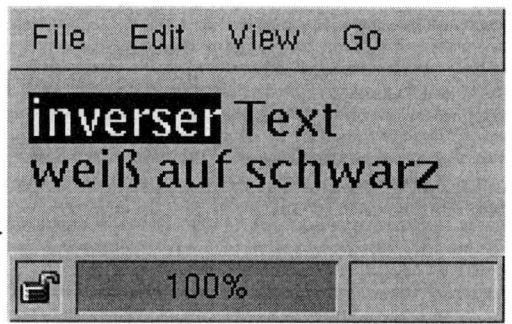

Abbildung 12.11
Vorder- und Hintergrundfarbe

Ähnlich wie beim Farbattribut von <BODY> sehen Style Sheets eine Verallgemeinerung des Hintergrundmusters vom Attribut BACKGROUND bei <BODY> für alle Elemente vor. Mit der Eigenschaft background-image legen Sie eine Grafik fest, die hinter einem HTML-Element dargestellt wird. Während der Normalwert none für keine Grafik steht, stellen Sie mit

background-image

```
H1 {background-image:
      url(http://www.foo.de/back/marmor.gif)}
```

ein, daß die Grafik unter der angegebenen URL als Hintergrund dient.

Style Sheets erlauben eine genaue Kontrolle der Wiederholung dieses Bilds. Dafür dient die Eigenschaft background-repeat. Sie kann folgende Werte annehmen:

background-repeat

- repeat: Normale Wiederholung im Kachelmuster in horizonaler und vertikaler Richtung. Diese Einstellung ist der Normalwert.

- `repeat-x`: Wiederholung nur in horizontaler Richtung.
- `repeat-y`: Wiederholung nur vertikal.
- `no-repeat`: Keine Wiederholung.

In Abbildung 12.12 auf der nächsten Seite sehen Sie die verschiedenen Wiederholungsarten angewendet: Wir benutzen hier eine Tabelle und ordnen jeder einzelnen Tabellenzelle eine eigene Hintergrundgestaltung zu.

Der Internet Explorer von Microsoft hat das Attribut BGPROPERTIES eingeführt, das festlegt, ob eine Grafik beim Scrollen mitbewegt wird oder feststeht.

Style Sheets nehmen diesen Mechanismus mit der Eigenschaft `background-attachment` auf. Beim Wert `scroll` bewegt der Browser die Hintergrundgrafik mit, während `fixed` eine statische Positionierung bewirkt.

Browser beginnen mit der Darstellung einer Hintergrundgrafiken üblicherweise in der linken oberen Ecke des Browser-Fensters. Mit der Eigenschaft `background-position` können Sie dieses Verhalten genau steuern, was natürlich insbesondere bei Grafiken interessant ist, die nur einmalig dargestellt werden.

Als Wert können Sie die Eigenschaft auf ein Paar aus Längenangaben, Prozentangaben oder symbolischer Werte setzen. Die Längenangaben geben den Abstand der linken oberen Ecke der Grafik zur linken oberen Ecke des Elements horizontal und vertikal an. Mit

```
BODY {background-position: 2cm 3cm;
      background-image:
        url(http://www.foo.de/logo.gif)}
```

stellt der Browser ein Logo im Hintergrund 2 Zentimeter vom linken und 3 Zentimeter vom oberen Seitenrand entfernt dar.

Anstelle der absoluten Längenangaben können Sie auch ein Paar aus Prozentwerten angeben, die relativ zur Größe des Elements sind. Die gebräuchlichsten Positionen sind in Style Sheets auch als symbolische Werte darstellbar, wie in Abbildung 12.13 auf Seite 164 gezeigt. Die Position der Grafik können Sie also als ein Paar aus `top`, `center`, `bottom`, `left` und `right` angeben.

`background` schließlich ist wiederum eine Eigenschaft zum Setzen aller Eigenschaften von Hintergrundbildern in einer Zeile. Sie übernimmt Werte für die Eigenschaften `background-color`, `background-image`, `background-repeat`, `background-attachment` und `background-position` in dieser Reihenfolge.

```
<HTML><HEAD>
<STYLE>
TD      {background-image: url(star_gold.gif)}
TD.x    {background-repeat: repeat-x}
TD.y    {background-repeat: repeat-y}
TD.xy   {background-repeat: repeat}
</STYLE>
</HEAD><BODY>
<TABLE BORDER=1 WIDTH=100%><TR>
<TD>Eine Tabellenzelle, eventuell
mit einem Hintergrundmuster</TD>
<TD CLASS="xy">Eine Tabellenzelle, eventuell
mit einem Hintergrundmuster</TD>
</TR><TR>
<TD CLASS="x">Eine Tabellenzelle, eventuell
mit einem Hintergrundmuster</TD>
<TD CLASS="y">Eine Tabellenzelle, eventuell
mit einem Hintergrundmuster</TD>
</TR></TABLE></BODY></HTML>
```

Abbildung 12.12
Unterschiedliche Ausrichtungen von Hintergrundmustern in einer Tabelle

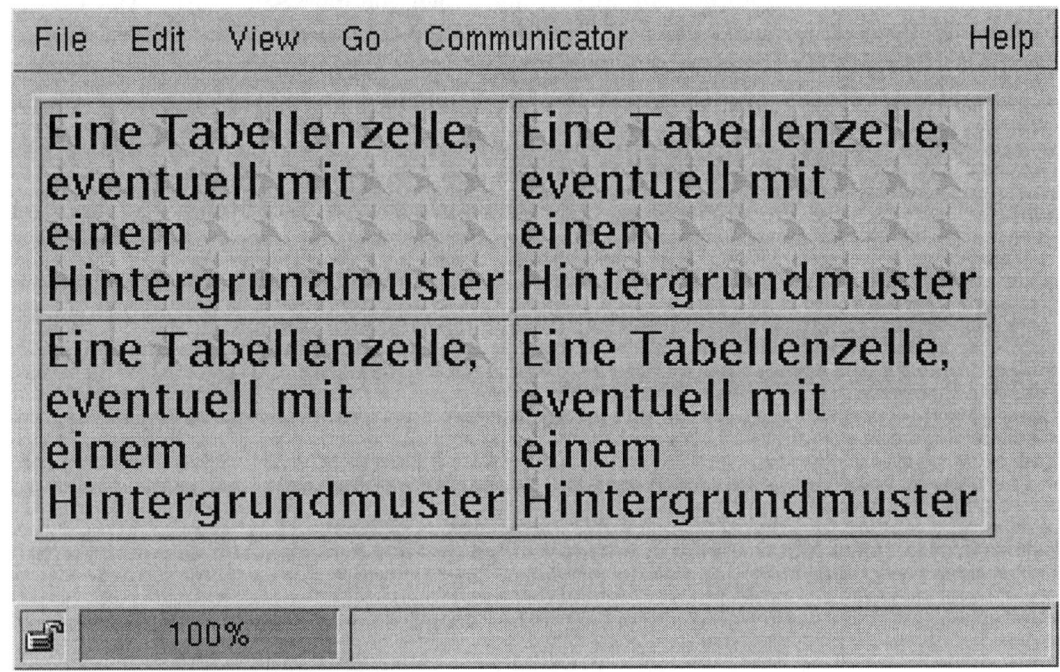

12.11 Schrifteigenschaften

Die Verwendung von Schriften auf Web-Seiten ist sicherlich eines der wichtigsten Gestaltungsmittel. Schriften werden nicht

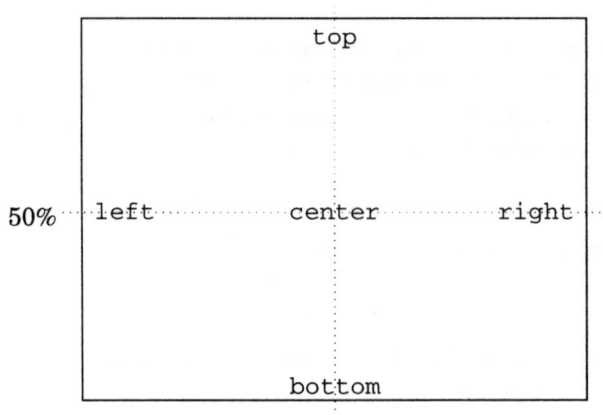

Abbildung 12.13
Symbolische Werte zur Ausrichtung von Hintergrundbildern

nur durch die Angabe einer Schriftart beschrieben, vielmehr gibt es eine Reihe von Parameter die zu einer konkreten Schriftauswahl führen.

Die grundlegenste Eigenschaft ist die Auswahl einer *Schriftfamilie* – oft spricht man auch von der »Schriftart«. Die Eigenschaft `font-family` bestimmt die Schriftfamilie. Ihr Wert ist eine durch Kommas getrennte Liste von Familiennamen, wobei der Browser von links nach rechts versucht, die angegebene Schrift zu verwenden. Oft ist das aber nicht möglich, weil die gewünschte Schrift nicht auf dem Rechner des Lesers vorhanden ist.

`font-family`

Man kann unterscheiden zwischen konkreten Schriften und ihren Namen und generischen Familiennamen, die speziell für Style Sheets definiert sind. Konkrete Namen sind beispielsweise »New Century Schoolbook« (die Schrift, in der dieses Buch gesetzt ist), »Bookman«, »Helvetica«, »Geneva« oder »Ariel«.

Die letzten drei Namen sind interessant. Während »Helvetica« ein Schriftname aus der Typografie ist, stammen die letzteren von Computersystemen – »Geneva« ist die ursprüngliche Systemschrift auf Apple Macintosh-Rechnern, während »Ariel« in Microsoft Windows eingeführt wurde.

Optisch unterscheiden die drei Schriften sich kaum. Tatsächlich werden die beiden Rechnerschriften in Ausdrucken oft durch »Helvetica« ersetzt. Der Grund liegt im Urheberrecht für Schriften, nach dem lediglich der Name einer Schrift geschützt werden kann. Dieselbe Schriftfamilie kann unter einem anderen Namen ohne Lizensierung verwendet werden.

»Ariel« ist praktisch nur auf Windows-Rechnern verfügbar, also kann sie ein Browser unter Unix nicht einsetzen. Eine sinn-

12.11 Schrifteigenschaften

volle Verwendung von `font-family` würde also eine Liste von Schriften enthalten, die mit der speziellsten beginnt:

```
H1 {font-family: "Ariel, Geneva, Helvetica"}
```

Ein Unix-Browser wird mit hoher Wahrscheinlichkeit erst mit »Helvetica« eine installierte Schrift zur Darstellung finden. Da es sich aber auch dabei um eine konkrete Schrift handelt, sehen Style Sheets fünf generische Schriftfamilien vor.

Sie bezeichnen keine bestimmte Schrift, sondern geben nur grundsätzliche Eigenschaften vor. Ein Browser wird zumindest diese Schriften erkennen und geeignet durch eine konkrete Familie ersetzen. Die definierten generischen Schriften sind:

- `serif`: Eine Schrift mit Serifen (»Christine«). Serifen sind die kleinen Verzierungen an den äußeren Enden der Linien, die einen Buchstaben bilden. Sie dienen hauptsächlich dazu, dem Leser eine fortlaufende Linie am unteren Rand der Zeile anzubieten, an der sich die Augen beim Lesen orientieren. Dieses Buch ist in der Serifenschrift »New Century Schoolbook« gesetzt.

- `sans-serif`: Eine serifenlose Schrift (»Christine«). Solche Schriften werden oft in Überschriften verwendet – wie auch in diesem Buch. Bei solchen kurzen Textabschnitten ist die optische Hilfestellung beim Lesen nicht notwendig.

- `cursive`: Eine kursive Schrift (»*Christine*«).

- `fantasy`: Eine Schmuckschrift (»*Christine*«).

- `monospace`: Eine Schrift, in der alle Buchstaben dieselbe Breite haben (»Christine«). In diesem Buch ist der fortlaufende Text in einer Proportionalschrift gesetzt, während wir für HTML-Beispiele die Schrift »Courier« verwenden, in der alle Zeichen gleich breit sind.

Damit das obige Beispiel also in jedem Fall zumindest eine der »Helvetica« ähnliche Schriftauswahl bewirkt, sollten Sie am Ende der Liste eine generische Schrift angeben:

```
H1 {font-family:
     "Ariel, Geneva, Helvetica, sans-serif"}
```

Eine Schriftfamilie besteht aus mehreren Schriftschnitten in unterschiedlichen Stilen. Style Sheets sehen dafür die Eigenschaft `font-style` mit den folgenden symbolischen Werten vor.

- `normal`: Die normale Schrift (»Christine«).
- `italic`: Kursive Schrift (»*Christine*«).
- `oblique`: Umrandete Schrift bei der die Buchstaben »hohl« sind.

Am normalen Buchstaben »a« und dessen kursiver Form »*a*« wird deutlich, daß beispielsweise kursive Schrift tatsächlich andere Buchstabenformen enthält.

Mit »fetter Schrift« bezeichnet man üblicherweise eine Hervorhebung durch dickere Linien der Buchstaben. Der entsprechende Fachausdruck ist im Deutschen »Dickte«, im Englischen »weight«. In Style Sheets kontrollieren Sie mit der Eigenschaft `font-weight`, welche Dickte verwendet werden soll. Die beiden einfachen symbolische Werte `normal` und `bold` schalten normale oder **fette** Schrift ein.

Zur feineren Kontrolle sind in Style Sheets auch die Werte `100`, `200`, `300`, `400`, `500`, `600`, `700`, `800` und `900` vorgesehen, mit denen neun Abstufungen von sehr feiner bis sehr fetter Schrift möglich sind. `normal` entspricht dabei dem Wert `400` und `bold` dem von `700`. Ob ein Browser tatsächlich diese Abstufungen unterstützt, hängt von den auf dem System installierten und entsprechend verwendbaren Schriften ab.

Neben diesen absoluten Einstellungen läßt sich die Dickte mit den Werten `lighter` und `bolder` um jeweils eine Stufe verkleinern und vergrößern.

Die Schriftgröße (»Schriftgrad«) stellt man in Textverarbeitungen üblicherweise in typografischen Punkten ein. Mit Style Sheets können Sie für die Eigenschaft `font-size` eine entsprechende Längenangabe verwenden. Alternativ dazu ist eine Prozentangabe möglich, die sich auf den aktuellen Schriftgrad bezieht. Sollen alle Überschriften erster Stufe doppelt so groß wie der normale Text angezeigt werden, definieren Sie

```
H1 {font-size: 200%}
```

Daneben lassen sich die sieben Größenstufen, die Sie schon vom SIZE bei <FONT> kennen, durch die folgenden symbolischen Werte einstellen: `xx-small`, `x-small`, `small`, `medium`, `large`, `x-large` und `xx-large`.

Schließlich ist eine relative Größenänderung durch die Symbole `larger` und `smaller` möglich, mit denen der Schriftgrad um eine Stufe wächst oder schrumpft.

Neben der Größe der Schrift ist der Zeilenabstand ein wichtiges Maß für die Größeneinstellung. Normalerweise ergibt sich aus dem Schriftgrad ein sinnvoller Zeilenabstand. Bei einer 12-Punkt-Schrift sollten zwischen den Grundlinien zweier Zeilen normalerweise 14 Punkt Abstand sein. Man schreibt für diese Einstellung oft auch, daß die Schriftgröße »12/14« sei.

Mit der Eigenschaft `line-height` können Sie den Zeilenabstand in einem Style Sheet einstellen. Als Wert ist eine absolute Länge möglich, also `line-height: 14pt`. Durch Angabe einer Zahl geben Sie den Zeilenabstand relativ zur Schriftgröße an. Für das 12/14-Beispiel wäre die Style Sheet-Notation `line-height: 1.16`.

line-height

Schließlich kann durch eine Prozentangabe der Abstand relativ zum Zeilenabstand des umgebenden Elements festgelegt werden. Der symbolische Wert `normal` schließlich überläßt es dem Browser, aus dem Schriftgrad einen sinnvollen Zeilenabstand zu ermitteln.

Neben diesen Schrifteigenschaften, die an der Form der Buchstaben nichts Prinzipielles ändern, kann es Varianten eines Zeichensatzes geben. Diese legen Sie mit der Eigenschaft `font-variant` fest. Zwei Werte sind vorgesehen, `normal` für die normale Schrift `small-caps` für Kapitälchen (»CHRISTINE«).

font-variant

Abschließend gibt es für die Schriftauswahl mit `font` wieder eine Eigenschaft, mit der alle relevanten Eigenschaften auf einen Schlag gesetzt werden können.

font

```
font:   font-style font-variant font-weight
        font-size/line-height font-family
```

Beachten Sie, daß hier die beschriebene 12pt/14pt-Notation bei `font-size/line-height` verwendet wird.

12.12 Texteigenschaften

Mit Style Sheets läßt sich eine Reihe von Eigenschaften des dargestellten Texts festlegen. Im Gegensatz zu den Schrifteigenschaften beziehen sie sich eher auf den Text und dessen Manipulation und sind unabhängig von der Schriftart.

Den Leerraum zwischen Wörtern und Buchstaben können Sie mit den Eigenschaften `word-spacing` und `letter-spacing` festlegen. Beide werden mit einer Längenangabe belegt, für die der Browser zusätzlich Leerraum zwischen Wörtern oder Buchstaben einfügt. Mit negativen Längen können Überlappungen bewirkt werden, wenn der Browser dies unterstützt.

word-spacing

letter-spacing

Der Wert `normal` für beide Eigenschaften schaltet jeglichen zusätzlichen Leerraum aus. In Abbildung 12.14 auf der nächsten Seite finden Sie einen Beispielstil für gesperrten Text.

```
<HTML><HEAD>
<STYLE>
P.gesperrt {letter-spacing: 5pt}
</STYLE>
</HEAD><BODY>
<P>Ein normaler Absatz
<P CLASS=gesperrt>Ein Absatz mit
gesperrten Worten
</BODY></HTML>
```

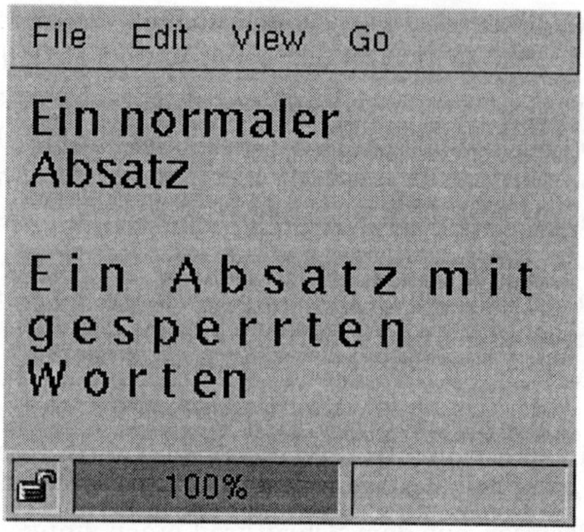

Abbildung 12.14
Gesperrter Text

`text-decoration` Mit der Eigenschaft `text-decoration` legen Sie einfache
`text-decoration` Hervorhebungen von Text fest. Mögliche Werte sind:

- `none` für normalen Text
- `underline` für <u>unterstrichenen Text</u>
- `overline` für überstrichenen Text
- `line-through` für ~~durchgestrichenen Text~~
- `blink` für blinkenden Text

`text-transform` Veränderungen des ursprünglichen Texts ermöglicht die Eigenschaft `text-transform`, die die Groß- und Kleinschreibung in einem Element beeinflußt. Während `none` das Original unverändert läßt, wandelt `uppercase` alles in Großbuchstaben, `lowercase` alles in Kleinbuchstaben um und `capitalize` verändert den jeweils ersten Buchstaben eines Wortes in einen Großbuchstaben.

12.13 Elementeigenschaften

In HTML unterscheidet man zwischen Elementen, die im laufenden Text verwendet werden (»Inline«), beispielsweise `<B>`, jenen, die einen Textblock umfassen, z.B. `<P>`, und den Listen – hier ist `<UL>` ein Beispiel.

`display` Mit Style Sheets läßt sich diese Grobeinteilung explizit mit der Eigenschaft `display` für Elemente festlegen. Mögliche Werte sind `inline`, `block`, `list-item` und `none` für die Standardklassifikation.

In HTML werden mehrere Leerzeichen und Zeilenumbrüche normalerweise als einziges Leerzeichen behandelt. Eine Ausnahme ist `<PRE>`, bei dem mehrere Leerzeichen entsprechend mehr Platz einnehmen und Zeilenenden auch eine neue Zeile in der Darstellung bewirken.

In Style Sheets können Sie über die Eigenschaft `white-space` dieses Verhalten für jedes Element einführen. Mit dem Wert `pre` beachtet ein Element Leerzeichen und Zeilenumbrüche.

In Abbildung 12.15 finden Sie zwei Wege, um vorformatierten Text mit einer normalen Schrift darzustellen. Die erste Methode verwendet `white-space` mit dem genannten Wert. Alle Absätze der Klasse `pre` werden dann wie dargestellt vom Browser angezeigt. Alternativ dazu kann man natürlich auch einfach die bei `<PRE>` verwendete Schrift durch `font-family` ändern.

```
<HTML><HEAD>
<STYLE>
P.pre      {white-space: pre}
PRE.serif  {font-family: serif}
</STYLE>
</HEAD><BODY>
<P CLASS=pre>Ein Absatz,
der entsprechend seiner
    Formatierung in der Quelle
dargestellt wird</P>

<PRE CLASS=serif>Ein Absatz,
der entsprechend seiner
    Formatierung in der Quelle
dargestellt wird</PRE>
</BODY></HTML>
```

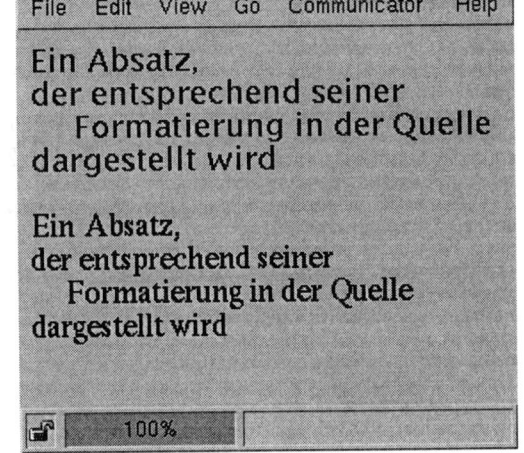

Abbildung 12.15
Beachtung von Leerzeichen und Zeilenumbrüchen

Weitere Werte für `white-space` sind `normal` für die Einstellung des normalen Verhaltens und `nowrap`, womit zwar Leerzeichen und Zeilenenden ignoriert werden, der Browser aber nur beim Auftreten von `<BR>` eine neue Zeile beginnt. Dieses Verhalten haben Sie schon beim `<NOBR>`-Tag in Abschnitt 3.6 auf Seite 44 kennengelernt.

12.14 Ausrichtung

`vertical-align`

Die vertikale Ausrichtung eines Elements kann relativ zur Grundlinie der umgebenden Darstellung mit der Eigenschaft `vertical-align` festgelegt werden. Folgende symbolische Werte sind vorgesehen:

- `baseline`: Ausrichtung der Grundlinie des Elements an der Grundlinie der Umgebung. Dieser Wert ist die Normaleinstellung.

- `top`: Ausrichtung der Oberkante an der Oberkante der laufenden Zeile.

- `text-top`: Ausrichtung der Oberkante des Elements mit der Oberkante des umgebenden Texts.

- `middle`: Ausrichtung der Mitte des Elements mit der Mitte des umgebenden Texts. Diese Mitte ergibt sich genau aus der Grundlinie plus der halben Höhe von Kleinbuchstaben.

- `text-bottom`: Ausrichtung der Unterkante des Elements mit der Unterkante des umgebenden Texts.

- `bottom`: Ausrichtung der Unterkante an der Unterkante der laufenden Zeile.

- `sub`: Tiefstellung im Indexlayout (Normal$_{sub}$).

- `super`: Hochstellung im Exponentenlayout (Normal^{super}).

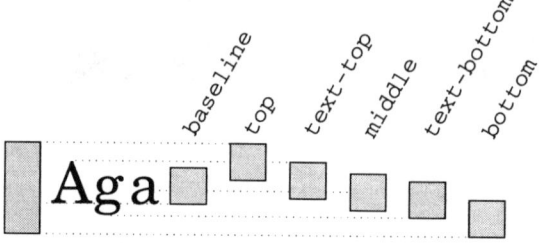

Abbildung 12.16
Die Einstellungen bei vertical-align

`line-height`

Schließlich können Sie mit einer Prozentangabe das Element relativ zu dessen geltenden `line-height` vertikal bewegen. Mit `vertical-align: 50%` wird es um die Hälfte seiner Zeilenhöhe nach oben verschoben. Negative Werte bewirken eine Verschiebung nach unten.

`text-align`

Die Ausrichtung von Text innerhalb eines Elements steuert `text-align`. Mögliche Werte sind `left` für linksbündige Ausrichtung, `center` für Zentrierung, `right` für rechtsbündige Ausrichtung und `justify` für linken und rechten Randausgleich, also Blocksatz.

Wie in diesem Buch wird oft die erste Zeile eines Absatzes eingerückt. Dadurch ist der Anfang eines Absatzes leichter erkennbar. Mit der Eigenschaft `text-indent` können Sie eine entsprechende Längenangabe für HTML-Elemente machen.   `text-indent`

12.15 Gleitende Elemente

Elemente können mit Style Sheets gleitend gemacht werden. Damit werden sie nicht an der Stelle ihres Auftretens im HTML-Text dargestellt, sondern finden am linken oder rechten Rand, Platz während die anderen Elemente um sie herumfließen. In Abschnitt 3.5 auf Seite 40 hatten Sie diese Möglichkeit schon mit dem `ALIGN`-Attribut beim `<IMG>`-Tag kennengelernt.

Mit der Eigenschaft `float` stellen Sie dieses Verhalten für beliebige Tags ein. Mögliche Werte sind `left` und `right` für eine gleitende Positionierung am linken oder rechten Rand. `none` schaltet die Darstellung an der Stelle des Auftretens im HTML-Text wieder ein.   `float`

Man möchte dabei aber auch verhindern, daß beispielsweise Grafiken aus einem mit `<H1>` markierten Kapitel in das nächste rutschen. Daher bestimmt die Eigenschaft `clear` bei einem Element, ob zuvor alle noch nicht dargestellten gleitenden Elemente angezeigt werden. Mit dem Wert `left` stellt der Browser alle Gleitelemente dar, die an den linken Rand bewegt wurden, mit `right` die am rechten Rand und mit `both` beide. `none` ist der Normalwert, der gleitende Elemente unbeeinflußt läßt. Um alle Elemente vor einer neuen Kapitelüberschrift auszugeben, würden Sie die folgende Festlegung verwenden: `clear`

```
H1 {clear: both}
```

12.16 Listen

Bei Elementen, die durch `display` mit dem Wert `list-item` als Listenpunkte kategorisiert sind, kann mit `list-style-type` die Art der Markierung definiert werden.   `list-style-type`

Für unsortierte Listen sind die Werte `disc`, `circle` und `square` vorgesehen, mit denen ein ausgefüllter oder hohler Kreis und ein kleines Quadrat als Markierung verwendet werden. Diese

Eigenschaften werden ohne Style Sheets mit dem `TYPE`-Attribut bei `<UL>` gesteuert.

Bei Aufzählungen legt die Eigenschaft die Art der Numerierung fest. Ähnlich wie beim `TYPE`-Attribut bei `<OL>` stellt `upper-alpha` Großbuchstaben, `lower-alpha` Kleinbuchstaben, `upper-roman` große römische Ziffern, `lower-roman` kleine römische Ziffern und `decimal` arabische Numerierung ein. Mit dem Wert `none` schließlich schaltet man die Markierung der Listenelemente aus.

Wollen Sie anstelle der vordefinierten Typen ein Bild zur Markierung verwenden, bestimmen Sie mit der Eigenschaft `list-style-image` dessen URL.

list-style-image

Die Position der Markierung legen Sie mit der Eigenschaft `list-style-position` fest. Sie kann mit `outside` freigestellt sein oder mit `inside` innerhalb des Listeneintrags liegen. Abbildung 12.17 zeigt den Effekt.

list-style-position

Abbildung 12.17
Mögliche Positionen der Listenmarkierung

outside	inside
❑ Listeneinträge mit unterschiedlicher Markierungsposition.	❑ Listeneinträge mit unterschiedlicher Markierungsposition.

list-style

Schließlich ist mit `list-style` wiederum eine Eigenschaft vorgesehen, mit der die Listeneigenschaften zusammen gesetzt werden können. Ihre drei Werte entsprechen `list-style-type`, `list-style-image` und `list-style-position`.

12.17 Eigenschaften bei Ausgabe auf Papier

Ein Browser-Fenster ist nur ein mögliches Ausgabemedium für HTML-Seiten. Andere Medien sind beispielsweise Druckerpapier oder gesprochene Sprache. Dabei ist die Ausgabe einer HTML-Seite auf dem Drucker momentan ein echtes Qualitätsproblem: Grafiken werden zerschnitten, Seitenumbrüche befinden sich an den unpassensten Stellen, und oft sind Seiten für ein typisches Bildschirmlayout entworfen und zu breit für das hochformatige Druckerpapier.

Um diese Probleme etwas zu lösen, sind einige Eigenschaften in Style Sheets vorgesehen,die sich auf ausgedruckte HTML-Seiten beziehen.

12.17 Eigenschaften bei Ausgabe auf Papier

Für die Kontrolle von Seitenumbrüchen lassen sich bei allen Elementen die Eigenschaften `page-break-before` und `page-break-after` setzen. Sie bestimmen in welcher Weise der Drucker eine neue Seite vor oder nach dem Element beginnen soll. Mögliche Werte sind:

- `auto`: Seitenumbruch, wenn Seite voll.
- `allways`: Immer einen Seitenumbruch vor oder nach dem Element.
- `left`: Ein oder zwei Seitenumbrüche, so daß die Darstellung auf einer linken, also einer geraden Seite beginnt.
- `right`: Ein oder zwei Seitenumbrüche, so daß die Darstellung auf einer rechten, also einer ungeraden Seite beginnt.

Um wie in diesem Buch alle Kapitel der obersten Gliederungsstufe auf einer rechten Seite beginnen zu lassen, würde man

```
H1 {page-break-before: right}
```

verwenden. Der sicherlich noch fehlende Wert zum Vermeiden eines Seitenumbruchs beispielsweise nach einer Überschrift ist noch in der Standardisierungsphase.

Um die Seitenränder beim Ausdruck festzulegen, bieten sich die oben beschriebenen `margin`-Eigenschaften an. Allerdings ist das Element »Druckseite« natürlich nicht in HTML vorgesehen. Sie können sich aber mit dem Pseudoelement `@page` abhelfen, das die Eigenschaften `margin-left`, `margin-right`, `margin-top`, `margin-bottom` und `margin` beachtet. Um einen linksbündigen Rand von 2 Zentimetern zu erzwingen schreibt man:

```
@page {margin-left: 2cm}
```

Neben den Rändern ist die Ausrichtung der Seite eventuell wichtig. Hierzu dient die Eigenschaft `size`, die wiederum für `@page` definiert ist. Sie kann folgende Werte annehmen:

- `portrait`: Hochformat
- `landscape`: Querformat
- `auto`: Format entsprechend der Voreinstellung
- Ein oder zwei Längenangaben: Absolute Höhe und Breite der Seite

`marks`	Schließlich können Sie mit der Eigenschaft `marks` festlegen, ob die Druckseite mit kleinen Markierungen versehen ist, die den tatsächlichen Rand des Druckbereichs anzeigen. Man benötigt diese Markierungen beispielsweise, um mehrere Seiten auf einem Druckbogen paßgenau auszurichten. Neben dem Normalwert `none` – keine Markierungen – sind `crop` und `cross` als Werte vorgesehen, wobei bei ersterem kleine Ecken als Markierung (⌈Text⌉) verwendet werden, während bei letzterem kleine Kreuze die Seitengrenze anzeigen ($^+$Text$^+$).

✗	Mit diesen Eigenschaften ist ein erster Schritt zur Darstellung von HTML-Seiten auch auf anderen Medien als dem Bildschirm getan. Allerdings lassen sie sich noch lange nicht mit den Möglichkeiten mächtiger Textsatz-Software vergleichen. Die Arbeit in diesem Bereich der Style Sheets ist noch nicht vom W3C abgeschlossen, und es ist zu erwarten, daß noch weitere Eigenschaften und Mechanismen definiert werden.

13 Das Hypertext-Transfer-Protokoll HTTP

Das Web ist ein verteiltes System, in dem Server, Clients und viele andere Programme miteinander kommunizieren. Dazu verwenden sie das Hypertext-Transfer-Protokoll HTTP, das in der Version 1.0 in einem Internet-RFC von Tim Berners-Lee, Roy Fielding und Hendrik Nielsen festgelegt ist ([3]).

Normalerweise wird man als Web-Nutzer die im HTTP festgelegten Abläufe nicht mitbekommen. Als Gestalter von HTML-Seiten kann man allerdings mit dem <META>-Tag über das Attribut HTTP-EQUIV (siehe Abschnitt 2.5 auf Seite 22) zusätzliche HTTP-Mitteilungen festlegen, die für eine Seite an den Browser mitgeschickt werden sollen. Noch wichtiger ist die Kenntnis von HTTP bei der Programmierung von CGI-Skripten für dynamische Dokumente (siehe Kapitel 14 auf Seite 195), da dabei Ausgaben entsprechend HTTP erzeugt werden müssen.

Das HTTP legt das Format, den Inhalt von Mitteilungen zwischen Client und Server sowie deren Abfolge fest. Alle Mitteilungen werden zeilenweise als ASCII-Zeichenketten ausgetauscht, wodurch HTTP unabhängig von maschinenspezifischen Darstellungen von Zahlen ist.

Der Ablauf einer Kommunikation zwischen Client und Server ist immer derselbe: Der Browser schickt eine *Request*-Mitteilung (für »Anforderung«) an den Server, die dieser mit einer *Response*-Mitteilung (für »Antwort«) beantwortet. HTTP legt den Aufbau und die Bedeutung dieser Mitteilungen fest.

Alle HTTP-Mitteilungen bestehen aus einer Reihe von beschreibenden Informationen und, durch eine Leerzeile davon getrennt, einem Inhalt. Die sogenannten »Header« geben Auskunft über die Mitteilung, die Art der Anforderung oder der Antwort und über den Inhalt selber. Sie bestehen aus einzelnen Zeilen der Form

```
Headername: Headerwert
```

Die Header müssen keiner besonderen Ordnung folgen; in der Abbildung 13.1 sind sie nur aus Darstellungsgründen gegliedert.

*Abbildung 13.1
Aufbau von
HTTP-Mitteilungen*

Request-Mitteilung	*Response-Mitteilung*
`Request-Art`	`Status`
`Mitteilungsbeschreibung`	`Mitteilungsbeschreibung`
`Anforderungsbeschreibung`	`Antwortbeschreibung`
`Inhaltsbeschreibung`	`Inhaltsbeschreibung`
`Leerzeile`	`Leerzeile`
`Inhalt`	`Inhalt`

In den folgenden Abschnitten gehen wir genauer auf die in HTTP definierten Header ein.

13.1 Allgemeine Header

Die allgemeinen Header-Felder beschreiben die Mitteilung selber und können in jeder HTTP-Mitteilung vorkommen. Momentan sind die folgenden Header definiert.

`Date:` *Datum*

Der Wert von `Date:` enthält Datum und Uhrzeit des Abschikkens der Mitteilung. In HTTP sind drei Formate für die Darstellung eines Datums vorgesehen ([8], [6]):

Format	Beispiel
RFC 822/1123	`Sat, 03 Jun 1995 09:12:50 GMT`
RFC 850/1036	`Saturday, 01-Nov-94 09:12:50 GMT`
ANSI-C	`Sat Jun 3 09:12:50 1995`

Dabei sind alle Uhrzeiten immer an der Greenwich Mean Time GMT gemessen und müssen entsprechend aus der lokalen Zeit errechnet werden.

Das Vorhandensein dreier unterschiedlicher Formate hat historische Gründe. Alle Programme, die HTTP verwenden, müssen in der Lage sein, alle drei zu verarbeiten. Zukünftig sollen aber nur noch Datumsangaben nach dem Internet-RFC 1123 erzeugt werden, da dieses Format immer gleich lange Datumsangaben bewirkt und auch noch im nächsten Jahrhundert zu verwenden ist. Die Wochentagskürzel dabei lauten, beginnend mit Montag, `Mon, Tue, Wed, Thu, Fri, Sat` und `Sun`. Die Monatskürzel lauten, beginnend mit Januar, `Jan, Feb, Mar, Apr, May, Jun, Jul, Aug, Sep, Oct, Nov` und `Dec`.

`Message-ID: <ID>`

Eine Mitteilung kann mit einer eindeutigen Identifizierung versehen werden, die durch den Absender im Header `Message-ID:` vermerkt ist. Üblicherweise kann die weltweite Eindeutigkeit erreicht werden, indem man zunächst eine rechnerweit eindeutige Identifikation – z.B. durch einen Zähler und eine Prozeß- oder Nutzernummer – erzeugt und dann den Rechnernamen mit einem @ getrennt anhängt.

`MIME-Version: x.y`

besagt, daß der Inhalt nach dem MIME-Standard ([4, 13]) in der Version *x.y* zusammengesetzt wurde. HTTP hält sich nicht genau an MIME, basiert aber darauf. Standardwert ist MIME 1.0.

`Forwarded: by URL (Produkt) for Host`

Auf dem Weg zwischen Server und Browser können weitere Programme zwischengeschaltet sein, z.B. ein Proxy. Wenn der Browser eine Seite holen will, wendet er sich nicht an den eigentlichen Server, der in der URL angegeben ist, sondern an ein solches Proxy-Programm.

Dessen Hauptzweck ist folgender: Ein Proxy kann Seiten zwischenspeichern und für weitere Zugriffe bereithalten. Einrichtungen mit sehr vielen Benutzern verwenden einen solchen »Cache«, um damit die Zugriffszeiten erheblich zu beschleunigen, weil durch die Zwischenspeicherung die Anzahl der Zugriffe über das Internet kleiner wird.

Wenn zwischen Clients und Server eine Mitteilung von verschiedenen Programmen wie Proxies weitergereicht wird, soll diese Weitergabe jeweils durch den Header `Forwarded:` dokumentiert werden. Dabei identifiziert sich ein Proxy durch seine URL und eventuell eine Angabe, um welches Programm es sich handelt (*Produkt*). Er kann zusätzlich vermerken, von welchem Rechner die Mitteilung an den Proxy gesendet wurde (*Host*). Damit läßt sich der Transportweg der Mitteilung nachvollziehen.

`X-...`

Zusätzliche, nicht standardisierte Header können jederzeit eingestreut werden. Sie müssen allerdings mit den Zeichen `X-` beginnen.

Die dargestellten Header können bei allen Mitteilungen, egal ob Anforderung oder Antwort, auftreten. In den folgenden Abschnitten stellen wir die besonderen Header vor, die jeweils einem Mitteilungstyp zugeordnet sind.

13.2 Request-Mitteilungen

Alle Anforderungsmitteilungen werden von einer Zeile eingeleitet, in der steht, welche Methode auf welcher Seite ausgeführt werden soll und welche Version des HTTP der Client »spricht«.

Methode URL HTTP/*x.y*

Die Angaben zur HTTP-Version bestehen immer aus der Nummber der Haupt- und der Unterversion. Die erste verbreitete HTTP-Definition legte das Protokoll in der Version 0.9 fest, momentan ist 1.0 aktuell und erste Überlegungen zur Version 1.1 werden angestellt.

Der Kern des Zusammenspiels von Client und Server bilden die HTTP-Methoden. In HTTP 1.0 sind sieben Methoden vorgesehen, deren Parameter die angegebene URL ist:

- GET

    Der Server liefert die durch die *URL* identifizierte Seite zurück oder startet ein dadurch bezeichnetes CGI-Skript und liefert dessen Ausgabe als Ergebnis der Methode.

    Eine Variante von GET wird ausgeführt, falls der Header If-Modified-Since: (beschrieben auf Seite 182) in der Anforderungsmitteilung vorhanden ist. In diesem Fall schikkt der Server eine Seite nur dann, wenn sie nach dem in dem Header-Feld angegebenen Datum verändert wurde. Ansonsten liefert er den Status-Code 304 (beschrieben auf Seite 185) zurück.

- HEAD

    Mit HEAD fordert ein Client nicht den Inhalt der Seite *URL* an, sondern nur die Antwort-Header. Man kann damit Informationen über eine Seite einholen, ohne den Inhalt transferieren zu müssen.

- PUT

    Das Gegenteil von GET: Der mit der Anforderungsmitteilung geschickte Inhalt soll unter der *URL* abgespeichert werden. Ersetzt der Inhalt eine schon vorhandene Seite, ist der zurückgelieferte Status-Code 200 (beschrieben auf Seite 184), ist die URL neu, erhält man als Antwort 201 (siehe auf Seite 184).

Falls der Server den Inhalt nicht unter der angegebenen URL abspeichern kann, antwortet er mit 301 (siehe auf Seite 185) und der Client muß eine andere URL wählen und PUT erneut ausführen lassen.

❏ POST

POST erzeugt keine neue Seite wie PUT, sondern soll das Hinzufügen von Informationen zu der durch die URL bezeichnete Information bewirken. Die Methode findet ihre hauptsächliche Anwendung beim Aufruf von Skripten (siehe Kapitel 14 auf Seite 195), bei denen Informationen aus einem Formular dem Skript »hinzugefügt« werden. Das genaue Verhalten der Methode POST ist nicht im Standard festgelegt und hängt davon ab, welche Informationseinheit in der URL bezeichnet ist. Möglich wäre beispielsweise das Veröffentlichen eines Artikels in einer News-Gruppe mit

```
POST news:comp.lang.perl
```

Wenn Sie nicht selber einen Server oder Client programmieren wollen, reicht die Kenntnis über die Verwendung von POST im Zusammenhang mit CGI-Skripten aus.

Als Antwort-Codes können sich bei POST 200 (siehe auf Seite 184) oder 204 (siehe auf Seite 184) ergeben. Hat die Methode zu der Erzeugung einer neuen Seite geführt, antwortet der Server mit 201 (siehe auf Seite 184) und deren URL in einem Antwort-Header.

❏ DELETE

Die mit URL bezeichnete Seite wird vom Server gelöscht. Er antwortet mit Status-Code 200 (beschrieben auf Seite 184), falls die Antwort weitere Informationen enthält, 204 (siehe auf Seite 184), falls nicht, und 202 (siehe auf Seite 184), falls der Server das Löschen erst später ausführen wird.

Die weiteren in den HTTP-Definitionen beschriebenen Informationen werden kaum implementiert und spielen keine größere Rolle.

13.3 Request-Header

Bei Requests des Clients an den Server kann er in zusätzlichen Header-Zeilen weitere Informationen zu der Anfrage senden. Sie werden wie die allgemeinen Mitteilungs-Header in der Notation `Headername: Headerwert` zeilenweise geschickt.

Die folgenden Header sind als Request-Header in HTTP 1.0 vorgesehen.

```
Accept: Medienart/Variante; q=Qualit"at;
mxb=Maximale Gr"oße
```

Clients können angeben, welche Art von Inhalt sie als Antwort akzeptieren. Dies geschieht mit dem Wert des Headers `Accept:`. In ihm steht ein MIME-Medientyp, eventuell angereichert durch eine Qualitätsangabe in `q` und eine maximale Größe für den Antwortinhalt in `mxb`.

Angaben über mehrere, unterschiedliche Festlegungen für unterschiedliche Medienarten werden durch ein Komma getrennt angegeben. Das folgende Beispiel teilt dem Server mit, daß er als Antwort nur Postscript-Files schicken soll, die kleiner als 200 000 Bytes sind:

```
Accept:   text/postscript; mxb=200000
```

Meistens machen solche Einschränkungen aber keinen Sinn, da praktisch alle Browser jegliche Medienart empfangen und dann notfalls abspeichern können. Dementsprechend ist der Standardwert für die akzeptablen Medientypen `*/*`. Wenn Sie mit diesem Header kompliziertere Einstellungen vornehmen wollen, müssen Sie sich zunächst mit den Details von MIME auseinandersetzen.

```
Accept-Charset: Zeichensatz
```

Ein Browser kann vom Server mit `Accept-Charset:` dem Server mitteilen, daß er nur Seiten akzeptiert, die Zeichen aus bestimmten Zeichensätzen enthalten. Die Tabelle in Abbildung 13.2 listet mögliche Werte für dieses Header-Feld.

Abbildung 13.2 *Werte für* `Accept-Charset:`

US-ASCII		
ISO-8859-1	ISO-8859-2	ISO-8859-3
ISO-8859-4	ISO-8859-5	ISO-8859-6
ISO-8859-7	ISO-8859-8	ISO-8859-9
ISO-2022-JP	ISO-2022-JP-2	ISO-2022-KR
UNICODE-1-1	UNICODE-1-1-UTF-7	UNICODE-1-1-UTF-8

Dabei sind `US-ASCII` und `ISO-8859-1` die Standardwerte, die jeder Browser akzeptiert und nicht extra in `Accept-Charset:` angeführt werden. Die verschiedenen ISO-8859-Varianten bezeichnen Zeichensätze, die regionale Besonderheiten außerhalb

Westeuropas berücksichtigen. UNICODE ist ein internationaler Standard für die Kodierung besonders großer Zeichenmengen mit 16-Bit-Zeichen.

`Accept-Encoding:` *Kodierung*

Der Client kann mit `Accept-Encoding:` dem Server mitteilen, daß er bestimmte Kodierungen des Inhalts verarbeiten kann. Dabei unterschiedet man zwischen der Kodierung des Inhalts und einer Kodierung, die für seinen Transfer verwendet wird. Definierte Werte finden Sie in Abbildung 13.3 aufgelistet.

Inhaltskodierung
Binäre Daten	`binary`
8-Bit-Daten	`8bit`
7-Bit-Daten	`7bit`
`uuencode`-codiert	`quoted-printable`
`base64`-codiert	`base64`

Transferkodierung
`gzip`-komprimiert	`gzip`
`compress`-komprimiert	`compress`

Abbildung 13.3
Kodierungsmechanismen in HTTP

Bei binären Daten findet keinerlei Kodierung statt. Für 8-Bit-Daten – die zeilenweise verschickt werden – gelten dabei die Einschränkungen, daß weder die Zeichenfolge CR/LF für das Zeilenende, noch das Null-Zeichen vorkommt und daß die Zeilen nicht länger als 1 000 Zeichen sind. Bei 7-Bit-Daten dürfen in den Zeilen nur Zeichen aus dem 7-Bit-ASCII-Zeichensatz vorkommen. `uuencode` und `base64` sind Inhaltsdarstellungen, bei denen binäre Daten in eine ASCII-Darstellung gewandelt werden.

Zur Übertragung kann der Inhalt komprimiert werden. Dafür werden in HTTP die Packprogramme `compress` und `gzip` unterstützt. Kann ein Browser beispielsweise `gzip`-Komprimierung unterstützen, schickt er einen Header `Accept-Encoding: gzip`.

`Accept-Language:` *Sprachk"urzel*

Dieser Header ist vorgesehen, um bestimmte Versionen einer Seite, die in mehreren Sprachen vorliegt, anzufordern. Der Wert des Header-Felds ist ein Sprachkürzel entsprechend der Definition im Anhang A auf Seite 263. Sei als Beispiel die Zeile

`Accept-Language:   de, en`

in der Request-Mitteilung enthalten, dann soll der Server eine deutschsprachige Version der Seite bevorzugt senden; falls diese nicht vorhanden ist, soll er eine englischsprachige Seite schikken. Momentan sind erst wenige Server verfügbar, die einen solchen Mechanismus beherrschen. Ein erster Ansatz, ein solches Schema mit HTML zu verwirklichen, ist mit dem LANG-Attribut des Tags <BODY> vorgesehen.

Momentan entstehen die ersten Browser, bei denen man eine solche Sprachauswahl einstellen kann. Gleichzeitig gibt es die ersten Server – beispielsweise Apache –, die es verarbeiten.

`If-Modified-Since:` *Datum*

Wie auf Seite 178 beschrieben, gibt es eine Variante der GET-Methode, die auf `If-Modified-Since:` beruht. Nur, falls eine Seite nach dem angegebenen *Datum* verändert wurde, liefert der Server deren Inhalt an den Clienten zurück.

`From:` *Absender*

enthält die E-Mail-Adresse der Person, die für den anfordernden Browser zuständig ist. Ein Beispiel wäre die Zeile

`From: user@foo.bar`

Nach dem HTTP-Entwurf wird empfohlen, daß `From:` nicht ohne die Zustimmung des Benutzers gesendet wird, da Anforderungen eigentlich anonym ablaufen. Es kann aber sinnvoll sein, diesen Header zu verwenden, falls z.B. anstelle eines Browsers ein automatischer Roboter die Anforderung schickt, damit in Fehlersituationen eine reale Person per e-mail angesprochen werden kann.

`User-Agent:` *Produkt/Version*

Mit diesem Header kann der Browser Auskunft über sich selber geben. Der Wert besteht aus einem Produktnamen, gefolgt von einer Identifikation einer bestimmten Version. Greift man beispielsweise mit Netscape auf einen Server zu, wird als Produktname `Mozilla` mit `User-Agent:` verschickt (Netscape hieß anfangs Mozilla). Verwendet man Netscape unter X-Windows 11 auf einer SUN mit dem Betriebssystem Solaris 2.4 und einem Micro- oder SuperSparc Prozessor, so wird die Browser-Version wie folgt vermerkt:

`User-Agent: Mozilla/1.1N (X11; I; SunOS 5.4 sun4m)`

An den Wert von `User-Agent:` können auch weitere Informationen angehängt werden. Falls besagter Netscape einen Proxy-Server auf CERN-Basis verwendet, kann beispielsweise folgende Information erzeugt werden (die Zeile ist hier wegen der Seitenbreite umbrochen worden):

```
User-Agent: Mozilla/1.1N (X11; I; SunOS 5.4 sun4m)
    via proxy gateway  CERNb-HTTPD/3.0 libwww/2.17
```

`Referer:` *URL*

Im Web ist es nicht möglich, ohne weiteres herauszufinden, auf welchen Seiten sich ein bestimmter Link befindet. Wenn man einem Link folgt, weiß der Server, der die neue Seite liefert, nicht, auf welcher Seite man vorher war. Diese Information wäre aber durchaus sinnvoll zu verwenden, beispielsweise um Statistiken zu führen oder um zu vermerken, auf welchen anderen Seiten eine URL referenziert wird.

Der Client kann den Server unterstützen, indem er den Header `Referer:` mitschickt, die die URL der vorherigen Seite enthält. Leider können sich die Server nicht darauf verlassen, daß sich alle Clienten so verhalten, so daß eine Auswertung dieses Headers immer nur eingeschränkte Informationen liefern kann.

`Authorization:` *??*

Wenn eine Seite mit Paßwort geschützt ist, beantwortet der Server eine Anforderung zunächst mit der Nachfrage nach einer Autorisierung. Der Client erfragt dann das Paßwort beim Benutzer und schickt die Anforderung erneut ab, wobei er das Paßwort aber zusätzlich in den `Authorization:`-Header packt. Je nach Implementierung kann er es auch automatisch bei nachfolgenden Anfragen beim gleichen Server für Dateien im selben Directory schicken.

`Pragma:` `no-cache`

Wenn eine Antwort durch verschiedene Proxies übermittelt wird, können durch den Header `Pragma:` Hinweise gegeben werden, wie sie mit der Mitteilung umgehen. In HTTP 1.0 ist nur der Wert `no-cache` definiert, der besagt, daß ein Proxy den Inhalt nicht in seinen Cache kopieren soll.

Eine Request-Mitteilung mit den entsprechenden Headern bewirkt beim Server die Ausführung der angeforderten Methode. Er antwortet mit einer Mitteilung gleicher Struktur, aber mit anderen Headern.

13.4 Response-Mitteilungen

Die Antwort des Servers an den Client besteht aus einem Status-Code, einer Reihe zusätzlicher Header über die Antwort und Header zum Inhalt der Antwort.

Die Status-Codes ab 200 geben an, daß die Methode erfolgreich ausgeführt wurde. Die einzelnen Codes sind:

- 200 – OK

  Die angeforderte Methode wurde erfolgreich ausgeführt und eine gültige Antwort befindet sich im Rest der Response-Mitteilung.

- 201 – Created

  Zusätzlicher Antwort-Header: URI.

  Die Methoden PUT und POST können zum Erzeugen neuer Seiten beim Server führen. Die Meldung bestätigt die Erzeugung. Zusätzlich wird mit dem Header URI: die URL der neuen Seite zurückgeliefert.

- 202 – Accepted

  Werden Methoden nicht sofort vom Server ausgeführt, sichert er mit diesem Status die spätere Ausführung zu.

- 203 – Provisional Information

  Nur bei Methoden GET, HEAD.

  Falls die Methoden GET oder HEAD von einem Proxy ausgeführt werden, kann er Zusatzinformationen in den Headern vermerken. Daß es sich nicht um die Originalversion der Header handelt, sagt dabei diese Meldung aus. Ein Beispiel für einen solchen von einem Proxy erweiterten Header finden Sie auf der vorherigen Seite, bei der ein Proxy seine Identifikation an den Header User-Agent: hängt.

- 204 – No Content

  Die angeforderte Methode wurde erfolgreich ausgeführt. Es gibt aber keine Antwort im Rest der Response-Mitteilung, so daß der Browser die aktuelle Darstellung nicht zu ändern braucht. Der Code kann als Ergebnis von Methoden geliefert werden, die keinen eigentlichen Inhalt anfordern.

Ab Code-Nummer 300 folgen Status-Meldungen, aufgrund derer weitere Aktivitäten des Clients nötig sind, um die Methode doch noch erfolgreich abzuschließen:

13.4 Response-Mitteilungen

- 300 – Multiple Choices

  Der Server kann die angeforderte Information aus unterschiedlichen Dateien lesen. Grund kann sein, daß mit dem Header `Accept:` verschiedene Medientypen möglich sind, aus den Qualitäts- und Längenangaben aber keine eindeutige Wahl getroffen werden kann. Der Client muß aus einer mitgeschickten Liste möglicher Dateien selber eine auswählen.

- 301 – Moved Permanently

  Zusätzliche Antwort-Header: `URI`, `Location`.

  Die angeforderte Seite wurde an einen anderen Ort verschoben. Die neue URL ist in `URI:` und `Location:` vermerkt. Der Browser kann daraufhin automatisch eine neue Anforderung mit der neuen URL durchführen und eventuell sogar den Link, auf den geklickt wurde, ändern.

  Falls Sie Ihre Hypertext-Seiten verändern, bietet es sich an, eine Seite zu hinterlassen, die mit `<META>` und dem Attribut `HTTP-EQUIV` den neuen Ort mitteilt:

  ```
  <HTML><HEAD><TITLE>Moved!</TITLE>
  <META HTTP-EQUIV="URI" CONTENT="Neue URL">
  <META HTTP-EQUIV="Location"
  CONTENT="Neue URL">
  </HEAD><BODY>
  Diese Seite ist umgezogen nach
  <A HREF="Neue URL">Neue URL</A>
  </BODY></HTML>
  ```

- 302 – Moved Temporarily

  Zusätzliche Antwort-Header: `URI`, `Location`.

  Die angeforderte Seite ist nur zeitweise an anderer Stelle zu finden. Der Client sollte nicht versuchen, Links zu ändern.

- 304 – Not Modified

  Nur bei Methode `GET`.

  Falls bei einem `GET` der Header `If-Modified-Since:` in der Anforderung angegeben war, liefert der Server diesen Status-Code, falls die betreffende Seite nach dem im Header angegebenen Datum nicht verändert wurde.

Mit Nummer 400 beginnen Status-Codes, die angeben, daß die Anforderung eine falsche Syntax hatte oder die Methode nicht ausgeführt werden kann.

- 400 – Bad Request

  Die Anforderung war syntaktisch falsch oder kann aufgrund anderer Angaben in der Anforderung nicht ausgeführt werden.

- 401 – Unauthorized

  Zusätzlicher Antwort-Header: `WWW-Authenticate`.

  Die angeforderte Datei wird erst nach Angabe eines Paßwortes vom Server geschickt. Der Server fordert mit dem Header `WWW-Authenticate:` den Client auf, ein bestimmtes Verfahren für Paßworte zu verwenden. Dieser wiederholt die Anfrage und benutzt dabei den `Authorization:`-Header zur Übermittlung des Paßworts.

- 402 – Payment Required

  Ist momentan nur geplant, falls eines Tages im World Wide Web das Abrufen einzelner Seiten beispielsweise bei kommerziellen Diensten kostenpflichtig werden sollte.

- 403 – Forbidden

  Der Server verweigert die Ausführung der Methode ohne weitere Angabe von Gründen.

- 404 – Not Found

  Der Server kann die Methode nicht ausführen, weil eine durch die URL identifizierte Seite nicht gefunden wurde. Damit übermittelt er etwas mehr Information als beim Code 403.

- 405 – Method Not Allowed

  Zusätzlicher Antwort-Header: `Allow`.

  Die angeforderte Methode ist für die in der URL angegebene Seite nicht zulässig. Beispielsweise könnte eine Seite vor Modifikationen durch `PUT` geschützt sein. Im Antwort-Header `Allow:` werden die zulässigen Methoden zurückgeliefert.

- 406 – None Acceptable

  Zusätzlicher Antwort-Header: `Content-...`.

  Unter der angegebenen URL befindet sich zwar eine Information, der Server schickt sie aber nicht, da der Client mit den Headern `Accept:` und `Accept-Encoding:` mitteilte, daß er ihre Darstellung nicht verarbeiten kann.

13.4 Response-Mitteilungen

In den Headern Content-Type:, Content-Encoding: und Content-Language: gibt der Server Auskunft über die Art der Information und kann damit die kompletten Metaangaben wie bei HEAD übermitteln.

- 407 – Proxy Authentication Required

  In zukünftigen HTTP-Versionen soll es eine Möglichkeit geben, auch Proxies durch Autorisierung auf ihre Vertrauenswürdigkeit zu überprüfen. Dafür ist dieser Code reserviert, aber momentan nicht in Gebrauch.

- 408 – Request Timeout

  Die Anforderungsmitteilung wurde von Client nicht innerhalb einer gewissen Zeitspanne vervollständigt und die Ausführung der Methode daher nicht begonnen. Gründe dafür können ein Zusammenbrechen der Verbindung oder Verzögerungen beim Client sein.

- 409 – Conflict

  Beispielsweise kann bei der PUT-Methode ein Konflikt entstehen, wenn durch ihre Ausführung andere, neuere Änderungen überschrieben würden. In diesem Fall muß der Client die Methode entsprechend geändert neu anfordern.

- 410 – Gone

  Die angeforderte Seite wurde entfernt und der Server hat keine Informationen über einen neuen Ort (dann könnte er mit 301 oder 302 antworten). Der Client kann alle Links auf diese Seite entfernen.

Wenn eine Anforderung zwar korrekt ist, aber der Server die Methode aus verschiedenen Gründen nicht ausführen kann, dann werden Status-Codes ab 500 zurückgemeldet:

- 500 – Internal Server Error

  Beim Server gab es einen internen Fehler, beispielsweise durch Programmierfehler im Server-Programm.

- 501 – Not Implemented

  Die angeforderte Methode kann vom Server nicht ausgeführt werden, weil sie ihm unbekannt oder eine spezielle Anfragevariante nicht implementiert ist.

- 502 – Bad Gateway

Der Server mußte zur Abarbeitung der Methode auf ein Gateway oder einen anderen Server zugreifen und erhielt dabei eine Fehlermeldung.

- 503 – Service Unavailable

  Zusätzlicher Antwort-Header: `Retry-After`.

  Der Server kann die Methode momentan nicht ausführen, beispielsweise weil er überlastet ist. Im `Retry-After:`-Header kann er einen Zeitpunkt angeben, an dem er frühestens die Methode ausführen kann.

- 504 – Gateway Timeout

  Der Server mußte zur Abarbeitung der Methode auf ein Gateway oder einen anderen Server zugreifen und erhielt dabei keine Antwort innerhalb einer bestimmten Zeitspanne.

Auf den Status-Code folgen im nächsten Abschnitt die Header, die die Antwort beschreiben.

13.5 Response-Header

In der Antwort des Servers kann er in zusätzlichen Header-Zeilen weitere Informationen zu der Antwort senden. Sie werden wie die allgemeinen Mitteilungs-Header in der Notation `Headername: Headerwert` zeilenweise geschickt.

`Server: Produkt`

identifiziert den Server, genauso wie der Header `User-Agent:` den Browser identifiziert. Ein Beispiel eines solchen Headers ist:

`Server: CERNb-HTTPD/3.0 libwww/2.17`

`WWW-Authenticate: ??`

gibt beim Status-Code 401 an, nach welchem Schema der Client ein Paßwort mitschicken muß.

`Retry-After: Datum`
`Retry-After: Sekunden`

Falls eine Anforderung mit dem Status-Code 503 (siehe oben) beantwortet wurde, kann der Server mit dem Header `Retry-After:` dem Client mitteilen, wann eine Ausführung der Methode frühestens möglich ist. Der Client kann dann die Anforderung erneut schicken. Als Wert des Headers ist entweder ein Datum oder eine Zeitspanne in Sekunden möglich.

13.6 Inhaltsinformation

Bei Anforderungen und Antworten kann ein Inhalt die Mitteilung beschließen. Ein Client könnte bei PUT eine HTML-Seite mitschicken und der Server antwortet bei GET mit einer Datei.

Die Header, die in einer Antwort zur Beschreibung des Inhalts verwendet werden, sind wie folgt:

Content-Type: *Medienart*

gibt an, von welcher Medienart der Inhalt der Antwort ist bzw. bei der Methode HEAD sein würde. Die Medientypen entsprechen dem MIME-Standard, so daß für eine normale HTML-Seite text/html stehen würde oder bei einer Postscript-Datei der Typ text/postscript.

Content-Length: *L"ange*

Der Wert gibt die Länge des Inhalts in Bytes an.

Content-Encoding: *Kodierung*

Der Inhalt wird in einer der in Inhaltskodierungen übertragen, die in Tabelle 13.3 auf Seite 181 angegeben sind.

Content-Transfer-Encoding: *Kodierung*

Der Inhalt wird in einer der Transferkodierungen gepackt übertragen, die in Tabelle 13.3 auf Seite 181 angegeben sind.

Content-Language: *Sprachk"urzel*

Ausgehend vom Attribut LANG bei <BODY>, kann der Server im Header Content-Language: dem Client die Sprache des Inhalts mitteilen. Das Kürzel setzt sich aus einem Sprach-Code nach der ISO-Norm 639 (siehe Angang A auf Seite 263) und eventuell einem Landes-Code nach ISO-Norm 3166 (siehe Anhang B auf Seite 265) zusammen.

Expires: *Datum*

Zum angegebenen Datum (in den Formaten wie auf Seite 176 angegeben) verliert der Inhalt seine Gültigkeit. Clients und Proxies können diese Information nutzen, um den Inhalt zum angegebenen Datum aus ihrem Cache zu löschen.

Last-Modified: *Datum*

Die Information wurde am angegebenen Datum zuletzt modifiziert. Dadurch ist es möglich, andere Kopien der Inhaltsinformation als veraltet zu identifizieren.

`Title:` *Titel*

Der Wert des Feldes ist der in HTML von `<TITLE>...</TITLE>` eingeschlossene Seitentitel. Der Client kann diesen Titel damit schon darstellen, bevor eine Seite komplett eingetroffen ist.

`URI:` *??*

Momentan finden Diskussionen über die Erweiterung des URL-Schemas statt. Dabei sollen Dokumente auch unter mehreren URLs und in verschiedenen Versionen verfügbar sein. Falls ein solches Schema implementiert werden sollte, kann der Server im `URI:`-Header eine Liste solcher unterschiedlicher Adressen mitschicken und auch über deren Unterschiede Auskunft geben. Momentan ist der Mechanismus aber noch nicht implementiert.

`Location:` *URL*

ist aus Kompatibilitätsgründen in HTTP 1.0 vorhanden und hat denselben Inhalt wie der Header `URI:`.

`Allow:` *Methoden*

Falls der Server mit dem Status-Code 405 antwortet, weil eine bestimmte Methode nicht auf einer Seite ausgeführt werden kann, schickt er diesen zusätzlichen Header, in dem – durch Kommas getrennt – die erlaubten Methoden aufgeführt sind.

`X-...`

Zusätzliche, nicht standardisierte Header können jederzeit eingestreut werden. Sie müssen allerdings mit den Zeichen `X-` beginnen.

13.7 Client-Pull und Server-Push

Das Web ist mit seinem Protokoll HTTP sehr statisch. Eine Seite wird angefordert, übertragen und angezeigt. Nach der übertragung kann man angezeigte Seiten nicht mehr dynamisch ändern, um beispielsweise kleine Animationen einzubauen.

Netscape hat in seinem Browser zwei Mechanismen eingeführt, mit denen ein automatisches Neuladen von Dokumenten

13.7 Client-Pull und Server-Push

und kontinuierliche Änderungen an HTML-Seiten während ihrer Anzeige möglich sind: Client-Pull und Server-Push.

Die Idee beim Client-Pull ist, daß der Browser selbsttätig eine bestimmte Seite neu lädt. Dabei kann eine Zeit in Sekunden angegeben werden, nach der der Browser das Neuladen beginnt. Der Mechanismus basiert auf einem zusätzlichen Header in der Antwort des Servers:

```
Refresh:    Sekunden;URL
```

Erhält der Netscape eine Antwort-Mitteilung mit diesem Header, wartet er *Sekunden* und lädt dann automatisch die Seite *URL* nach und zeigt sie an.

Einen zusätzlichen HTTP-Header fügt man in HTML mit dem <META>-Tag auf einer Seite ein. Als Beispiel für einen Client-Pull sollen zwei Seiten abwechselnd geladen werden. Auf der Seite *http://www.info.berlin.de/ping.html* könnte dazu folgender HTML-Text enthalten sein:

```
<HTML><HEAD><TITLE>Ping</TITLE>
<META HTTP-EQUIV="Refresh"
 CONTENT=
 "2;HREF=http://www.info.berlin.de/pong.html">
</HEAD><BODY>
<H1>PING!</H1>
</BODY></HTML>
```

Bei der Übermittlung der Seite tritt im HTTP der folgende Header auf:

```
Refresh: 2;http://www.info.berlin.de/pong.html
```

Der Browser zeigt die Ping-Seite an, wartet zwei Sekunden und lädt dann selbständig *http://www.info.berlin.de/pong.html* nach. Diese Seite kann die folgende Form haben:

```
<HTML><HEAD><TITLE>Pong</TITLE>
<META HTTP-EQUIV="Refresh"
 CONTENT=
 "2;HREF=http://www.info.berlin.de/ping.html">
</HEAD><BODY>
<H1>PONG!</H1>
</BODY></HTML>
```

Auf diese Weise werden im Abstand von zwei Sekunden die Ping- und Pong-Seiten abwechselnd geladen und dargestellt. Eine solche Endlosschleife macht natürlich wenig Sinn. Effektvoller sind

Kaskaden von Seiten, die nacheinander geladen werden und sich nur wenig unterscheiden. Beispiele wären Seiten, in denen Überschriften wachsen oder in denen unterschiedliche Grafiken geladen werden.

Diese Grafiken können Teile einer Animationssequenz sein. Damit wird es möglich, mit Netscape kleine Animationen auf einer Seite unterzubringen. Beispiele dafür finden Sie im Web bei der URL *http://home.netscape.com/assist/net sites/pushpull.html*.

Beim Client-Pull holt der Browser selbständig neue Daten vom Server, wozu er jedesmal eine neue Verbindung eröffnet. Dagegen sendet der Server beim Server-Push-Mechanismus kontinuierlich neue Daten während einer Verbindung.

Dazu nutzt er einen speziellen Inhaltstyp für die Antwort. Wie in Abschnitt 13.6 auf Seite 189 beschrieben, geben MIME-Header die Art des Antwortinhalts an. In MIME gibt es dafür einen speziellen Typ, `multipart/mixed`, bei dem der Inhalt aus mehreren Teilen unterschiedlicher Art besteht. Bei dem zweiten Netscape-spezifischen Mechanismus, dem Server-Push, verwendet man eine Variante davon. Um die obige Ping-Seite darzustellen und sie danach durch die Pong-Seite zu ersetzen, müßte der Server folgende Antwort schicken:

```
Mitteilungs- und Antwortheader
Content-type: multipart/x-mixed;boundary=Seite

--Seite
Content-type: text/html

<HTML><HEAD><TITLE>Ping</TITLE>
</HEAD><BODY>
<H1>PING!</H1>
</BODY></HTML>

--Seite
Content-type: text/html

<HTML><HEAD><TITLE>Pong</TITLE>
</HEAD><BODY>
<H1>PONG!</H1>
</BODY></HTML>

--Seite--
```

Damit der Server-Push-Mechanismus Sinn macht, soll diese Ausgabe von einem Skript erzeugt werden. Dabei kann das Skript nach der Ausgabe von `--Seite` warten, um die Geschwindigkeit einer Animation zu regeln, oder andere Aktionen vornehmen. Beispielsweise könnte es kontinuierlich ein Videobild eines Büros aufnehmen und somit eine kleine Live-Übertragung im Web per Daumenkino implementieren.

Das HTTP ist das grundlegende Protokoll des Web. Für die Gestaltung eines Informationssystems – d.h., wenn Sie nicht selber Server oder Browser entwickeln wollen – ist es bei der Programmierung von Skripten für die Verarbeitung von Formularen und ähnlichem wichtig. Im nächsten Kapitel finden Sie eine Einführung in diese Programmierung.

14 Dynamische Dokumente, Suchanfragen, CGI-Skripte

Ausgefeiltere Informationsangebote im Web beinhalten Formulare oder binden vorhandene Datenbanken an das Web an. Dafür ist jeweils die Ausführung eines kleinen Programms notwendig, um die Formularverarbeitung oder den Datenbankanschluß in das Web zu integrieren. Die Schnittstelle zwischen dem Web-Server und solchen Programmen ist festgelegt und trägt den Namen *Common Gateway Interface*, kurz CGI.

Der Mechanismus ist einfach: Ein Browser fordert eine URL an, die auf ein Skript verweist, beispielsweise als *http://www.info.berlin.de/cgi-bin/temperatur*.

Der Server erkennt aufgrund seiner Konfigurationsdateien, daß es sich um ein Programm oder Skript handelt und führt es aus. Das Skript erzeugt Antwort-Header entsprechend dem Protokoll HTTP (siehe Abschnitt 13.5 auf Seite 188), sowie eine Leerzeile und den Inhalt der Antwort. Diese Ausgaben macht das Programm einfach auf der normalen Bildschirmausgabe, die vorher vom Server so umgestellt wird, daß sie direkt an den Browser geliefert wird.

Für das Beispiel könnte *temperatur* ein Skript in der Sprache Perl sein. Wenn der Server unter Unix läuft, könnte es wie unten beschrieben aussehen. Dabei nehmen wir an, daß der Server mit der Routine `messe_temperatur` die aktuelle Temperatur mißt oder bei einem anderen Server in irgendeiner Form abfragt und als Ergebnis liefert.

```
#!/usr/perl/bin/perl
$temperatur=&messe_temperatur;
print "Content-type: text/html\n";   # Header
print "\n";                          # Leerzeile
print "<HTML><HEAD>\n";              # Inhalt...
print "<TITLE>Temperatur in Berlin</TITLE>";
print "</HEAD>\n";
print "<BODY>Temperatur: $temperatur</BODY>\n";
print "</HTML>\n";
```

Damit mißt das Skript zunächst die Temperatur, erzeugt dann zuerst einen Response-Header, nämlich Content-type:, eine Leerzeile und dann eine einfache HTML-Seite. Alle diese Ausgaben geschehen auf die Standardausgabe.

Die Sprache zur Programmierung des Skripts kann völlig beliebig gewählt werden. Es kann ein kompiliertes C-Programm sein, ein Skript für den Perl-Interpreter oder irgendeine andere Art ausführbares Programm. Auch können Sie auf einem Server die Sprachen beliebig mischen.

Die Sprache Perl hat eine sehr große Bedeutung im Bereich der CGI-Programmierung, da sie die erste benutzte Sprache war und deshalb umfangreiche Bibliotheken für die Web-Programmierung vorliegen. Welche Sprache für Ihr Informationssystem in Frage kommt, hängt von deren Verfügbarkeit und Vorgaben des Server-Betreibers ab.

✗ Bedenken Sie, daß die Benutzung von CGI-Skripten echte Programmierung bedeutet. Während HTML-Seiten einfach zu erstellen sind, brauchen Sie für die Skripten Programmierkenntnisse – oder die Hilfe eines Programmierers.

14.1 Umgebungsvariablen

Der Web-Server muß Informationen aus den Formulareingaben an das Skript weiterreichen. Diese Mechanismen sind abhängig vom Betriebssystem und dem verwendeten Server. Unter Unix gibt es ein Kommunikationsmechanismus zwischen Programmen, das sogenannte das »Environment«, das eine Reihe von Variablen enthält. Wenn ein Programm ein anderes startet, so kann man vorher in dessen Environment Informationen ablegen, die das neue Programm ausliest.

Im CGI-Standard ist definiert, welche Umgebungsvariablen welchen Inhalt haben. Sie werden vor dem Start des Skripts vom Server belegt. Die Variablen sind:

❏ SERVER_SOFTWARE

Die Identifikation des Servers, der das Skript startet, als Zeichenkette metaName/Version. Beispiel: NCSA/1.4.2.

❏ SERVER_NAME

Der Name des Servers, wie er in der URL des Skripts auftritt.

❏ GATEWAY_INTERFACE

Die Version der CGI-Spezifikation, der der Server folgt, als Zeichenkette CGI/*Version*. Beispiel: CGI/1.1.

- SERVER_PROTOCOL

  Das Protokoll, mit dem die Anfrage geschickt wurde, als Zeichenkette der Form *Protokoll/Version*. Man sollte entsprechend dem Protokoll antworten, also beispielsweise bei einer Anfrage über HTTP/1.0 die folgende Zeile als erstes erzeugen:

  HTTP/1.0 200 OK

- SERVER_PORT

  Die Nummer des (Unix-)Ports, über den die Anfrage geschickt wurde.

- REQUEST_METHOD

  Die Methode, die bei der Anfrage verwendet wurde (siehe Abschnitt 13.2 auf Seite 178), also zumeist GET oder POST.

- PATH_INFO

  Enthält den Teil der URL nach der eigentlichen Identifikation des Skripts. Man kann ein CGI-Skript *www.info.berlin/cgi-bin/info* durch eine URL aufrufen, die weitere Informationen im Pfad kodiert enthält: *http://www.info.berlin/cgi-bin/info/tempelhof* Der Teil /tempelhof befindet sich in der Umgebungsvariablen.

- PATH_TRANSLATED

  Enthält die Information aus PATH_INFO angehängt an den lokalen Pfadnamen des Dokumentendirectories des Servers. Für das Beispiel oben ergibt sich daraus */usr/local/etc/httpd/htdocs/tempelhof*, wenn auf dem Server die HTML-Dokumente in dem Verzeichnis */usr/local/etc/httpd/htdocs/* installiert sind.

- SCRIPT_NAME

  Der Name, unter dem das Skript in der URL angefordert wurde, also für das Beispiel */cgi-bin/info*.

- QUERY_STRING

  Die Anfrage, die nach dem ? in der URL folgte.

- REMOTE_HOST

  Der Name des Rechners, von dem die Anfrage kam. Falls er nicht ermittelt werden kann, ist die Variable leer.

- REMOTE_ADDR

  Die Internet-Adresse des Rechners, von dem die Anfrage kam.

- REMOTE_USER

  Der Benutzername, für den das Paßwort eingegeben wurde. Dieser Name ist lediglich in der Web-Autorisierung gültig, er ist nicht die Systemkennung desjenigen, der das Skript anfordert.

- REMOTE_IDENT

  Falls der Server in der Lage ist, den Nutzernamen des anfordernden Users herauszufinden, steht er in dieser Variablen.

- AUTH_TYPE

  Falls das Skript durch ein Paßwort geschützt ist, steht in dieser Variable der Name des Verfahrens, mit dem das Paßwort kodiert ist (siehe Abschnitt 13.3 auf Seite 183).

- CONTENT_TYPE

  Bei Verwendung der POST-Methode steht hier der Medientyp des Inhalts, der an der Standardeingabe gelesen werden kann. Üblicherweise ist das der Typ application/x-www-form-encoded.

- CONTENT_LENGTH

  Die Länge des Inhalts bei der POST-Methode.

- HTTP_ACCEPT

  Die Medienarten, die der Browser akzeptieren will (siehe Abschnitt 13.3 auf Seite 180 beim Accept:-Header).

- HTTP_USER_AGENT

  Der Browser, der für die Anfrage verwendet wird, als Zeichenkette in der Form *Produkt/Version* (siehe auch Abschnitt 13.3 auf Seite 182 beim User-Agent:-Header). Also beispielsweise
  Mozilla/1.1N (X11; I; Linux 1.2.9 i586).

Daneben kann es weitere Variablen geben, die vom Server belegt werden. Oft werden beispielsweise die Inhalte der Anfrage-Header in jeweils eine Variable gepackt.

14.2 ISINDEX-Seiten

Die einfachsten dynamischen Seiten sind solche, bei denen der Leser ein oder mehrere Suchworte angeben kann. Der Browser fordert eine solche Suche an, indem er dieselbe URL holt, dabei aber das Suchwort durch ein ? getrennt anhängt.

Die erzeugte Seite muß im HTML-Kopfteil das Tag <ISINDEX> tragen. Ihre Programmierung ist einfach: Am Anfang der Seite wird immer derselbe Kopfteil erzeugt, der <ISINDEX> enthält. Danach überprüft man, ob in der Variablen QUERY_STRING ein Suchwort steht. Ist dies der Fall, führt man die Suche aus und gibt die Ergebnisse als HTML-Code aus. Am Schluß des Skripts wird die HTML-Seite beendet.

Für das folgende Beispiel, wieder in Perl, nehmen wir an, daß die Routine suche die Suche durchführt und als Ergebnis HTML-Text liefert.

```
#!/usr/perl/bin/perl
# Antwort-Header erzeugen
print "Content-type: text/html\n";
print "\n";
# Kopfteil erzeugen
print "<HTML><HEAD><TITLE>Suche</TITLE>\n"
print "<ISINDEX PROMPT=\"Begriff: \"></HEAD><BODY>\n"
# Suchwort aus Umgebungsvariable auslesen
$suchwort=$ENV{'QUERY_STRING'};
# Auf Länge testen
if (length($suchwort)>0) {
    # Suchen
    $ergebnis=&suche($suchwort);
    # Ergebnis ausgeben;
    print "<HR>\n";
    print $ergebnis;
}
# Seite beenden
print "</BODY></HTML>\n";
```

Das Skript erzeugt zuerst einen Antwort-Header, in dem die Art des Antwortinhalts beschrieben ist. Als nächstes erstellt es den Kopfteil einer Seite, der das Tag <ISINDEX> enthält.

Danach gibt es zwei Möglichkeiten: Das Skript wurde ohne Suchanfrage aufgerufen, oder es war ein Suchbegriff eingetragen. In letzterem Fall führt es entsprechend dem in QUERY_STRING enthaltenen Wort eine Suche durch und generiert deren Ergebnis als Text. Anderenfalls bleibt dieser Ergebnisteil leer.

Sie sehen, daß die Programmierung einer solchen Seite sehr einfach ist und keinerlei komplexe Interaktionen mit dem Web-Server erfordert. Verbreiteter als solche einfachen Anfragen sind Formulare. Im nächsten Abschnitt zeigen wir, wie sie verarbeitet werden.

14.3 Formular-Eingaben verarbeiten

Formulare mit `<FORM>` enthalten eine Reihe von benannten Feldern, in die der Leser Werte einträgt (siehe Kapitel 5 auf Seite 61). Diese Eingaben baut der Browser folgendermaßen zu einer Zeichenkette zusammen:

1. Alle +-Zeichen in den Werten werden durch die Zeichen `%2B` ersetzt. Diese Kodierung ergibt sich aus dem ASCII-Code des +-Zeichens und dessen hexadezimaler Schreibweise.

2. Alle =-Zeichen in den Werten werden durch die Zeichen `%3D` ersetzt.

3. Alle &-Zeichen in den Werten werden durch die Zeichen `%26` ersetzt.

4. Alle Leerzeichen in den Werten werden durch das Zeichen + ersetzt.

5. Jedes Paar aus Feldname und Wert wird als `Name=Wert` zusammengesetzt.

6. Alle Paare werden durch das Zeichen & verbunden: `Name=Wert&Name=Wert`.

Wenn in einem Formular die Felder `formel` und `firma` vorhanden sind und sie die Eingaben »1+2=3« und »Meier & Partner« enthalten, entstehen durch die Ersetzung der Zeichen +, = und & die Feldwerte »1%2B2%3D3« und »Meier %26 Partner«. Die Ersetzung der Leerzeichen ergibt beim zweiten Feld »Meier+%26+Partner«. Die Felder werden für die URL als »formel=1%2B2%3D3« und »firma=Meier+%26+Partner« vorbereitet und als »formel=1%2B2%3D3&firma=Meier+%26+Partner« zusammengepackt.

Wie der Browser die resultierenden Zeichenkette zum Web-Server und damit zum verarbeitenden Skript überträgt, hängt von der verwendeten Methode ab, die im Attribut METHOD beim <FORM>-Tag vermerkt wird.

Hat METHOD den Wert GET, wird sie wie bei einer <ISINDEX>-Suche durch das Zeichen ? getrennt hinter die URL gehängt. Das Skript kann sie in der Umgebungsvariablen QUERY_STRING finden.

Bei der Methode POST hängt der Client die Zeichenkette nicht an das Ende der URL, sondern schickt sie getrennt als Inhaltsinformation. Dieser Inhalt ist genau die Zeichenkette, in der die Feldeingaben kodiert sind. Das Skript erhält sie aus der Standardeingabe. Darüber hinaus enthält die Umgebungsvariable CONTENT_LENGTH ihre Länge in Bytes und CONTENT_TYPE ist auf

```
application/x-www-form-encoded
```

gesetzt. Um die Eingabe zu erhalten, liest man einfach entsprechend viele Bytes von der Standardeingabe. Bedenken Sie, daß es sich um eine einzige Zeile handelt, die aber – beispielsweise bei Eingaben in <TEXTAREA> – unter Umständen sehr lang sein kann.

Ein Skript muß die genannten Kodierungen zunächst rückgängig machen, die Formularfelder aufteilen und schließlich die Feld-Wert-Paare trennen. In Perl ist diese Arbeit mit wenigen Zeilen erledigt während Sie in anderen Programmiersprachen eventuell mehr programmieren oder eine entsprechende Bibliothek benutzen müssen. Perl ist in manchen Fällen schwer zu lesen, aber sehr effizient für Probleme im Web.

```perl
# Eingaben aus der Umgebungsvariablen auslesen
$eingaben = $ENV{'QUERY_STRING'};
# +-Zeichen durch Leerzeichen ersetzen
$eingaben = s/\+/ /g;
# Alle %xx Kodierungen durch entsprechendes
# Zeichen ersetzen
$eingaben = s/%([\da-f]{1,2})/pack(C,hex($1))/eig;
# Formularfelder aufteilen (an &-Zeichen)
@eingabe_liste = split(/&/, $eingaben);
# Jedes Feld-Wert-Paar trennen (an =)
foreach $item (@eingabe_liste) {
    # Feld und Wert trennen
    ($name, $wert) = split( /=/, $item);
    # Wert speichern
    $eingabe$name = $wert;
}
```

14 Dynamische Dokumente, Suchanfragen, CGI-Skripte

Im Programmausschnitt nehmen wir an, daß die Formulareingaben als Zeichenkette in der Umgebungsvariablen QUERY_STRING steht, das Formular also mit der Methode GET ausgeführt wurde. Dann werden zunächst alle + durch Leerzeichen ersetzt und die %-Kodierungen aufgelöst.

Nun erfolgt die Aufteilung der Zeichenkette in die einzelnen Paare aus Namen und Feld anhand der &-Zeichen. Schließlich trennt der Perl-Code jedes einzelne Paar am =-Zeichen auf. Ergebnis ist ein Feld $eingabe, dessen Elemente in der Perl-üblichen Notation $eingabe{Feldname} erfragt werden können. In anderen Programmiersprachen wird dieser Dekodierungsteil wahrscheinlich länger aussehen.

Ob die Methode GET oder POST beim Formular verwendet wurde, läßt sich mit der Umgebungsvariablen REQUEST_METHOD ermitteln. In einem Skript könnte die Verarbeitung wie folgt aussehen:

```
# POST oder GET?
if ($ENV'REQUEST_METHOD' eq "GET") {
 # Eingaben aus der Umgebungsvariablen auslesen
 $eingaben = $ENV{'QUERY_STRING'};
} else {
 $eingaben =<>;
}
# +-Zeichen durch Leerzeichen ersetzen
...
```

Hier stellt das Skript fest, ob es sich um GET oder POST handelte. Beim ersteren steht die Zeichenkette mit den Formulareingaben in der Umgebungsvariablen, ansonsten kann man sie an der Standardeingabe lesen. Der Rest der Verarbeitung ist wiederum derselbe.

Ein solches Skript muß nach der Ermittlung der Formulareingaben entsprechende Aktionen ausführen. Was dies ist und wie es implementiert wird, hängt von der Aufgabe des Skripts ab. Auf jeden Fall ist an dieser Stelle Programmierung notwendig; die Kenntnisse über HTML reichen hier nicht mehr aus.

Das Ergebnis des Skripts wird dem Browser wie bei den einfachen ISINDEX-Seiten übermittelt, indem es über die Standardausgabe einen einfachen Antwort-Header erzeugt, auf den eine HTML-Seite folgt.

Mit der vollständigen Beschreibung der Programmierung von Skripten für die Verarbeitung von Formulareingaben würden wir ein weiteres Buch beginnen. Es müßte zunächst eine allgemeine Einführung in die Programmierung bieten und auf verschiedene für Web-Skripte besonders geeignete Sprachen eingehen. Weiterhin müßte es zeigen, wie beispielsweise Datenbanken von solchen Skripten aus abgefragt werden. Sie finden in [12] die entsprechenden Informationen.

Dieses Buch beschäftigt sich aber mit HTML 3, also der statischen Seite des Web. Daher belassen wir es an dieser Stelle mit dieser kurzen Darstellung und kehren im nächsten Kapitel zu den reinen HTML-Themen zurück und zeigen auf, wie man am besten HTML-Seiten erstellt.

15 Erstellen von HTML-Seiten

In diesem Kapitel lernen Sie einige Möglichkeiten kennen, HTML-Seiten mit Hilfe von Editoren, Editor-Zusätzen und Konvertern zu erstellen.

Man kann bereits mit einem einfachsten ASCII-Editor HTML-Seiten erstellen. Wahrscheinlich möchten Sie aber einerseits etwas mehr Komfort nutzen und andererseits vielleicht schon vorhandene Texte wiederverwenden. Den ersten Wunsch versuchen inzwischen viele spezielle HTML-Editoren für die verschiedensten Rechner- und Betriebssystemplattformen zu erfüllen.

Für die Absicht der Wiederverwendbarkeit gibt es für viele Textverarbeitungen Zusätze, mit denen Sie HTML erzeugen können, und nach der nächsten »Update-Runde« werden alle Standardtextverarbeitungen HTML unterstützen. Bis dahin können Ihnen verschiedene Konverterprogramme helfen.

Sie werden in diesem Kapitel keine endgültige Empfehlung für ein bestimmtes System finden. Eine solche Empfehlung ist leider unmöglich – einerseits bestimmen Ihre individuellen Gegebenheiten die Grundlagen dafür, andererseits ist nicht vorhersagbar, von welchen Produkten die heutigen Systeme übertroffen werden. Durch viele Abbildungen sollen Sie einen Eindruck von den zu fordernden Funktionalitäten erhalten – die Marktrecherche und Auswahl bleibt zwangsläufig Ihnen überlassen.

15.1 ASCII-Editoren

HTML-Seiten sind in normalem ASCII-Format gespeichert, damit sie auf den unterschiedlichsten Rechner- und Betriebssystemplattformen verarbeitet werden können. Um HTML-Seiten zu erstellen, reicht daher ein gewöhnlicher Editor aus, der keinerlei spezielle Eigenschaften haben muß. Wenn Sie wollen, können Sie auch mit dem einfachen System-Editor von Windows arbeiten.

Die Verwendung eines einfachen ASCII-Editors hat Vorteile. Sie können schnell und flexibel mit Ihrem Quelltext umgehen und benötigen keine umfangreichen Programme, um eine kleine Seite zu schreiben.

Darüber hinaus haben Sie so alle Freiheiten zur Nutzung von HTML-Feinheiten. Sie brauchen nicht mit einer automatischen Überprüfung der HTML-Korrektheit zu kämpfen, die vielleicht die neuesten Tags und Attribute als Fehler moniert. Allerdings müssen Sie mit einer meist spartanischen Ausstattung arbeiten und haben keine Unterstützung zur Vermeidung formaler Fehler in Ihrem HTML-Code.

emacs   Etwas besser fahren Sie mit programmierbaren Editoren, die auf jeweils bestimmte Sprachen durch Makrosätze zugeschnitten werden können. Als Beispiel dafür soll der *emacs*-Editor dienen. emacs ist ein universeller ASCII-Editor, der insbesondere unter Unix große Verbreitung hat. Er kann in der Programmiersprache Lisp programmiert werden, und es existieren umfangreiche Pakete, die die Erstellung von Programmen in unterschiedlichsten Sprachen unterstützen.

hm-menu-mode   Auch für HTML gibt es einen solchen Zusatz unter dem Namen *hm-menu-mode*. In Abbildung 15.1 auf der nächsten Seite sehen Sie das Paket in einer Editiersitzung.

hm-menu-mode fügt dem emacs ein weiteres Menü mit HTML-Editierbefehlen hinzu und erlaubt so ein schnelles Erzeugen von HTML-Seiten. Daneben werden verschiedenste Tastenkombinationen für die schnelle Eingabe von Tags definiert. Dabei fragt das System notwendige Attribute automatisch beim Autoren ab.

Verschiedene andere Werte, die oft benötigt werden, sind vordefiniert, so z.B. die E-Mail-Adresse des Autoren. Schließlich hilft das System visuell durch farbliche Hervorhebung der HTML-Tags. Auf vernetzten Systemen arbeitet der Editor-Aufsatz hervorragend mit dem für den emacs erhältlichen WWW-Modus zusammen, der ein vollständiger Web-Browser ist. Damit umfaßt die Funktionalität eine ganze Menge dessen, was man von einem spezialisierten HTML-Editor erwartet.

Dieser emacs-Aufsatz ist im Web erhältlich, unter anderem bei *http://ftp.leidenuniv.nl/linux/sunsite/apps/editors/emacs/hm-html-menus-5.0.tar.gz*.

✗   Auch für andere programmierbare Editoren gibt es inzwischen solche HTML-Zusatzpakete mit ähnlichem Funktionsumfang. Sehen Sie in der entsprechenden Dokumentation nach, wo sie im Netz erhältlich sind.

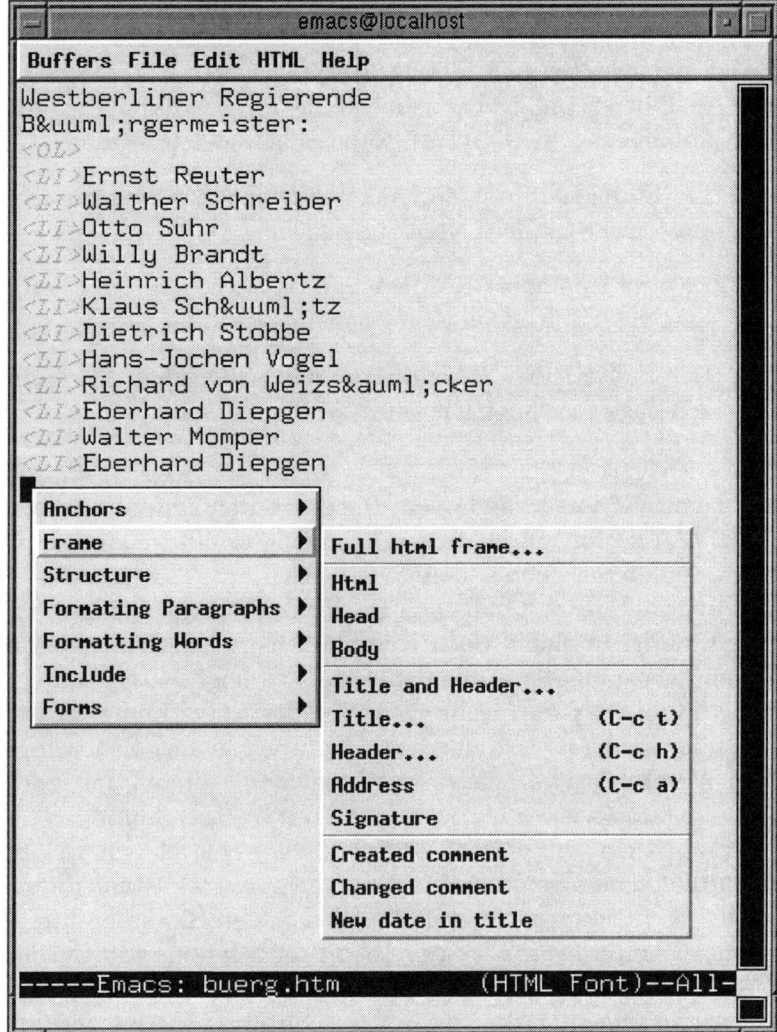

Abbildung 15.1
hm-menu-mode für den emacs

15.2 HTML-Editoren

Mehr Komfort als ein einfacher ASCII-Editor bieten spezialisierte HTML-Editoren, die für genau diesen Zweck programmiert sind.

Was macht nun einen guten HTML-Editor aus? Sicherlich die Menge der Unterstützung, die er zur Erzeugung der HTML-Strukturen bietet. Dazu gehören die folgenden Merkmale:

- ❏ Immer wiederkehrende HTML-Bestandteile sollten automatisch erzeugt werden. Dazu gehören komplette Seitenrahmen wie <HTML><HEAD><TITLE>...</TITLE>...</HEAD>

<BODY>...</BODY></HTML>, aber auch die normalen geklammerten Tag-Paare.

- Sonderzeichen und HTML-Entitäten sollten beispielsweise in Tabellen anklickbar sein oder bei ihrer direkten Eingabe automatisch in die HTML-Notation gewandelt werden.

- Der Editor sollte die Möglichkeit bieten, einen Web-Browser zur Voransicht der Seiten aufzurufen.

- Er muß zumindest HTML 2 unterstützen, d.h. die Erstellung von Formularen ermöglichen.

- Der Editor sollte dafür sorgen, daß notwendige Attribute von Tags von Ihnen ausgefüllt werden müssen.

Natürlich gibt es eine ganze Reihe weiterer Faktoren, die die Wahl eines Editors beeinflussen. Die genannten Kriterien sollten Sie als Ausschlußanforderungen nehmen – erfüllt sie ein Editor nicht, sollten Sie einen anderen verwenden.

Aufgrund der fortlaufenden Entwicklung neuer Editoren ist es schwierig, in einem Buch einen bestimmten Editor zu empfehlen. Dazu müßte es alle denkbaren Rechnerplattformen abdecken und wäre auch sehr rasch von der Entwicklung im Bereich der Web-Software überholt. Noch vor einiger Zeit wurde vom W3-Konsortium eine Liste verfügbarer Editoren unter der Adresse *http://www.w3.org/hypertext/WWW/Tools* geführt.

Inzwischen wird diese Seite nicht mehr gewartet – ein Ersatz ist *http://union.ncsa.uiuc.edu/HyperNews/get/www/html/editors.html*. Mit Schwerpunkt auf Windows finden Sie unter *http://homepage.interaccess.com/~cdavis/edit rev.html* eine gute Zusammenstellung, während die Web-Seite *http://www.comvista.com/net/www/htmleditor.html* auf Editoren für Apple Macintosh-Rechner spezialisiert ist.

Einige Editoren sollen an dieser Stelle doch vorgestellt werden. Einfache HTML-Editoren entstanden als erstes für das Betriebssystem Unix und die grafische Oberfläche X-Windows. Dies liegt unter anderem daran, daß viel Web-Software an Universitäten entwickelt wird und dort nunmal Unix als Betriebssystem dominiert.

asWedit   Ein typischer Vertreter solcher Editoren ist *asWedit*, der unter *ftp://sunsite.doc.ic.ac.uk/packages/www/asWedit* erhältlich ist. In Abbildung 15.2 auf der nächsten Seite sehen Sie einen Bildschirmausschnitt.

Zu den Besonderheiten dieses Editors gehört, daß er schon früh die Tags von HTML 3 unterstützte. *asWedit* überwacht auch

15.2 HTML-Editoren

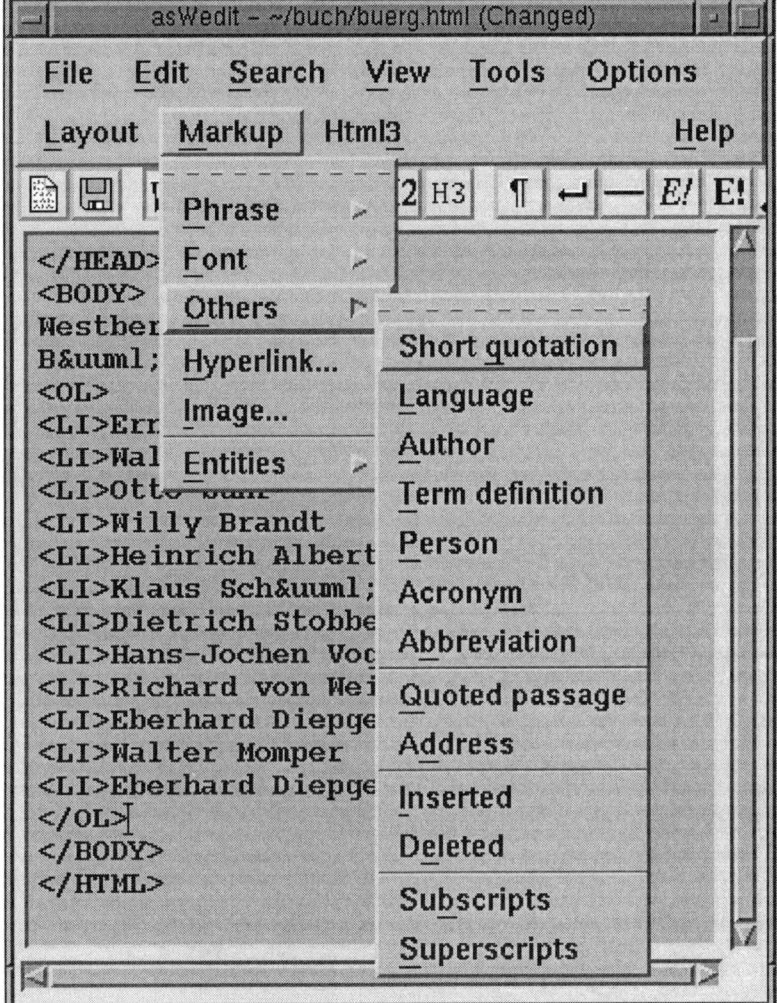

Abbildung 15.2
Der asWedit-Editor

die korrekte Verwendung von Tags und erfüllt unsere oben aufgelisteten anderen Kriterien.

Im Internet werden Windows-Rechner zum Browsen häufiger verwendet als Unix-Maschinen; auf der Seite der Server-Rechner dominiert Unix nach wie vor. Zur Erstellung von HTML-Seiten wird Windows aber sicherlich die häufigste Plattform sein. Dementsprechend hat sich auch das Angebot von HTML-Editoren auf Basis von Windows in der letzten Zeit stark verbreitet.

Ein derartiger Vertreter ist der *SpiderPad*-Editor (*http://www.sixlegs.com*), den Sie in Abbildung 15.3 auf der nächsten Seite sehen. Er verfügt über eine ähnliche Funktionalität wie *asWedit*,

SpiderPad

Abbildung 15.3
Der SpiderPad-Editor

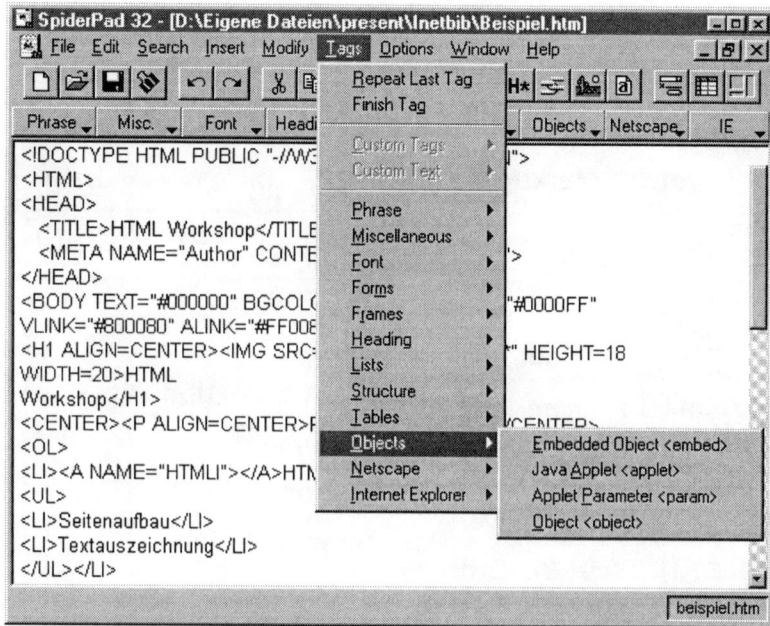

benutzt aber die typischen Windows-Steuerelemente. Der Editor erfüllt wiederum die obigen Kriterien und bietet darüber hinaus in der neuesten Version eine Reihe nützlicher Hilfsmittel.

So können Sie mausgesteuert Formulare erstellen, die, wie in Abschnitt 9.7 auf Seite 123 beschrieben, durch automatisch erzeugte Tabellen an Hilfslinien ausgerichtet werden. Sie können Framesets per Maus erzeugen und ihre Dimensionen festlegen. Auch für Tabellen steht ein eigener Editor bereit. Schließlich unterstützt *SpiderPad* auch die Verwendung von Style Sheets (siehe Kapitel 12 auf Seite 141) für die visuellen Eigenschaften von Textabschnitten.

✗ All dies sind Funktionen, die über den normalen Leistungsumfang eines HTML-Editors hinausgehen. Sie sollten bei Ihrer Auswahl auf solche zusätzlichen Hilfsmittel achten.

Arachnid Auch für den Apple Macintosh gibt es gute HTML-Editoren. In Abbildung 15.4 auf der nächsten Seite sehen Sie den *Arachnid*-Editor, der in die Macintosh-Benutzeroberfläche eingebunden ist.

Man kann per Maus und mit verschiedenen Werkzeugen visuell Seiten zusammenbauen und auch Texte in anderen Formaten einlesen. Der Aufbau eines Formulars ist einfach: Man plaziert die verschiedenen Elemente und kann sie dann per Maus verschieben oder Ihre Ausmaße ändern. Sie finden den Editor im Web unter *http://sec-look.uiowa.edu/about/projects/arachnid-page.html*.

15.2 HTML-Editoren

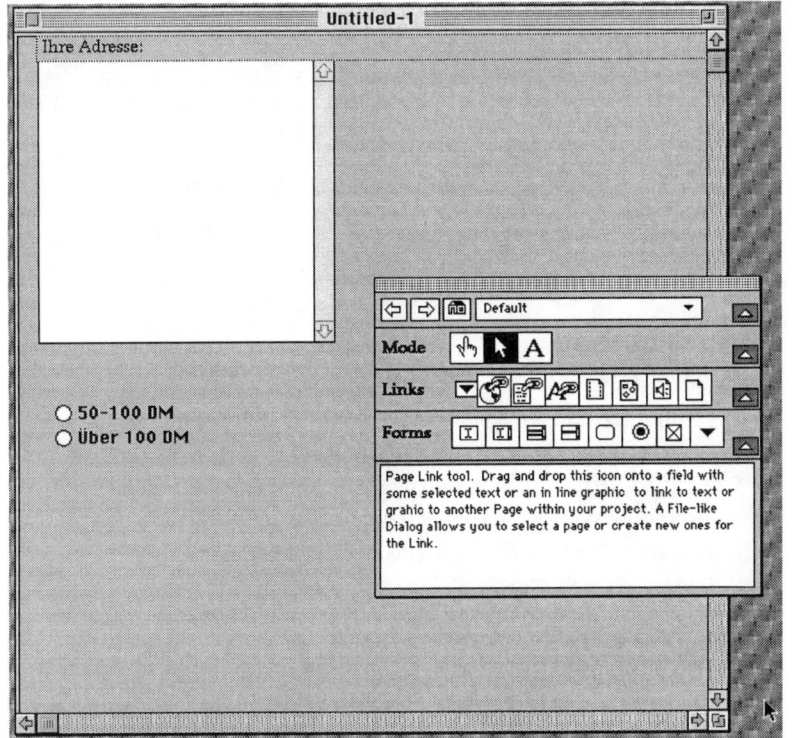

Abbildung 15.4
Der Arachnid-Editor

In Abschnitt 2.1 hatten wir den Zusammenhang von HTML mit SGML beschrieben und dabei auch angemerkt, daß sich alle SGML Tools auch für HTML verwenden lassen.

Der Editor *HoTMetaL*, den Sie in der Abbildung 15.5 auf der nächsten Seite sehen, nutzt diesen Zusammenhang aus. Bei ihm handelt es sich eigentlich um einen vollständigen SGML-Editor, der durch eine HTML-DTD zu einem HTML-Editor wird. Eine Version mit verringertem Funktionsumfang ist über *http://www.sq.com* als ausführbares Programm für Windows und Unix-Varianten erhältlich. Seine Besonderheit stammt von der formalen Abstützung auf SGML: An jeder Stelle des Textes kann durch die HTML-DTD festgestellt werden, welche Elemente als nächste erlaubt sind.

HoTMetaL stellt dadurch sicher, daß tatsächlich nur absolut korrektes HTML erzeugt werden kann. Befindet sich der Cursor beispielsweise im Kopfteil der Seite, werden alle Eingabemöglichkeiten für Tags zur Textauszeichnung abgeschaltet – weil sie formal dort nicht erlaubt sind. Auf diese Weise ist immer dafür gesorgt, daß die Struktur des HTML-Dokuments korrekt ist.

HoTMetaL

15 Erstellen von HTML-Seiten

Abbildung 15.5
Der HoTMetaL-Editor

Nachteil eines solchen Editors ist aber gleichzeitig das Bestehen auf absoluter Korrektheit des Codes. Ein in einem neuen Browser eingeführtes Tag wird daher so lange als fehlerhaft abgewiesen, bis die steuernde DTD angepaßt wurde.

Der Vorteil von HTML-Editoren liegt in der spezialisierten Umgebung. Ihr größter Nachteil ist die Festlegung auf einen bestimmten HTML-Sprachumfang. So sind naturgemäß Tags oder Attribute, die eine neue Browser-Version einführt in einem älteren Editor nicht verfügbar. Im schlimmsten Fall werden sie bei einer HTML-Korrektur als falsch markiert.

Sehr günstig für den Erstellungsprozeß sind daher kombinierte Browser und Editoren. Der Netscape-Browser ist ab Version 3 in einer Variante unter dem Namen Netscape Gold verfügbar, der zum normalen Funktionsumfang auch einen Editor enthält – Sie sehen ihn in Abbildung 15.6 auf der nächsten Seite. Dieser Editor beherrscht die speziellen Tags und Attribute, die Netscape unterstützt. Zudem ist die Bildschirmdar-

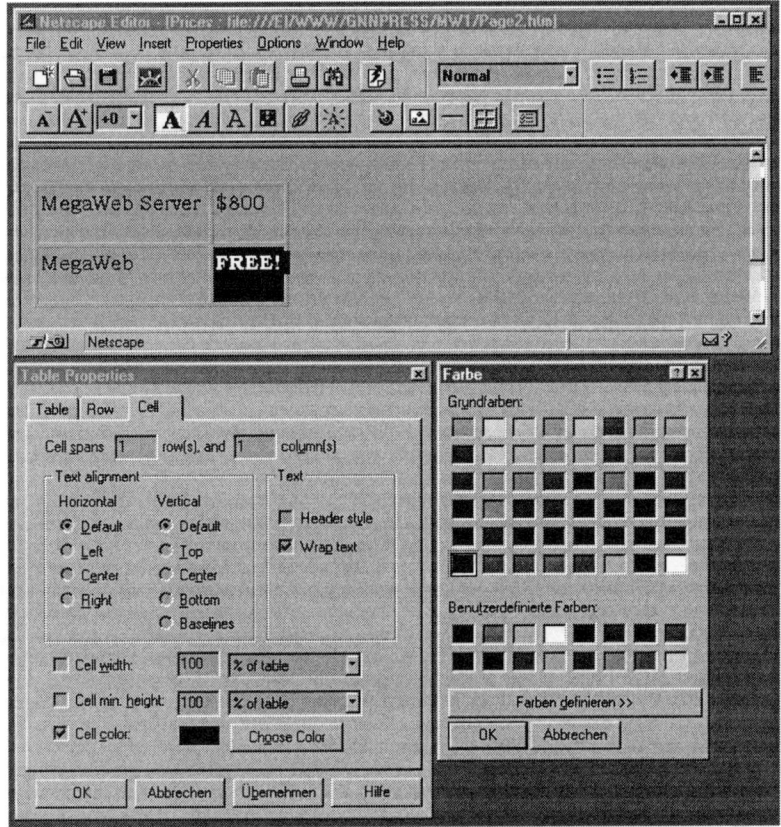

Abbildung 15.6
Der Editor in Netscape Gold

stellung in der Editiersicht der endgültigen Browser-Darstellung sehr ähnlich.

Da Netscape Gold mit den gleichen Einschränkungen wie der Netscape-Browser kostenlos ist, sollten Sie das Programm zu Ihrem Standard-Browser machen.

15.3 Export-Filter für Textverarbeitungen

Falls Sie aber nicht einen neuen Editor erlernen, sondern Ihre gewohnte Textverarbeitung weiternutzen wollen, so können Sie dabei mehr und mehr auf Zusätze zu existierenden Textverarbeitungen zurückgreifen.

Die Hersteller von Programmen wie Microsoft Word, WordPerfect, FrameMaker etc. haben schon im Laufe der Jahre 1995 und 1996 Zusatzmodule entwickelt, die den Export von Dokumenten nach HTML ermöglichen. Die ab 1997 erscheinenden Produktgenerationen haben HTML-Unterstützung integriert.

15 Erstellen von HTML-Seiten

Sie sollten daher bald keine Probleme mehr haben, mit Ihrer normalen Textverarbeitung auch für das Web zu schreiben. Der große Vorteil solcher Zusätze ist, daß Sie Ihre schon vorhandenen Texte weiterverwenden können. Speichern Sie sie einfach im HTML-Format ab und stellen Sie die entstehenden Seiten auf den Server.

Ein Beispiel ist die Reihe der Internet-Assistenten, die von Microsoft für die Programme aus Office95 in 1996 kostenlos bereitgestellt wurden. In Abbildung 15.7 sehen Sie den *Internet Assistent* für Microsoft Word 7.

Internet Assistent

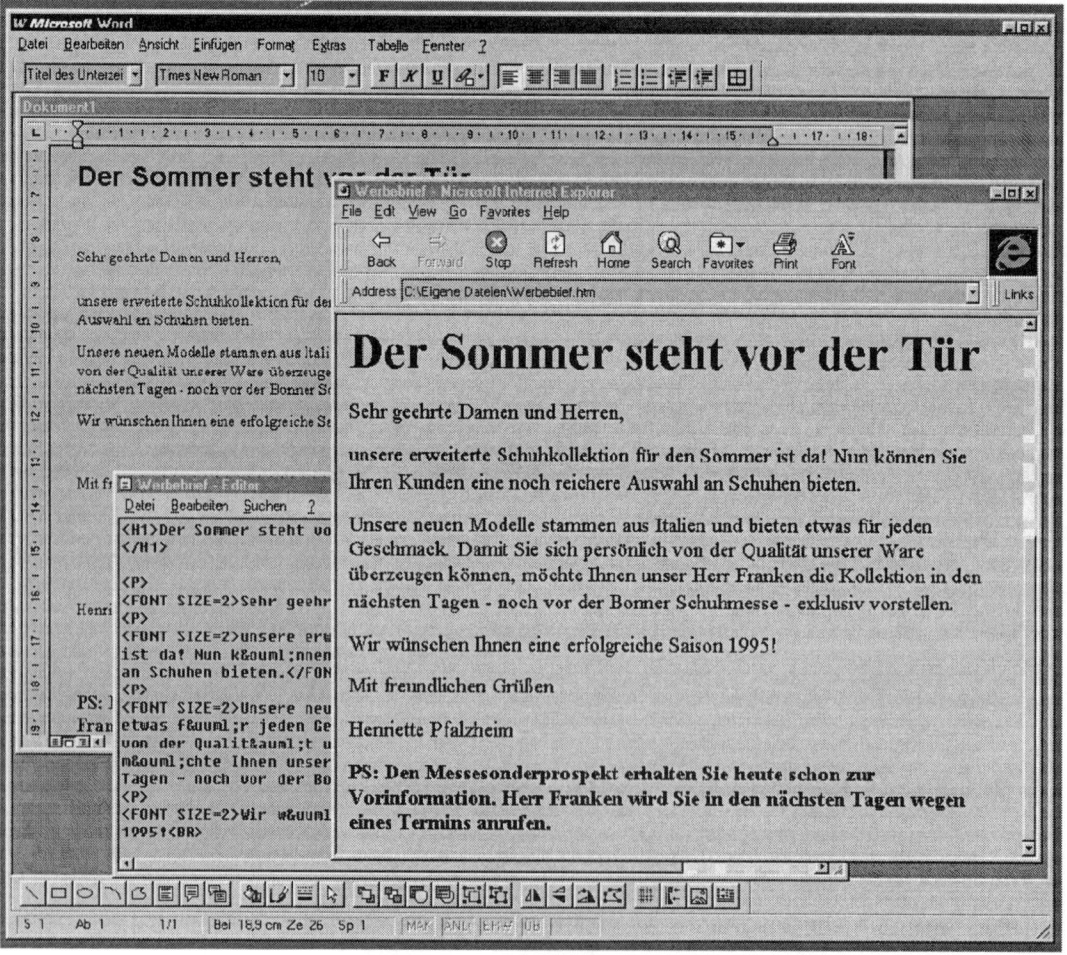

Abbildung 15.7
Der Internet Assistent für Microsoft Word 7

Er fügt zwei Funktionalitäten zur Word-Textverarbeitung hinzu. Sie können einerseits ein Dokument auch als HTML abspeichern und andererseits auch einen speziellen Editiermodus benutzen, der sich auf die HTML-Möglichkeiten beschränkt.

Bei der Verwendung eines solchen Export-Filters müssen Sie bedenken, daß nicht alle Funktionalitäten einer ausgewachsenen Textverarbeitung auch in HTML bereitstehen. Wenn Ihr Textprogramm Unterstützung für Formelsatz bietet, dann gibt es bis heute keine vernünftige Möglichkeit, komplexe Formeln in HTML zu setzen.

Darüber hinaus haben Sie kaum eine Möglichkeit, die Konvertierung nach HTML zu beeinflussen. Der vom Internet-Assistenten für Word erzeugte HTML-Code ist an einigen Stellen durchaus zu verbessern – im Hinblick auf die Verwendung von Absatz- und Zeichensatz-Tags wäre er sogar dringend zu korrigieren.

Ein weiterer Nachteil ist das oft noch mangelnde Zusammenspiel der Textverarbeitung mit der Web-Umgebung. Wenn Ihre Textverarbeitung Querverweise beherrscht oder eine Literaturverwaltung anbietet – können Sie Verweise auf Online-Resource als URL integrieren und als HTML erzeugen?

Wahrscheinlich werden sich diese Fragen durch die zunehmende Unterstützung des Internet in Anwendungsprogrammen in absehbarer Zeit erledigen. Bei der konkreten Auswahl heute sollten Sie die angebotenen Filter aber darauf überprüfen. Pakete wie StarOffice oder Office97 unterstützen HTML als Speicherformat und werben mit ihrer Fähigkeit zur Erstellung Webbasierter Informationssysteme.

✗

15.4 Site-Editoren

Da mit einem HTML-Editor lediglich eine einzige Seite erstellt werden kann, ist dadurch das Erstellungsproblem für eine komplette *Web-Site* – als ein zusammenhängendes Informationssystem auf einem Server – nicht gelöst. Es gibt mehr und mehr Systeme, mit denen die Erstellung mehrerer Seiten in gleichem Erscheinungsbild möglich ist. Wichtig ist hier die Möglichkeit, Eigenschaften festzulegen, die auf allen Seiten gelten sollen. Beispiele sind gleichartige Kopf- und Fußteil von Seiten oder wiederkehrende Navigationsbalken, die in andere Teile Ihres Informationssystems führen.

Ein Beispiel für einen solchen Site-Editor ist *HTMgen* (http://home.sol.no/jgaa), mit dem Seitenbestandteile vordefiniert und zu Seiten kombiniert werden können. In einem Generierungs-

HTMgen

15 Erstellen von HTML-Seiten

schritt baut das System daraus eine komplette Site. In Abbildung 15.8 sehen Sie einen Bildschirmausschnitt.

Mit *HTMgen* definieren Sie Bestandteile von Seiten und deren Eigenschaften. Aus diesen können Sie Seiten Ihres Informationssystems kombinieren und abschließend einen Satz HTML-Seiten erzeugen lassen.

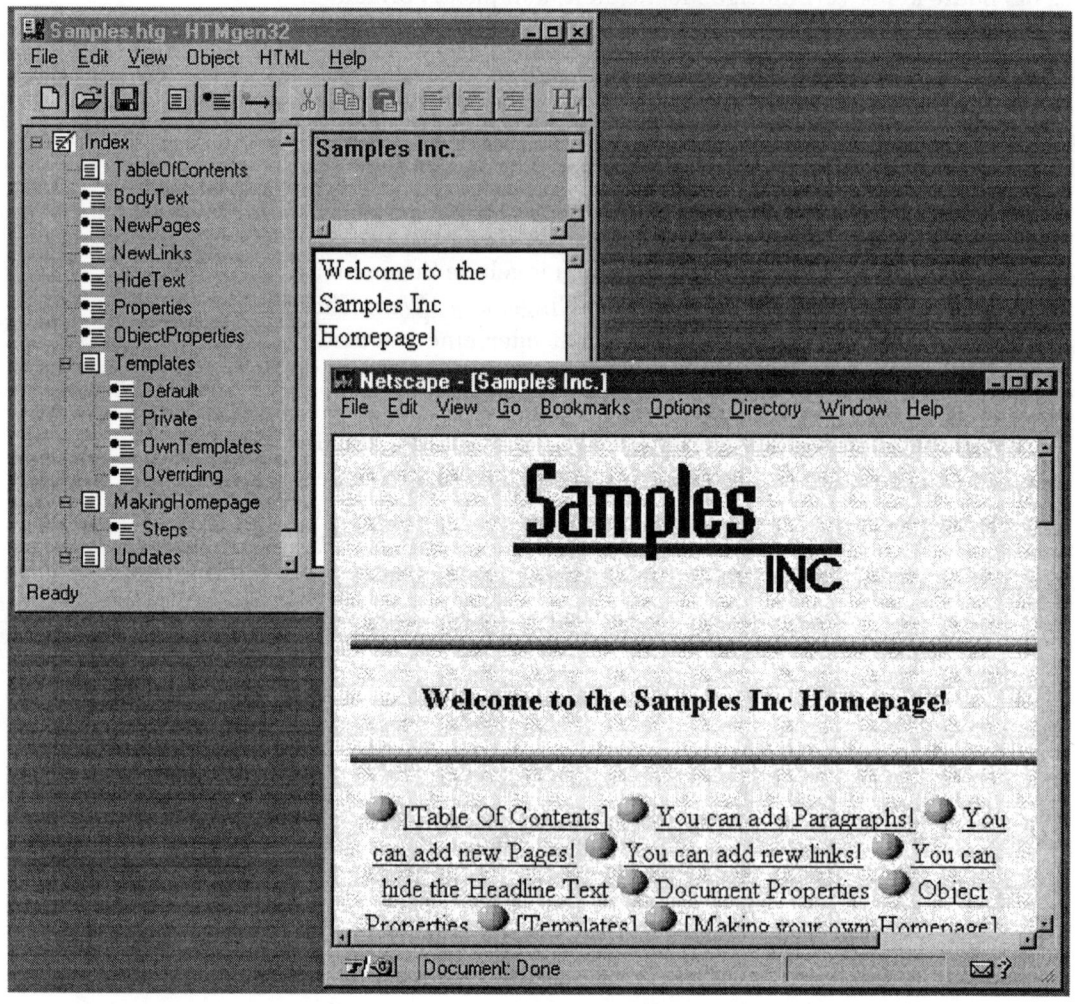

Abbildung 15.8
Der Site-Editor HTMgen

Wollen Sie beispielsweise das Hintergrundbild auf allen Seiten Ihres Informationssystems ändern, so reicht die Änderung einer einzigen Eigenschaft und eine Neuerzeugung der Seiten aus. Gegenüber der Erstellung mit HTML-Editoren liegt der Vorteil der einfachen Wartungsunterstützung auf der Hand. Der Site-Editor *HTMgen* ist allerdings vergleichsweise spartanisch in der HTML-Unterstützung bei der Erstellung der Seitenbestandteile.

Ein anderer Vertreter dieser Gattung ist *GnnPress*, von dem Sie einen Bildschirmausschnitt in Abbildung 15.9 finden. Hier ist ein herkömmlicher HTML-Editor um die Fähigkeit zur Erstellung mehrerer Seiten und deren Verknüpfung erweitert worden. GnnPress wird momentan unter dem Namen *AOLpress* bei http://www.primehost.com/download/index.htm bereitgestellt.

GnnPress

AOLpress

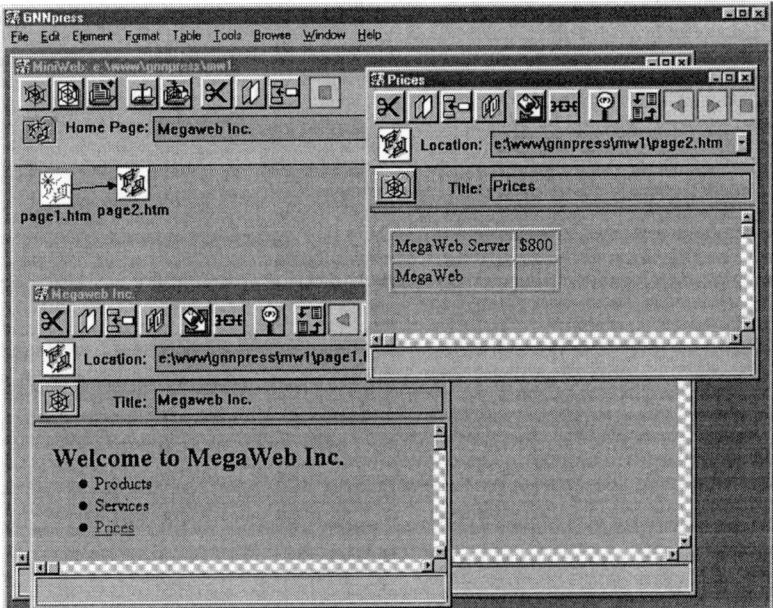

Abbildung 15.9
Der Site-Editor GnnPress

Der Vorteil von Site-Editoren liegt in der einfachen Wiederverwendung von Bestandteilen und der leichten Änderbarkeit eines kompletten Satzes von Seiten. Dafür ist allerdings etwas mehr Planung und der zusätzliche Generierungsschritt notwendig.

15.5 Konverter

Vielleicht wollen Sie aber auch keinen besonderen Editor oder Exporter verwenden, sondern eine Reihe von Dokumenten per Programm nach HTML konvertieren lassen. Es gibt für die wichtigsten Formate von Texten teilweise mehrere Konverter nach HTML.

Eine Übersicht über solche Programme finden Sie im Web unter *http://www.w3.org/hypertext/WWW/Tools/Filters.html*. Alternativ dazu sind unter der URL *ftp://src.doc.ic.ac.uk/computing/ information-systems/www/tools/translators* verschiedenste Konverter gesammelt.

Die Liste umfaßt Konverter für Textverarbeitungen wie Microsoft Word, Word Perfect, FrameMaker, Interleaf, QuarkXPress, PageMaker, AmiPro, ClarisWorks, MacWrite und die Satzsysteme troff und LaTeX.

Der Vorteil solcher Konvertierer liegt in der Fähigkeit zur Generierung größere Mengen schon existierender Dokumente als Online-Versionen. Allerdings gibt es auch hier denselben Nachteil wie bei den Export-Filtern: Zumeist sind die Quellformate mächtiger als HTML, und die Integration von HTML-Feinheiten und Online-Referenzen ist nicht immer sehr überzeugend.

15.6 Online-Generierung von Seiten

Ein weiterer Weg zur Erstellung eines Informationssystems beinhaltet überhaupt keine direkte Erzeugung von HTML-Seiten. Sie können Ihr Informationsangebot komplett auf einen schon vorhandenen Datenbankinhalt abstützen, indem Sie die in Kapitel 14 auf Seite 195 beschriebenen Mechanismen zur dynamischen Erzeugung von HTML-Dokumenten auf alle Ihre Seiten anwenden.

Dabei ergibt sich ein Bild wie in Abbildung 15.10. Als Grundlage dafür müssen alle Informationen, die Sie anbieten, in einer Datenbank gespeichert sein.

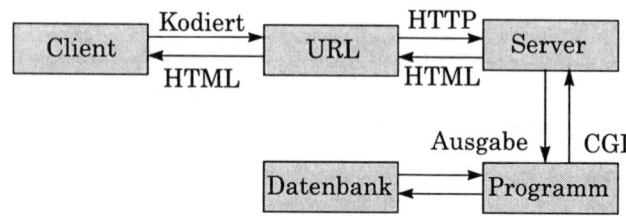

Abbildung 15.10
Seitengenerierung aus Datenbank mit dem CGI-Mechanismus

Vielleicht verfügen Sie über diesen Inhalt schon – beispielsweise in Form von datenbankgestützten Produktinformationen, die Sie online verfügbar machen wollen.

Sie konfigurieren dafür Ihren Web-Server so, daß er für alle angefragten Seiten ein Skript aufruft. Dieses Skript fragt Ihre Datenbank geeignet an, um die Inhaltsinformationen zu ermitteln. Mit Hilfe von Templates – HTML-Schablonen, in die die Informationen lediglich eingefügt werden – erzeugt das Skript jeweils eine HTML-Seite, die an den Leser als Antwort geschickt wird.

Die Anbindung von Datenbanken zu diesem Zweck ist inzwischen in verschiedenen kommerziellen Produkten vorhanden. Der Vorteil dieser Methode liegt in der Aktualität des erzeugten HTML-Inhalts und der Mehrfachverwendung einer eventuell schon vorhandenen Datenbank.

Ein Nachteil ergibt sich aus den höheren Antwortzeiten – für jede Seite muß eine Datenbankanfrage gestellt und deren Ergebnis mit dem Template vermischt werden.

15.7 Auswahlkriterien

Welche Software Sie wählen, um Ihre HTML-Seiten zu erstellen, wird letztlich an Ihren konkreten Aufgaben zu entscheiden sein. Faktoren sind beispielsweise die Menge der schon vorhandenen Texte, die Rechnerplattform und natürlich auch der persönliche Geschmack.

Bei der Auswahl einer Erstellungsmethode für HTML spielen verschiedene Faktoren eine Rolle. Abbildung 15.11 zeigt einen möglichen Weg zu einer Entscheidung. Wichtige Faktoren bei der Auswahl sind:

- Die *Menge* der zu erstellenden Seiten. Bei kleinen Mengen bieten sich aufgrund ihrer Einfachheit eher Editoren für einzelne Seite an.

- Die *Erfahrung* mit der HTML-Erstellung. ASCII-Editoren sind bei der Schnelligkeit und Flexibilität HTML-Editoren überlegen, erfordern aber mehr HTML-Kenntnisse.

- Die *Dynamik der Bestände*. Sind große Bestände vorhanden, wird eine Konvertierung der bessere Weg sein – bei wachsenden Beständen bieten sich Exporter an.

- Die *Dynamik des Inhalts*. Falls sich der Seiteninhalt in rascher Abfolge ändert, bietet sich eine Seitengenerierung zum Abfragezeitpunkt an.

Schließlich wird der Auswahlprozeß durch persönliche Vorlieben bei der Auswahl von Editoren beeinflußt. Der wichtigste Faktor bleibt aber die Einbettung der HTML-Erzeugung in den allgemeinen umgebenden Produktionsprozeß, in dem die Online-

Abbildung 15.11
Auswahlkriterien für die HTML Erstellung

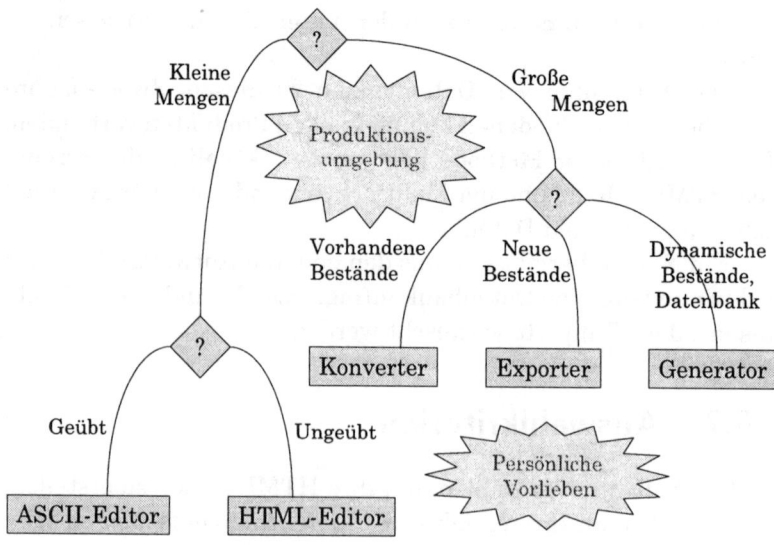

Darstellung nur eine mögliche Informationsbereitstellung unter mehreren ist.

Wie in der Einleitung dieses Kapitels angekündigt, finden Sie an dieser Stelle keine Empfehlung für einen bestimmten Weg oder die Verwendung eines bestimmten Systems. Ihnen sollte allerdings deutlich geworden sein, welche Möglichkeiten es zur HTML-Erstellung gibt, welche Vor- und Nachteile jeweils existieren und welche Entscheidungskriterien Sie anwenden können.

In diesem Kapitel haben Sie einige Editoren zur Erstellung von HTML-Seiten kennengelernt. Das Wissen um HTML-Tags und Editoren reicht aber nicht für die Umsetzung erfolgreicher Informationssysteme aus. Im nächsten Kapitel finden Sie eine Reihe von Hinweisen und Tips, die Sie bei der Gestaltung beachten sollten.

16 Stilempfehlungen

Sie haben in den vorangegangenen Kapiteln HTML kennengelernt und können mit diesem Wissen bereits eigene HTML-Seiten gestalten, die teilweise anspruchsvoll und optisch ansprechend mit Formeln, Tabellen und Abbildungen arbeiten.

Dennoch reicht dieses technische Wissen über HTML nicht aus, um wirklich gute Informationssysteme zu bauen. Zusätzlich zur Korrektheit einer Seite kommen noch weitere Faktoren hinzu, die die Informationssysteme einfach zugänglich machen.

In diesem Kapitel finden Sie Hinweise, mit denen man HTML-Seiten optisch gut gestaltet. Sie werden auf technische Fallstricke hingewiesen und lernen viele Tips zur Darstellung des Seiteninhalts, zum Aufbau einzelner Seiten und zur Strukturierung von kompletten Informationssystemen kennen.

Es existieren eine ganze Reihe von sogenannten Style-Guides für das Web ([17], [11], [19]). Dieses Kapitel gibt einen Ausschnitt aus der Menge von Hinweisen wieder. Dabei bleibt ausreichend gestalterischer Spielraum für Ihre eigene Kreativität.

Beim Schreiben von HTML-Seiten können eine Reihe technischer Fehler auftreten. Sie bewirken zumeist nicht, daß eine Seite nicht angezeigt wird. Vielmehr führen sie zu größeren oder kleineren Fehlern in der Darstellung, die man schon beim Schreiben vermeiden sollte.

16.1 Mindestbestandteile einer Seite

Jede Seite hat immer zumindest die Form

```
<HTML><HEAD>
Kopfinformationen
</HEAD><BODY>
Seiteninhalt
</BODY></HTML>
```

Obwohl <HTML>...</HTML> überflüssig erscheinen mag, sollte man immer seine HTML-Seiten mit diesem Tag einschließen.

Und auch die Aufteilung der Seite in Kopf- und Inhaltsinformationen muß immer ausgezeichnet werden.

Im Kopfteil der Seiten muß zumindest das Tag `<TITLE>` erscheinen, da der Browser sonst z.B. das unschöne »`(untitled)`« als Fenstertitel verwendet.

Der Seitentitel sollte dabei möglichst kurz sein. Üblicherweise stellen Browser diesen in der Kopfzeile eines Fensters dar. Mit einem kurzen Titel stellt man sicher, daß er dort hineinpaßt. Viele Fenstersysteme verwenden diesen Titel als Unterzeile eines Icons, wenn man das Fenster verkleinert. Dem Autor dieses Buchs ist schon ein `<TITLE>` begegnet, der so nicht mehr auf einen 19-Zoll Monitor paßte...

Geben Sie einen Titel an, der aussagekräftig ist. Es macht beispielsweise keinen Sinn, seine persönliche Eingangsseite mit `<TITLE>Homepage</TITLE>` auszuzeichnen, da hier nicht gesagt wird, um wessen Homepage es sich handelt. Verwenden Sie an dieser Stelle besser Ihren Namen. Überprüfen Sie, ob Sie anhand des Titels alleine herausfinden können, wovon eine Seite handelt.

Äußerst empfehlenswert ist darüber hinaus die Verwendung von `<BASE>` auf jeder Seite, da dadurch alle relativen Referenzen in dem HTML-Dokument auch dann aufgelöst werden können, wenn es sich an einem anderen Ort befindet.

Zusätzlich sollte man das Tag `<LINK>` in der folgenden Form im Kopfteil jeder HTML-Seite verwenden:

`<LINK REV="made" HREF="mailto:`*E-Mail-Adresse*`">`

Damit gibt man an, daß über die URL die Person zu erreichen ist, die das Dokument erstellt hat. Zur Zeit können schon einige Browser – z.B. Lynx – dieses Tag auswerten; mit dem Aufkommen von HTML 3-Browsern wird seine Verwendung zunehmend wichtig.

16.2 Sonderzeichen

Sonderzeichen stellt man in HTML mit einem Code dar, der mit `&` eingeleitet wird. Diese Sonderzeichen müssen immer mit einem Semikolon abgeschlossen werden, auch wenn man meint, daß beispielsweise ein Leerzeichen das Ende des Codes andeutet. Schreiben Sie also `Schlu&szlig;` und **Ende** anstelle des fehlerhaften `Schlu&szlig` und **Ende**.

Vor und nach den Sonderzeichencodes sollte kein zusätzliches Leerzeichen auftauchen. `Gr &ouml; &szlig; e` ist falsch (»Gr ö ß e«); die korrekte Schreibweise ist `Gr&ouml;&szlig;e`.

Auch wenn man Umlaute und andere Sonderzeichen direkt in einer HTML-Seite verwenden kann, sollte man trotzdem die Code-Schreibweise bevorzugen, da nicht alle alten Browser einen 8-Bit-Zeichensatz beachten und dies nach der HTML-Definition auch nicht müssen.

16.3 Leerzeichen und Zeilenumbrüche

Mehrfache Leerzeichen und Zeilenumbrüche sind in einer HTML-Seite meistens gleichbedeutend mit einem einfachen Leerzeichen (eine Ausnahme ist beispielsweise `<PRE>`). Dennoch gibt es einige Stellen, an denen Leerzeichen mit Bedacht verwendet werden sollten.

Verwendet man Leerzeichen nach einem Start-Tag oder vor einem Ende-Tag, so sind sie damit Bestandteil des ausgezeichneten Textes. In Verbindung mit Textformatierungen kann dies zu unerwarteten Änderungen der Darstellung führen. Dazu zwei Beispiele:

```
Taste <TT> Enter </TT> auf der <I>Tastatur </I>.
Taste <TT>Enter</TT> auf der <I>Tastatur</I>.
```

Durch die Leerzeichen vor dem Ende-Tag entstehen unterschiedliche Leerräume:

> Taste `Enter` auf der *Tastatur* .
> Taste `Enter` auf der *Tastatur*.

Im ersten Fall entsteht ein größerer Leerraum, da der Browser Schreibmaschinenschrift verwendet und darin Leerzeichen fast immer breiter sind. Nach *Tastatur* ergibt der zusätzliche Leerraum den Satzfehler vor dem Punkt.

Ein weiterer Fallstrick in Sachen Leerzeichen ist die Tatsache, daß Zeilenumbrüche im HTML-Text wie ein Leerzeichen behandelt werden. Das folgende Beispiel zeigt die Auswirkung im Zusammenhang mit dem `<A>`-Tag:

```
Siehe das <A HREF="...">
Literaturverzeichnis
</A>.
```

Ein Browser wird diesen Ausschnitt wie folgt darstellen:

> Siehe das Literaturverzeichnis .

Da die Zeilenumbrüche wie Leerzeichen gelten, werden sie zum Text des Ankers gerechnet und unterstrichen. Wenn der Anker nur eine Grafik enthält, wirken solche Fehler besonders unschön:

```
Navigation: <A HREF="up">
<IMG SRC="up.gif" ALT="Up">
</A>
```

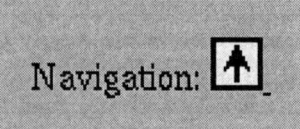

Abbildung 16.1
Überflüssiges Leerzeichen nach der Grafik

Falls man aus Gründen der Übersichtlichkeit beim Schreiben in seinem HTML-Text Zeilenumbrüche einfügen will, sollte man dies vor der schließenden spitzen Klammer von Tags tun, da Leerzeichen dort ignoriert werden:

```
Siehe das <A HREF="..."
>Literaturverzeichnis</A>.
```

Die Regeln zur Verwendung und Vermeidung von Leerzeichen haben ihre Ausnahmen, nämlich bei den Elementen, die von sich aus Leerraum einfügen. So kann problemlos nach einem <DT>-Tag ein Leerraum folgen oder auch nicht.

Eine weitere Fehlerquelle ist ein fehlendes Leerzeichen nach dem Ende-Tag:

```
Taste <TT>Enter</TT>auf der <I>Tastatur</I>.
```

Dieser HTML-Text ergibt folgende fehlerhafte Darstellung:

> Taste Enterauf der *Tastatur*.

16.4 Textauszeichnung

Über die folgende Stilempfehlung wird gerne gestritten: Bevorzugen Sie logische Textauszeichnung gegenüber direkter Formatierung. Wichtige Passagen sollten Sie also mit den Tags <EM> oder <STRONG> auszeichnen und nicht <I> oder <B> verwenden.

Der Vorteil einer solchen logischen Auszeichnung ist eine etwas höhere Abstraktion: »Hier ist eine wichtige Textstelle« anstatt von »Hier ist fette Schrift«. Wie »wichtig« dargestellt wird, bleibt dem Browser oder Nutzereinstellungen überlassen. Zudem macht die logische Auszeichnung auch die Verarbeitung von HTML-Seiten einfacher, da z.B. leicht zu automatisieren ist, das <ADDRESS>-Feld zu suchen, um die Autorenschaft einer Seite zu ermitteln, während ansonsten eine Textanalyse notwendig ist.

Die Argumentation gegen logische Auszeichnung lautet, daß die vorhandenen Tags nicht für alle Fälle ausreichen. So könnte man auch ein <DATE>-Tag für die Auszeichnung von Datumsangaben nutzen. Überlegt man weiter, so erhält man eine fast endlose Liste »sinnvoller« logischer Auszeichnungen, die den Sprachumfang von HTML aber unübersichtlich machen würden.

Das Argument der stärkeren Kontrolle über das Aussehen der Seite durch direkte Formatierung läßt sich aber einfach entkräften. Schon heute stellen Browser wie der zeichenorientierte Lynx beispielsweise das <B>-Tag durch Unterstreichen dar.

16.5 Grafiken

Bei allen Grafiken, die Sie mit <IMG> darstellen, sollten Sie zugleich mit dem ALT-Attribut eine textuelle Alternative anbieten. Der Text sollte informativ genug sein, um die Grafik zu ersetzen. Nicht wenige Nutzer des Web verwenden auch zeichenbasierte Browser wie Lynx und können Grafiken gar nicht anzeigen. Noch wichtiger in diesem Zusammenhang sind Nutzer, die wegen schlechter oder teurer Leitungen in ihrem grafischen Browser das Laden von Grafiken abschalten. Sie sollten dafür unbedingt mit ALT eine textuelle Alternative anbieten.

Vermeiden Sie es, zuviele Farben in Ihren Grafiken zu verwenden. Jede einzelne Farbe muß der Browser bei seinem Fenstersystem anfordern und die Menge der verfügbaren Farben ist begrenzt. Als gute Richtwerte gelten maximal 50 Farben pro Bild und insgesamt nicht mehr als 150 Farben pro Seite.

Bedenken Sie, daß Funktionen in Malprogrammen zur Glättung von Kurven durch zusätzlich eingefügte Pixel in Farbabstufungen arbeiten. Auf diese Werte entsteht selbst bei einfache Schwarz-Weiß-Grafiken ein Bedarf für 20 oder 30 Grauwerte.

Inzwischen haben sich die Browserhersteller auf einen Satz von Standardfarben geeinigt, die der Browser immer im Fenstersystem reserviert. Dabei sind für die Rot-, Grün- und Blauanteile jeweils sechs Abstufungen vorgesehen, wodurch sich eine Standardfarbpalette von 216 Farben ergibt.

Die Stufen in jedem Farbanteil sind 0, 51, 102, 153, 204 und 255, oder in hexadezimaler Schreibweise 0, 33, 66, 99, CC und

FF. Damit ist #3399CC eine »gute« Farbe, während bei #40AA01 der Browser wahrscheinlich eine zusätzliche Farbe vom Fenstersystem anfordern muß, und diese eventuell nicht mehr frei ist.

Die Attribute WIDTH und HEIGHT sollten Sie bei Grafiken benutzen. Dadurch kann der Browser die Textformatierung durchführen, auch wenn er noch nicht alle Grafiken geladen hat. Während der Browser diese noch vom Server holt, hat der Leser schon den vollständigen Text vor sich.

Auch die Technik des Interlacing bei GIF Bildern kann zu einem subjektiv schnelleren Seitenaufbau führen. Ein so bearbeitetes Bild baut sich schon nach kurzer Zeit auf, allerdings in unscharfer Darstellung. Dennoch kann der Leser schon Umrisse erkennen und braucht eventuell nicht auf das vollständige Laden der Grafik zu warten.

Weiterhin ist es guter Stil, große Grafiken nicht »zwangsweise« auf Ihren Seiten anzubieten. Falls beispielsweise Fotos die eigentliche Information auf einer Seite sind, bieten sich verkleinerte Versionen auf der Seite an, die jeweils Links auf das Originalbild sind. Damit kann der Leser auswählen, welches Bild er in voller Größe anschauen will. Sie vermindern damit die Kosten des Lesers, der sonst vielleicht für die Übertragung sehr großer Bilder bezahlen muß, die ihn eigentlich nicht interessieren.

Bei Grafiken, die aus mehreren Teilen bestehen – beispielsweise einer Leiste grafischer Buttons –, ist es günstiger, eine einzige Grafik anstelle mehrerer einzelner Buttons anzubieten. Dadurch muß nur eine Datei übertragen werden, wobei man einen unnötigen mehrfachen Verbindungsauf- und -abbau vermeidet.

Sie können eine solche Button-Leiste beispielsweise in einem Formular mit dem Tag <INPUT> und dem Attribut TYPE=IMAGE versehen. Den ausgewählten Button ermitteln Sie in einem CGI-Skript, das die übermittelten Koordinaten Name.x und Name.y auswertet. Überlegen Sie, ob eine eingängig gestaltete Grafik eventuell besser ist als eine Leiste rechteckiger Buttons.

16.6 HTML-Layout

Die Quellen der HTML-Seiten werden zwar nicht dem Leser dargestellt; damit aber Sie einfacher damit umgehen können, sollten Sie auch hier eine Art Formatierung benutzen. Um Fehler zu vermeiden, sollten Sie einfach zwischen Tags und eigentlichem Text unterscheiden können.

Beginnen wir mit einem schlechten Beispiel, dessen Inhalt Sie von Seite 7 kennen:

16.6 HTML-Layout

```
<!doctype
 html public "-//IETF//DTD HTML//EM//2.0">
<html><head><title>Berlin Informationen</title>
<Base HREF="http://www.info.berlin.de/index.html">
<nextid N=A12></HEAD><BODY>
<h1>Berliner Bezirke</H1>
<H2>Westliches Berlin</H2>
<Dl><dt>Goldelse
<dd>Siegess&auml;ule<dt>Schwangere Auster
<dd>Haus der Kulturen der Welt
<DT>Hohler Zahn<dd>Glockenturm der alten
Ged&auml;chtniskirche</dl></body></html>
```

Dieses Dokument ist zwar korrektes HTML, aber schlecht zu editieren, da kaum sichtbare Unterschiede zwischen dem Text und Tags vorhanden sind. Auch ist kein einheitlicher Stil verwendet worden – mal sind die Tag-Namen groß, mal klein, mal gemischt geschrieben. Zudem spiegelt die Struktur des HTML-Textes nicht die Struktur der Seite wider.

Eine bessere Formatierung des Quelltextes sieht so aus:

```
<!DOCTYPE
 HTML PUBLIC "-//IETF//DTD HTML//EM//2.0">
<HTML>
<HEAD>
<TITLE>Berlin Informationen</TITLE>
<BASE HREF="http://www.info.berlin.de/index.html">
<NEXTID N=A12>
</HEAD>
<BODY>
<H1>Berliner Bezirke</H1>
<H2>Westliches Berlin</H2>
<DL>
<DT>Goldelse
<DD>Siegess&auml;ule
<DT>Schwangere Auster
<DD>Haus der Kulturen der Welt
<DT>Hohler Zahn
<DD>Glockenturm der alten
Ged&auml;chtniskirche
</DL>
</BODY>
</HTML>
```

Hier sind alle Tags in Großbuchstaben notiert, und das Layout spiegelt die Dokumentenstruktur wider.

Man kann auch noch weitergehen und Leerzeichen zur Strukturierung verwenden:

```
<!DOCTYPE
 HTML PUBLIC "-//IETF//DTD HTML//EM//2.0">
<HTML>
<HEAD>
<TITLE>    Berlin Informationen    </TITLE>
<BASE HREF="http://www.info.berlin.de/index.html">
<NEXTID N=A12>
</HEAD>
<BODY>
<H1>       Berliner Bezirke        </H1>
<H2>       Westliches Berlin       </H2>
<DL>
<DT>       Goldelse
<DD>       Siegess&auml;ule
<DT>       Schwangere Auster
<DD>       Haus der Kulturen der Welt
<DT>       Hohler Zahn
<DD>       Glockenturm der alten
           Ged&auml;chtniskirche
</DL>
</BODY>
</HTML>
```

Bei diesem Layout ist der linke Rand für Tags reserviert. Auf einen Blick wird klar, was der eigentliche Seiteninhalt und was die Auszeichnung ist. Dafür müssen Sie natürlich etwas Mehraufwand treiben – vielleicht kann ein Texteditor dabei helfen. Und Sie müssen darauf achten, daß Sie bei einer solchen Formatierung nicht fehlerhaft Leerzeichen einführen.

16.7 Gute Textauszeichnung

Eine wichtige Regel der Textgestaltung ist die Beschränkung auf das Notwendige. Textauszeichnung soll eine Passage hervorheben und dem Leser die Orientierung erleichtern. Sie soll nicht demonstrieren, daß man vielerlei Schriftarten erzeugen kann. Sie soll auch nicht *l'art pour l'art* sein und den Bezug zum Inhalt verlieren.

So sollten Sie überlegen, ob es wirklich Sinn macht, einen Text bis in die unterste Gliederungsstufe `<H6>` zu unterteilen. Vielleicht reicht auch eine Hervorhebung durch die Tags `<EM>`

oder <STRONG>. Eventuell ist auch eine Auflistung verschiedener Punkte mit <DD> geeigneter. In beiden Fällen gewinnen Sie eine bessere Platzausnutzung auf einer Seite, da weniger vertikaler Leerraum erzeugt wird.

Überschriften sollten kurz und prägnant sein, nicht zuletzt, damit sie in der Darstellung des Browsers nicht mehrere Zeilen benötigen.

16.8 Links

Auf jeder Seite innerhalb eines Informationssystems sollte man zusätzliche Nagivationshilfen geben. Üblicherweise bieten Browser Buttons an zum Erreichen der vorherigen Seite, der Homepage etc. Innerhalb eines Systems gibt es aber auch andere sinnvolle Ziele, die Sie in einer Navigationsleiste zur Verfügung stellen sollten. Beispiele sind die Eingangsseite, eine Suchseite, eine Seite auf der man eine E-Mail an den Betreiber schicken kann, oder eine Seite, die Hilfestellung zur Benutzung bietet.

Eine solche Button-Reihe läßt sich platzsparend darstellen als:

```
<B>[<A HREF="index.html">Eingang</A>]
   [<A HREF="search.html">Suchen</A>]
   [<A HREF="help.html">Hilfe</A>]
   [<A HREF="feedback.html">Feedback</A>]</B>
```

Ein Browser erzeugt dafür die einzelne Zeile

> [Eingang][Suchen][Hilfe][Feedback]

Diese Darstellung von Nagivations-Buttons – in fetter Schrift von eckigen Klammern eingefaßt – hat sich als Gestaltungsmittel inzwischen durchgesetzt. Sie sollten sie am Anfang jeder Seiten darstellen und bei langen Seiten auch am Ende. Bei sehr langen Seiten kann man sie an geeigneten Stellen einstreuen.

In Verbindung mit Framesets läßt sich eine Navigationsleiste sehr gut am Rand einer Seite fixieren. Dabei enthält ein Frame nur die Leiste, während ein zweiter den jeweiligen Inhalt der gewählten Seite enthält. Mit den Attributen von <FRAME> können Sie bei Bedarf den entstehenden Rand zwischen den Frames ausschalten.

Schreiben Sie HTML wie ein normales Textdokument. Verfallen Sie nicht in einen speziellen Hypertextstil, bei dem Sie weniger über den Inhalt und mehr über die technische Form sprechen. Die folgenden Beispiele sollen das verdeutlichen:

- Schreiben Sie nicht »Auf dieser Seite finden Sie Informationen über Berliner Stadtbezirke«, denn dabei sprechen Sie nicht über Berlin, sondern über Ihre Seite. Anstatt dessen ist es besser zu schreiben: »Berlin ist in viele Stadtbezirke aufgeteilt. Sie sind...«. Einen normalen Text auf Papier würden Sie wahrscheinlich ähnlich verfassen.

- Schreiben Sie nicht »Klicken Sie hier für allgemeine Informationen über Berlin«. Auch in diesem Fall sprechen Sie nicht über Berlin, sondern über einen Link. Besser ist hier: »Berlin ist in viele Stadtbezirke aufgeteilt. Sie sind...«. In vielen Anleitungen hat dieser Fehler schon den Namen *click-here-syndrome* erhalten... Sie sollten sich immer an normalen Texten auf Papier orientieren, in denen die obige Formulierung nie vorkommen würde.

16.9 Gute Seitengestaltung

Eine gute Hypertextseite bildet eine inhaltliche Einheit, die vom Leser einfach durchgearbeitet werden kann. Für die angemessene Länge einer Seite lassen sich nur ungefähre Werte angeben. Die meisten Autoren von Stilempfehlungen geben einen Richtwert von zwei bis drei Bildschirmgrößen an. Dadurch braucht man höchstens zwei Mal blättern und der Inhalt der Seite überfordert den Leser nicht. In diesem Zusammenhang interessant ist auch die Aussage, daß das Lesen von Texten am Bildschirm typischerweise zwanzig bis dreißig Prozent länger dauert als das Lesen desselben Textes auf Papier.

Wollen Sie mit Ihrer Seite einen »vorbeischauenden« Leser interessieren, sollten Sie sich auf eine Bildschirmseite beschränken. Einen Richtwert für deren Größe kann man von den verbreitetsten Bildschirmauflösungen ableiten.

Die normale VGA-Auflösung, die jede Grafikkarte beherrscht, beträgt 640 mal 480 Pixel – der technische Nachfolger SVGA beherrscht 800 mal 600 Pixel. Wenn Sie sich nach diesen Größen richten, optimieren Sie Ihre Seiten so, daß man sie auch mit einem kleinen PC auf einen Blick erfassen kann.

✗ Allerdings entsprechen diese Pixelwerte noch nicht der dargestellten Seitenfläche – rechnen Sie horizontal 20 Bildpunkte für den Fensterrahmen und Rollbalken und vertikal 150 Punkte für Fensterrahmen, Menüleiste und Steuerelemente ab.

Jede Seite sollte für sich ein halbwegs vollständiges Dokument sein, aus dem erkenntlich ist, in welchem Zusammenhang es steht. Anders als in einem Buch kann man sich nicht auf das

»vorhergehende Kapitel« beziehen, da es in einem Hypertext keine zwingende Reihenfolge von Kapiteln gibt. Verwenden Sie für solche Verweise Links.

Falls Sie eine logische Informationseinheit auf mehrere Seiten verteilen müssen, verwenden Sie eine auf diesen Seiten wiederkehrende Hauptüberschrift, die sie zusammenhält. Sie sollten in diesem Fall zusätzlich eine Hauptseite anbieten, die Links auf die einzelnen Unterseiten enthält.

Am Ende einer jeden Seite sollte eine Angabe über die Autorenschaft der Seite und das Datum der letzten Änderung stehen. Die Autorenangabe läßt sich auch durch eine mailto:-URL oder einen Link auf die Homepage des Autors ergänzen. Üblicherweise verwendet man zur Auszeichnung das <ADDRESS>-Tag:

```
<HR>
<ADDRESS>Author:
<A HREF="mailto:tolk@cs.tu-berlin.de"
>Robert Tolksdorf</A><BR>
Last Revision: Sun, 18 Jun 1995
<ADDRESS>
```

Aus psychologischen Studien ist eine Regel bekannt, die darüber Auskunft gibt, wie viele zusammenhängende Informationseinheiten als eine Gruppe erkannt werden. Sie heißt *plus or minus seven* und besagt, daß Leser zwischen sechs und acht Informationen wie Listeneinträge oder Grafiken als zusammenhängend erachten und sich an sie als eine Einheit erinnern. Stellen Sie beispielsweise eine Aufzählung dar, sollten Sie sie auf cirka sieben Einträge beschränken und bei größerer Anzahl weiter untergliedern. Speziell für das Web ist zudem wichtig, daß eine solche Informationseinheit auf eine typische Seite in der Darstellung des Browsers paßt.

16.10 Gute Hypertextgestaltung

Viele Dokumente werden im Web auf mehrere Seiten verteilt. Eine solche Struktur ist für das Lesen am Bildschirm erforderlich, damit eine gewisse Maximallänge von zwei bis drei Bildschirmgrößen pro Seite nicht überschritten wird.

Sie sollten aber bei längeren Dokumenten gleichzeitig eine am Stück ausdruckbare Version anbieten. Ein Buch beispielsweise sollte für das Lesen am Bildschirm in Kapitel, Abschnitte etc. aufgeteilt sein. Will ein Leser aber auf Papier arbeiten, erhält er in der Regel von Browsern wenig Unterstützung, das Buch komplett auszudrucken. Sie sollten daher parallel einen Link auf eine Postscript-Datei mit dem kompletten Text anbieten.

Innerhalb eines Informationssystems sollten Sie für ein einheitliches Aussehen sorgen. Dadurch erkennt der Leser, daß er sich in einem bestimmten System befindet. Beispiele, die Ihrem System eine eigene Note geben, sind:

- Verwendung eines einheitlichen Layouts innerhalb des Informationssystems

- Ein immer wiederkehrender grafischer Teil am Beginn aller Seiten

- Verwendung derselben Icons für die Navigation im System

- Gleicher Hintergrund mit `<BODY BACKGROUND="#...">`

- Eine einheitliche Farbgebung mit den Tags `<BODY BGCOLOR="...">` und `<BODY LINK="#..." VLINK="#..." ALINK="#...">`. Beachten Sie, daß die Farbgebung nur mit neueren Browsern dargestellt wird und nur auf Farbbildschirmen zu sehen ist.

- Unterscheidung von Links, die auf eine Seite innerhalb des Informationssystems führen, von externen Zielen. Dazu lassen sich beispielsweise kleine Icons verwenden.

In diesem Kapitel haben Sie eine Reihe von Empfehlungen kennengelernt, mit denen Sie Ihre HTML-Seiten ansprechend gestalten können. Auf den Farbtafeln in diesem Buch finden Sie ein paar Beispiele für gelungene HTML-Gestaltung.

Bevor Sie Ihr Informationssystem aber tatsächlich öffentlich anbieten, müssen Sie es testen. Während seines Betriebs sollten Sie regelmäßige Wartungen Ihres Systems vornehmen. Im nächsten Kapitel lernen Sie Techniken und Tools dazu kennen.

17 Test und Wartung von HTML-Seiten

Nachdem Sie ein Hypertext-System für das Web erstellt haben, sollten Sie es testen, bevor Sie damit an die Internet-Öffentlichkeit gehen. Danach ist die Arbeit aber nicht beendet. Ihr Informationsangebot kann nur dann dauerhaft erfolgreich sein, wenn Sie es regelmäßig warten. In diesem Kapitel stellen wir Techniken und Tools dafür vor.

17.1 Testen von HTML-Seiten

Sie sollten jede einzelne Seite, die Sie erstellen, testen, bevor Sie sie auf einem Server anbieten. Als kleine Checkliste können die folgenden Punkte dienen:

- Ist die Darstellung korrekt? Lesen Sie die Seite Korrektur.
- Sind alle Links korrekt? Folgen Sie testweise allen Links.
- Paßt die Seite in die allgemeine Gestaltung Ihres Informationssystems? Gleichen Sie die Darstellung ab und achten Sie auf die logische Struktur.
- Ist die Seite auch ohne Grafiken verständlich? Schalten Sie das Laden der Grafiken testweise ab.
- Läßt sich die Seite auf verschiedenen Browsern darstellen? Testen Sie mit Netscape, Microsofts Internet Explorer und Lynx.

An verschiedenen Stellen dieses Buchs haben wir darauf hingewiesen, daß man nicht im voraus wissen kann, mit welchen Browsern Leser auf ein Informationssystem zugreifen.

Zum Testen sollte man daher mehrere unterschiedliche Browser verwenden und mit ihnen alle eigenen Seiten überprüfen. So könnte es sein, daß Sie Attribute verwenden, die nur Netscape beherrscht und die mit diesem Browser das gewünschte Ergebnis zeigen, während andere Browser, die diese Attribute nicht benutzen, die Seiten fehlerhaft darstellen.

Um eine Empfehlung für eine Liste von Browsern auszusprechen, mit denen man testen sollte, braucht man Zahlen über die Verbreitung der verschiedenen Systeme.

Der Autor dieses Buchs hat im Frühjahr und Sommer 1995 am offiziellen Web-Server für die Verhüllung des Reichstags in Berlin durch Christo und Jeanne-Claude mitgewirkt. Die Projektgruppe KIT/FLP an der Technischen Universität Berlin hatte dazu die technische Infrastruktur bereitgestellt. Aus den circa zwei Millionen Zugriffen im Juni und Juli 1995 ließen sich auch Zahlen über die Verbreitung von Web-Browsern gewinnen.

Netscape hatte dabei einen Anteil von 67 Prozent der Zugriffe, gefolgt von Mosaic mit 26 Prozent. Der textbasierte Browser Lynx kam auf einen Anteil von immerhin sieben Prozent.

Neuere Statistiken vom Herbst 1997, wie in *http://www.cen.uiuc.edu/bstats/latest.html* oder *http://browserwatch.iworld.com/stats/stats.html*, zeigen, daß Mosaic kaum noch eine Bedeutung hat. Netscape scheint einen Marktanteil von ungefähr 65% zu haben, der Internet Explorer liegt um 23–31%, und Lynx rangiert bei etwas über einem Prozent.

Als Betriebssysteme kommen nach diesen Untersuchungen zu fast 80% Windows 95, zu cirka 7% Apple Macintosh und zu 4% X-Windows-basierte Unix-Systeme zum Einsatz. Windows NT scheint immerhin einen Anteil von über 5% zu erreichen.

Daraus läßt sich folgende Empfehlung ableiten: Verwenden Sie bei der Entwicklung Ihrer HTML-Seiten Netscape und nutzen Sie auch einige der erweiterten Netscape-Tags und -Attribute. Überprüfen Sie aber unbedingt jede Seite anschließend mit dem Internet Explorer und schließlich auch mit Lynx.

17.2 Test auf korrektes HTML

Wie im Kapitel 15 auf Seite 205 beschrieben, bieten viele Editoren an, eine HTML-Seite auf Korrektheit zu überprüfen. Sie können diesen Schritt aber auch nachträglich vornehmen, indem Sie ein Prüfprogramm verwenden.

Die vielen technischen Fehler aus Kapitel 16 auf Seite 221 lassen sich von Hand nachträglich eher schwer überprüfen. Da HTML eine formale Sprache ist, liegt es nahe, ein entsprechendes Programm zu schreiben, das die Korrektheit einer HTML-Seite überprüft. Beim W3-Konsortium ist unter der Web-Adresse *http://www.w3.org/pub/WWW/MarkUp/html-test* eine Sammlung solcher Programme zu finden.

Eins dieser Programme ist *htmlchek* von H. Churchyard. Es führt mit die gründlichsten Tests durch und ermittelt die meisten Fehler.

htmlchek

Das Programm ist ein Skript für den Interpreter *awk* und Perl und läßt sich daher auf den wichtigsten Rechnertypen ausführen. Als Beispiel soll die folgende HTML-Seite – die einige Fehler enthält – überprüft werden:

awk

```
<HTML><TITLE>Titel</TITLE>
<BODY>
<A HREF="index.html">
<IMG SRC="grafik.gif">
</A><I>Hallo </I>
<BODY></HTML>
```

Abbildung 17.1
Die zu testende HTML-Seite

Die Ausgaben von *htmlchek* finden Sie in Abbildung 17.2 auf der nächsten Seite. Das Programm hat alle Fehler gefunden.

Für Windows 95 gibt es eine ganze Reihe solcher Programme, die allesamt über eine komfortable Oberfläche verfügen. In Abbildung 17.3 auf Seite 237 sehen Sie den *HTML Validator* der Firma Spyglass, dessen Funktionalität ihn zu einem sehr akzeptablen Tool macht.

HTML Validator

Sie finden das Programm im Web über die URL *http://www.spyglass.com/products/validator*. Eine Alternative ist das Testprogramm *CSE 3310 HTML Validator*, das Sie im Web bei *http://htmlvalidator.com* laden können.

CSE 3310 HTML Validator

17.3 Informationsangebote bekanntmachen

Mit der Erstellung eines Informationssystems durch das Schreiben von HTML-Seiten haben Sie sich zwar einen funktionsfähigen Hypertext erstellt, aber niemand kennt und benutzt ihn. Wollen Sie Ihr Angebot populär machen, dann müssen Sie dafür werben. Dies kann im gleichen Medium – per Internet – geschehen oder in anderen Medien.

Im Internet spielen zwei Dienste die größte Rolle für die Bekanntmachung eines Web-Servers: Die News-Gruppen und die Suchindizes für das Web.

```
Diagnostics for file "htmlchek.htm":
Tag outside of HEAD or BODY element Warning! at line 1 of file
 "htmlchek.htm" on tag TITLE
<body> without preceding <head>...</head> Warning! at line 2
 of file "htmlchek.htm"
Whitespace after '>' of underline markup opening tag Warning!
 at line 3 of file "htmlchek.htm" on tag A
Malformed tag option ERROR! at line 4 of file "htmlchek.htm"
 on tag IMG
Missing option value ERROR! at line 4 of file "htmlchek.htm"
 on tag IMG, option SRC
IMG tag without ALT option Warning! at line 4 of file
 "htmlchek.htm"
Whitespace before '<' of underline closing tag Warning! at
 line 5 of file "htmlchek.htm" on tag /A
Whitespace after '>' of underline markup opening tag Warning!
 at line 6 of file "htmlchek.htm" on tag A
Whitespace before '<' of underline closing tag Warning! at
 line 6 of file "htmlchek.htm" on tag /A
Null <x>...</x> element Warning! at line 6 of file
 "htmlchek.htm" on tag /A
HEAD or BODY nested inside HEAD or BODY element ERROR! at line
 7 of file "htmlchek.htm"
Improper nesting ERROR! at line 7 of file "htmlchek.htm":
 /BODY expected, /HTML found
Pending unresolved <x> without </x> ERROR! of level 2 at
 END of file "htmlchek.htm" on tag BODY
<HEAD> not used in document Warning! at END of file "htmlchek.htm"
<LINK REV="made" HREF="mailto:..."> not used in document
 Warning! at END of file "htmlchek.htm"
<IMG> tags were found without ALT option 1 times
 Warning! at END of file "htmlchek.htm"
Advice: Add ALT="" to purely decorative images, and
 meaningful text to others.
Whitespace separated underlining tags from enclosed
 element 4 times Warning! at END of file "htmlchek.htm"
Advice: Change ''<X> text </X>'' syntax to preferred
 ''<X>text</X>'' syntax.
```

Abbildung 17.2
Ausgaben von htmlchek für das Beispiel

Zum internationalen Bekanntmachen per Usenet kommt die News-Gruppe *comp.infosystems.www.announce* in Frage. In ihr

17.3 Informationsangebote bekanntmachen

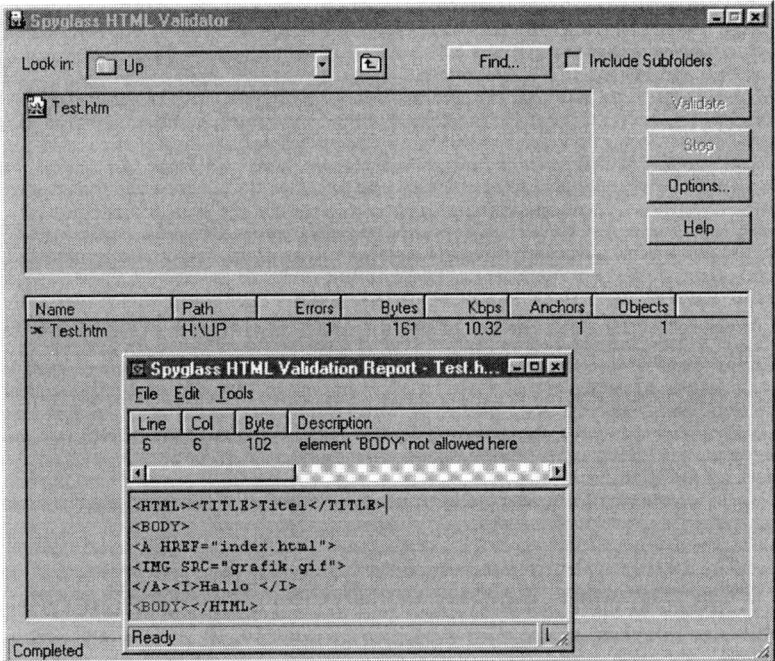

Abbildung 17.3
Der HTML Validator von Spryglass

kann man Homepages, Informationssysteme und Änderungen veröffentlichen.

Es handelt sich um eine moderierte Usenet-Gruppe, das heißt, ein Moderator überprüft die Postings, bevor sie weltweit verteilt werden. Er tut dies nach ein paar Regeln, die auch veröffentlicht sind. Ein kurzer Blick in *comp.infosystems.www.announce* macht das Schema klar. Achten Sie beim Posten in dieser News-Gruppe auf jede verwendete Internet-Adresse. Verschiedene Indizes verwenden sie durch automatische Verarbeitung als Quelle für Einträge. Die folgenden Punkte sollten Sie daher beachten:

- Schreiben Sie die URL Ihres Informationsangebotes korrekt auf. Verwenden Sie dazu die Form

    <URL: http://...>

- Schreiben Sie in Ihre Signature die URL Ihrer Homepage. Nehmen Sie in Ihre Homepage die URL des beworbenen Informationssystems.

- Bringen Sie in Ihrem Posting möglichst viele Schlüsselworte unter, die automatisch zu verarbeiten sind.

- Verwenden Sie das entscheidende Schlüsselwort im Titel Ihres Postings.

Technisch gesehen ist ein Schlüssel zum Erfolg eines Web-Systems das Plazieren von Links auf das eigene Angebot in möglichst vielbesuchten anderen Servern.

Paßt Ihr Angebot thematisch zu anderen Servern, schreiben Sie per e-mail deren Betreiber direkt an, beschreiben Sie Ihr Angebot und bitten Sie um die Aufnahme eines Links.

Im deutschsprachigen Bereich ist die Newsgrupps *de.comm.infosystems.www.pages* für Ankündigungen gedacht. Auch hier sollten Sie ein bestimmtes Format einhalten, dessen Aussehen regelmäßig in der Newsgruppe verbreitet wird.

Um möglichst viele Leser auf Ihre Seiten zu ziehen, ist es wichtig, in den üblichen Suchindizes vertreten zu sein. Systeme wie Lycos, Hotbot, Alta Vista oder Infoseek arbeiten automatisch, indem sie mit Suchrobotern das Web durchkämmen und Seiten analysieren.

Gleichzeitig bieten sie in Formularen die Möglichkeit, eine bestimmte URL den Robotern mitzuteilen, damit sie die neue Seite möglichst bald durchlaufen.

Nachdem die Anzahl der Suchmaschinen inzwischen dreistellig ist, liegt es nahe, den Ankündigungsprozeß in diesen vielen Quellen zu automatisieren. Tatsächlich existieren mehrere solche Dienste, die allerdings Gebühren für die Anmeldung nehmen.

Ein Beispiel dafür ist der Dienst »PostMaster« unter *http://www.netcreations.com/postmaster*, der ein einziges – dafür aber umfangreiches – Formular anbietet, mit dem auf einen Schlag eine URL in verschiedensten Indizes bekanntgemacht wird.

Zwei weitere Dienste mit ähnlicher Funktionalität sind »Announce It!« unter *http://www.announceit.com* und »exposeURL« bei *http://www.exposeurl.com*. Bei der Web-Adresse *http://www.yahoo.com/Computers and Internet/Internet/World Wide Web/Announcement Services* finden Sie eine umfangreiche Sammlung mit weiteren Ankündigungsdiensten.

Überprüfen Sie in regelmäßigen Abständen, ob Ihr Angebot mit einfachen Schlüsselwörtern eines Suchindizes auffindbar ist. Potentielle Leser gehen diesen Suchweg. Finden Sie Ihr Angebot nicht, müssen Sie mehr Werbung machen.

Daneben sollten Sie sich bemühen, Ihr Internet-Angebot auch in anderen Medien bekanntzumachen. Drucken Sie beispielsweise die URL Ihrer Homepage auf Ihre Visitenkarte. Verwenden Sie die URL Ihrer Firmenpräsentation im Web in Ihren Briefköpfen. Machen Sie bekannt, daß Sie auch im Internet vertreten sind.

In Kapitel 2 auf Seite 9 hatten wir beschrieben, daß viele Suchmaschinen auch Informationen aus einer Seite übernehmen, die mit dem <META>-Tag ausgezeichnet werden. Die Tabellen 2.6 auf Seite 20 und 2.7 auf Seite 23 zeigten mögliche Attributwerte.

17.4 Wartung von Informationsangeboten

Überprüfen Sie regelmäßig Ihr Informationsangebot mit ähnlichen Methoden wie beim Testen vor der Veröffentlichung. Dabei sollten Sie auch überlegen, ob Sie Neuerungen in HTML in Ihren Seiten benutzen können.

Lesen Sie die Protokolldateien des Servers und überprüfen Sie, ob eventuell regelmäßig Zugriffsfehler auftreten. Ursache könnten falsche Links sein.

Anhand der Protokolldateien können Sie herausfinden, welche Teile Ihres Informationsangebots am interessantesten sind. Vielleicht lohnt es sich, diese Teile noch auszubauen.

Pflegen Sie den Inhalt Ihres Systems. Falls Sie Leser an Ihr System binden wollen, müssen Sie »Highlights« in regelmäßigen Abständen anbieten, damit es sich lohnt, »mal wieder vorbeizuschauen«.

17.5 Wartungsprogramme

Bei der Wartung eines Hypertext-Systems im Web liegt das eigentliche Problem nicht darin, seine eigenen Seiten korrekt aufeinander verweisen zu lassen. Schwieriger ist es, die Verweise auf externe Seiten aktuell zu halten. Eine URL, die Sie in Ihren Seiten in einem Anker verwenden, kann über Nacht verändert oder entfernt werden. Daher muß man eigentlich in regelmäßigen Abständen die eigenen Seiten durchklicken und überprüfen.

Viel Arbeit kann man dabei aber automatisieren, und auch dafür gibt es eine Reihe von Programmen. Das älteste und bekannteste ist *MOMspider* von Roy Fielding.

MOMspider

Die Arbeitsweise von *MOMspider* ist einfach erklärt: Man beschreibt seine Web-Seiten als sogenannte *Infostruktur* für *MOMspider*, und das Programm untersucht als kleiner Roboter alle darin vorkommenden Links. Trifft es auf veränderte Links, informiert es Sie darüber, und Sie müssen dann von Hand Ihre Seiten geeignet anpassen. *MOMspider* kann Ihnen eine E-Mail über Veränderungen schicken, zugleich erzeugt es eine HTML-Seite – die Index-Seite – mit gleichem Inhalt. In Abbildung 17.4 auf der nächsten Seite sehen Sie eine so erzeugte E-Mail.

17 Test und Wartung von HTML-Seiten

Abbildung 17.4
Eine Wartungs-Mail von MOMspider

```
This message was automatically generated by
MOMspider/1.00

The following parts of the Homepage infostructure may
need inspection:

Broken Links:
<http://http//www.cs.yale.edu/HTML/YALE/CS/
Linda/linda.html>

Redirected Links:
<http://www.cs.tu-berlin.de/informatik>
<http://www.cs.tu-berlin.de/~flpshare>

Changed Since Mon, 24 Jul 1995 17:39:38 :
<file://localhost/home/tolk/www/index.html>
<http://www.cs.tu-berlin.de/~tolk/Roberts.gif>
<http://www.cs.tu-berlin.de/~tolk/homepage.gif>
<http://www.cs.tu-berlin.de/~tolk/robertsmall.gif>
<http://www.cs.tu-berlin.de/~tolk/html3book.gif>
<http://www.chemie.fu-berlin.de/adressen/berlin.html>
<http://www.kulturbox.de/>
<http://www.cs.tu-berlin.de/~tolk/plundersmall.gif>
<http://www.dpunkt.de/>
<http://www.cs.tu-berlin.de/~tolk/wr.gif>

For more information, see the index at
<file://localhost/home/tolk/www/short-index.html>
```

Die Angaben darüber, was *MOMspider* untersuchen soll und auf welche Weise, legt man in einer Instruktionsdatei fest. Ihre Gestaltung ist die eigentliche Anpassungsarbeit zur Benutzung von *MOMspider* für Ihr Informationssystem.

MOMspider ist der »Ahnherr« für ähnliche Programme auch auf anderen Betriebssystemen. Die Funktionsweise dieser Link-Tester ist im Grund dieselbe – lediglich in der Konfiguration und der Oberfläche gibt es wirkliche Unterschiede.

In Abbildung 17.5 auf der nächsten Seite sehen Sie den Link-Tester *InfoLink* unter Windows 95 in Aktion. Gegenüber einem herkömmlichen Unix-System finden Sie bei diesem Programm eine komfortablere Oberfläche vor.

InfoLink

InfoLink stammt von der Firma BiggByte Software und ist im Web bei *http://www.biggbyte.com* zu bekommen. Eine Alternative mit ähnlichem Funktionsumfang bietet *CyberSpyder*, der im Netz unter *http://www.cyberspyder.com* erhältlich ist.

CyberSpyder

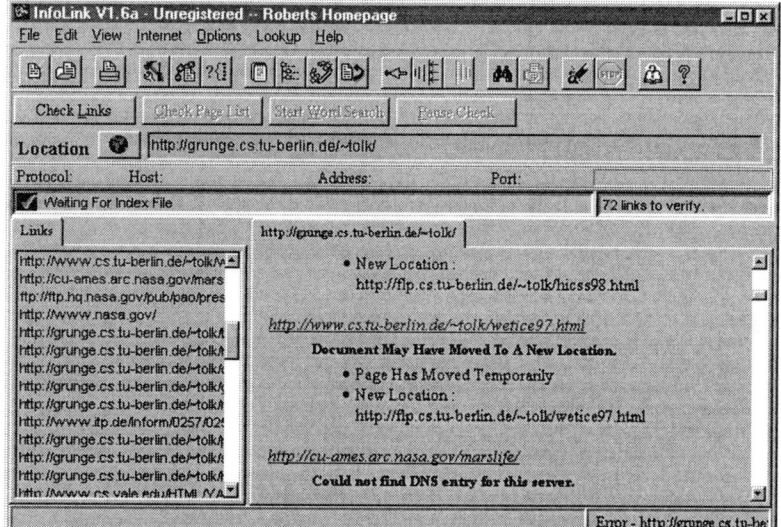

Abbildung 17.5
Der Link-Tester InfoLink

Die Wartung erfordert nach der Erstellung eines Informationssystems den meisten Aufwand und verursacht die meisten Kosten. Bedenken Sie diesen Aufwand in Ihrer Planung.

18 Programme im Web – Java und Skriptsprachen

Nachdem das Web und HTML selber ab 1993 das Internet massiv verändert hatten, begann ab 1995 eine zweite Revolution für Informationssysteme im Netz. Die Firma Sun hat im Frühjahr 1995 eine erste Version des Web-Browsers HotJava freigegeben, der zunächst auf Unix implementiert wurde. Bei HotJava handelte es sich nicht einfach nur um einen weiteren Browser neben Mosaic und Netscape, vielmehr diente das Programm als Vehikel für die Einführung eines neuen Konzeptes für aktive Seiten im Web, in denen kleine Programme arbeiten.

Zur Implementierung dieser kleinen Programme – den Applets – wurde eine neue, objektorientierte Sprache vorgestellt: Java. Netscape erkannte früh, daß hier ein neuer Markt entsteht und hat in der Netscape-Version 2 eine eigene Sprache – allerdings mit grundlegend anderem Konzept – implementiert: JavaScript. In diesem Kapitel lernen Sie kurz beide Sprachen und die Einbettung von Programmen in HTML-Seiten kennen.

18.1 Java – Ausführbarer Programmcode im Netz

HotJava fügte dem Web eine neue Komponente hinzu, die Aussehen und Funktion des Web erheblich verändert: Man kann HTML-Seiten mit kleinen Programmen – Applets – ergänzen, die zusätzlich zur Seite übertragen werden und beispielsweise Animationen oder Interaktionen mit dem Benutzer ermöglichen.

HTML-seitig gibt es dafür ein zusätzliches Tag: <APPLET>... </APPLET>. Als Attribut trägt es eine URL eines Programms, das in der C++-ähnlichen Programmiersprache Java geschrieben ist. Der Browser lädt dieses Programm wie bei einem <IMG> nach und führt es aus. Möglich wird dies dadurch, daß beispielsweise HotJava einen kompletten Interpreter für die Sprache Java enthält.

Abbildung 18.1
Der HotJava-Browser von Sun

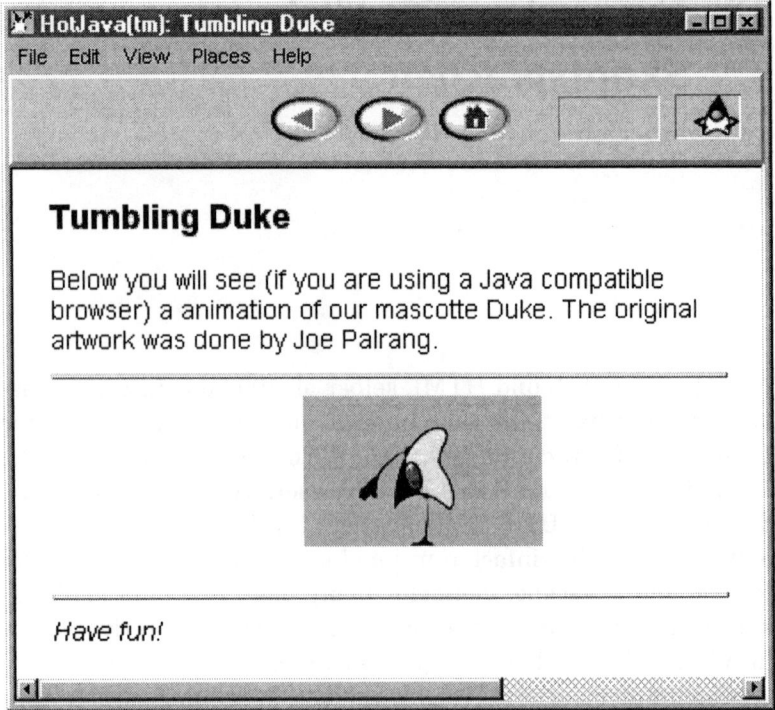

Genaugenommen handelt es sich um einen Interpreter für einen fiktiven Prozessor, der *Java Virtual Machine* (JVM). Die Sprache Java selber ist eine herkömmliche Programmiersprache, die von einem Compiler in Bytecode für die JVM übersetzt wird. Da es sich bei der JVM um einen durch Software simulierten Prozessor handelt, kann dieser Simulator problemlos in einen Browser integriert werden. Egal ob man einen Netscape für Windows95 oder Unix auf einer Sparc-Workstation benutzt, beide enthalten diesen Softwareprozessor und können compilierte Java-Programme ausführen.

In Abbildung 18.1 sehen Sie ein Applet-Beispiel von Sun. Dabei läßt sich der eigentliche Effekt nicht in einem Buch darstellen: Während die Seite ganz normal dargestellt wird, bewegt sich das kleine Java-Maskottchen »Duke« zwischen den Fensterrändern hin und her und vollführt kleine Sprünge. Dabei arbeitet im HotJava-Browser ein kleines Programm, das die Einzelbilder der Animationssequenz geladen hat und diese nun der Reihe nach darstellt.

Für die Entwicklung von Java-Programmen steht eine umfangreiche Klassenbibliothek zur Verfügung, die alle notwendigen Bibliotheksfunktionen beispielsweise zum Rechnen, für normale Programmierroutinen oder grafische Darstellung enthält. Zunehmend sind komplette Entwicklungsumgebungen erhältlich, die dem Programmierer viel Arbeit abnehmen.

18.2 Applets in HTML-Seiten einbetten

Neben den Ihnen schon bekannten Tags, die Objekte in eine Seite einbetten – <IMG>, <EMBED>, <OBJECT>, <IFRAME> –, gibt es für Applets das <APPLET>-Tag. Bei seinem Auftreten lädt der Browser den Code eines Applets lokal oder über das Netz, führt es aus und läßt es eine Darstellung innerhalb der Seite erzeugen.

Das Tag kann eine Reihe von Attributen tragen, die die Darstellung im Browser beeinflussen:

- WIDTH: Die Breite der Fensterfläche für das Applet in Pixel.

- HEIGHT: Die Höhe der Fensterfläche für das Applet.

- HSPACE: Leerraum links und rechts von der Fensterfläche für das Applet.

- VSPACE: Leerraum über und unter der Fensterfläche für das Applet in Pixel.

- ALIGN: Die Ausrichtung der Darstellungsfläche für das Applet mit den möglichen Werten LEFT, RIGHT, TOP, TEXTTOP, MIDDLE, ABSMIDDLE, BASELINE, BOTTOM und ABSBOTTOM. Die Bedeutung dieser Werte entspricht genau derjenigen beim <IMG>-Tag.

- ALT: Textueller Ersatz, falls der Browser ein Applet nicht starten kann, weil er beispielsweise zeichenorientiert ist.

Für die weiteren Attribute ist mehr Wissen um die Arbeitsweise von Java notwendig. Java ist eine objektorientierte Sprache – dabei wird ein Programm durch eine Reihe von Klassen gebildet, in denen die Funktionalität eines Objektes dieser Klasse festgelegt ist. Aus ihnen werden zur Laufzeit eines oder mehrere Objekte erzeugt, die ausgeführt werden. Beim Übersetzen eines Java-Programms entsteht für jede Klasse eine Datei mit ausführbarem Maschinencode für den Interpreter im Browser – üblicherweise als *Klassenname*.class.

Für die Ausführung eines Programms sind eine ganze Reihe von Klassendateien notwendig, die von einem Web-Server bei Bedarf geladen werden. Der Browser lädt die Hauptklasse des Applets und startet sie. Immer wenn er auf einen Aufruf einer bisher unbenutzten Klasse trifft, lädt er die entsprechende `class`-Datei über das Netz nach.

Die Attribute, die sich mit dem Laden und Ausführen eines Applets befassen, sind:

- `CODE`: Der Name der Klassendatei der Hauptklasse des Applets. Sie wird vom Browser geladen und ausgeführt.

- `CODEBASE`: Der Browser versucht Klassendateien von derselben Stelle zu laden, an der die HTML-Seite steht, in die das Applet eingebettet ist. Stehen die Klassendateien an einem anderen Ort, enthält `CODEBASE` die entsprechende URL.

- `ARCHIVE`: Da für jede nachgeladenen Klasse ein Ladevorgang über das Web notwendig ist, können schon einfache Applets eine hohe Netzlast verursachen. Sun hat mit der Java-Version 1.1 daher ein Archiv-Format – JAR oder *Java Archive* – eingeführt, durch das mehrere Klassendateien in einer einzigen Archivdatei gespeichert werden.

    Das `ARCHIVE`-Attribut enthält den Namen einer JAR-Datei in der der Browser nach Klassendateien suchen soll. Sind mehrere Archive zu benutzen, werden ihre Namen durch Komma getrennt nacheinander aufgeführt. Die komplette URL eines Archivs ergibt sich in der Kombination mit `CODEBASE`, wie bei normalen Klassendateien auch.

- `OBJECT`: Ebenfalls als Neuerung in Java 1.1 wurde die Möglichkeit realisiert, ein laufendes Objekt einschließlich seinem Ausführungszustand abzuspeichern. Dieser Mechanismus – *Objektserialisierung* genannt – ermöglicht es, ein Objekt zu benutzen, seinen Zustand abzuspeichern und es später vielleicht an einem anderen Ort zu laden und fortzuführen.

    Das `OBJECT`-Attribut ist dafür vorgesehen: Es enthält den Namen eines solchen serialisierten und abgespeicherten Applets. Der Browser lädt es unter Verwendung von `CODEBASE` – und führt es fort.

- `NAME`: Applets können untereinander nur kommunizieren, wenn sie sich auf derselben HTML-Seite befinden. Für die Kommunikation ist allerdings ein Name notwendig, der als Zieladresse für Nachrichten verwendet wird. Im `NAME`-Attribut legt man einen solchen Namen für ein Applet fest.

18.2 Applets in HTML-Seiten einbetten

Ein Applet – das ja ein kleines Programm ist – ist zumeist so flexibel programmiert, daß sein Verhalten durch Parameter beeinflußt werden kann. So könnte die Geschwindigkeit einer Animation ein Beispiel für einen solchen Parameter sein.

Zur Übergabe von Parametern an das Applet wird innerhalb von <APPLET>...</APPLET> das Tag <PARAM> verwendet. Es kennt die zwei Attribute NAME für einen Parameternamen und VALUE für dessen Wert.

<PARAM>

Das Beispiel in Abbildung 18.1 auf Seite 244 könnte ein Applet sein, das als Parameter beispielsweise Ort und Anzahl der Einzelbilder der Animation, die Hintergrundfarbe und eine Verzögerung zwischen zwei Animationen verarbeiten kann. In der HTML-Seite werden sie innerhalb von <APPLET>...</APPLET> in mehreren <PARAM>-Tags entsprechend notiert:

```
<APPLET CODE="Animator.class" WIDTH=460 HEIGHT=80>
<PARAM NAME="imagesource" VALUE="images/Duke">
<PARAM NAME="endimage" VALUE=10>
<PARAM NAME="backgroundcolor" VALUE="0xc0c0c0">
<PARAM NAME="pause" VALUE=200>
</APPLET>
```

Ein Browser, der <APPLET> und <PARAM> nicht kennt, ignoriert diese Tags. Um den Nutzer darauf hinweisen zu können, daß an dieser Stelle ein Applet stehen würde, kann man innerhalb von <APPLET>...</APPLET> normalen HTML-Text notieren:

```
...
<PARAM NAME="pause" VALUE=200>
<I>Hier sollte eine Animation stehen - ohne einen
Java-Browser m"ussen Sie darauf verzichten</I>
</APPLET>
```

Browser, die Applets nicht kennen, geben den Text aus, während Browser, die <APPLET> beherrschen, alles außer <PARAM> ignorieren und somit den Hinweis nicht darstellen.

Wie Sie schon in Abschnitt 8.3 auf Seite 111 bei <BODYTEXT> gelesen haben, entspricht die Verwendung eines HTML-Containers wie <APPLET>...</APPLET> ohne Inhalt nicht mehr ganz der formalen DTD. Um dieses Manko zu beheben – wenn Sie beispielsweise Ihre Seite von einem Programm auf Korrektheit hin überprüfen lassen –, gibt es das Tag <TEXTFLOW>. Es hat keinerlei Funktion hat, sondern dient nur dieser formalen Korrektheit und wird innerhalb der <APPLET>-Klammerung verwendet.

<TEXTFLOW>

Im HTML 4-Entwurf wird von der Verwendung von <APPLET> abgeraten, weil mit <OBJECT> ein erheblich mächtigerer Mechanismus zur Einbettung von beliebigen Objekten bereitsteht.

W3C *HTML 4*

18.3 Skripte im Netz: JavaScript

Java ist eine compilierte Sprache für einen Prozessor, der im Browser simuliert wird. Damit ist die Programmierung in Java vergleichsweise aufwendig und läßt sich nicht ohne ein Entwicklungssystem durchführen. Es gibt aber viele Aufgaben, die mit ein paar Zeilen Programmcode zu erledigen sind. Für die Programmierung solcher einfacher Aufgaben gibt es seit langem in vielen Anwendungen das Konzept der Skriptsprachen.

Bei ihnen handelt es sich um einfache Sprachen, die ohne weiteren Compilierungsschritt interpretiert werden. Mit der Version 2 vom Netscape-Browser wurde erstmalig eine solche Sprache in großem Maßstab für das Web verfügbar. Sie hieß anfangs LiveScript und war zunächst eine Eigenentwicklung von Netscape. Inzwischen existiert eine Vereinbarung mit Sun, sie unter dem Namen JavaScript weiterzuentwickeln und zu verbreiten.

Seitdem nutzen viele Web-Seiten diese Möglichkeit, um Formulareingaben schon im Browser auf Stimmigkeit zu prüfen oder um visuelle Effekte zu programmieren. Der Vorteil einer solchen Sprache liegt darin, daß sie ohne komplizierte Ladevorgänge und ohne Server-Kontakt ausgeführt werden kann.

JavaScript ist aber nur eine der vorhandenen Skriptsprachen. Microsoft hat einen Visual Basic-Dialekt unter dem Namen VB-Script implementiert, Sun selber wird die Skriptsprache tcl zunehmend einsetzen. Daneben existiert seit langem eine Reihe spezialisierter Browser aus dem Forschungsbereich, die über weitere Sprachen verfügen.

W3C HTML 4

Das W3C hat diese Entwicklung aufgenommen und aus den vorhandenen HTML-Anbindungen der Sprachen ein Modell für Skriptsprachen in HTML-Seiten entwickelt, das unabhängig von der konkreten Sprache ist.

<SCRIPT>

Dazu ist das Tag <SCRIPT>...</SCRIPT> vorgesehen, das entweder einen Verweis auf eine Datei mit dem Skript enthält oder den Programmtext umschließt. Das Tag soll nur im Kopfteil einer Seite verwendet werden. Die Attribute von <SCRIPT> sind:

❑ SRC: Enthält die URL eines Skripts, das über das Web geladen wird.

❏ LANGUAGE: Gibt an, in welcher Sprache das Skript geschieben ist. Wichtige Werte sind `JavaScript` oder `VBScript`. Es gibt momentan keine Übereinkunft über die Eindeutigkeit dieser Namen, allerdings wird auch nicht jeder Anwender selber eine neue Sprache implementieren.

❏ TYPE: Ist eine konzeptuell bessere Alternative zu LANGUAGE, die allerdings noch nicht nennenswert implementiert ist. Hier enthält das Attribut den MIME-Typ, der für die Skriptsprache festgelegt wurde. Der HTML 4-Entwurf geht von der Definition von MIME-Typen wie `text/javascript` oder `text/vbscript` aus, die als Wert verwendet werden können.

Über die Programmierung des Skriptes selber können in der Definition der HTML-Anbindung keine Annahmen gemacht werden. Daher ist das Zusammenspiel zwischen diesen Sprachen, dem Seiteninhalt und dem Browser jeweils implementierungsabhängig. Im nächsten Abschnitt lernen Sie aber einen Mechanismus kennen, mit dem der Zeitpunkt der Ausführung eines Skripts von Ereignissen abhängig gemacht werden kann.

Browser, die <SCRIPT> nicht unterstützen, würden mit dem direkt notierten Programmtext massive Schwierigkeiten haben, da sie HTML und nicht eine Skriptsprache erwarten. Es ist daher üblich, das komplette <SCRIPT>...</SCRIPT> mit einem HTML-Kommentar zu umgeben, damit auch der Programmtext ignoriert wird. ✘

Um bei solchen Browsern immerhin eine Meldung auf der Seite unterbringen zu können, daß an dieser Stelle die Ausgaben eines Skriptes stehen sollten, gibt es ein weiteres Tag. Den HTML-Text, der von <NOSCRIPT>...</NOSCRIPT> umschlossen wird, ignoriert ein Browser, der Skriptsprachen beherrscht. Alle anderen ignorieren das ihnen unbekannte Tag und stellen den enthaltenen HTML-Text dar. `<NOSCRIPT>`

18.4 Ereignisse und Skriptaufrufe

Skripte können zu einer Client-seitigen Erzeugung von Seitenbestandteilen dienen oder aber bestimmte Aufgaben der Verarbeitung erledigen. Während bei einer rein CGI-basierten Formularanwendung das Server-Skript testen muß, ob alle notwendigen Eingaben vorgenommen wurden, wäre es sinnvoll, diesen Test von einem Skript auf der Client-Seite durchführen zu lassen.

W3C *HTML 4*

Dazu ist es aber notwendig, beim Abschicken des Formulars ein Skript zu starten. In JavaScript und inzwischen auch im HTML 4-Entwurf sind daher eine Reihe von Ereignissen definiert, beispielsweise das Abschicken eines Formulars. Diese Ereignisse lassen sich bei verschiedenen HTML-Elementen als Attribute verwenden. Der Wert dieser Attribute ist jeweils der Name einer Skriptfunktion, die bei Eintreten des Ereignisses ausgeführt werden soll.

✘ In einigen Dokumentationen werden die Ereignisnamen in gemischter Groß- und Kleinschreibung angegeben, beispielsweise als onMouseOver. Da in HTML aber die Schreibweise bei Attributen und Tagnamen ignoriert wird, ist dies gleichwertig mit onmouseover – der Schreibweise, die wir im folgenden verwenden. Die ersten beiden Ereignisse betreffen das gesamte Dokument:

- onload: Tritt ein, wenn die Seite oder das Frameset komplett geladen ist. Dieses Ereignis darf nur bei <BODY> und <FRAMESET> als Attribut verwendet werden.

- onunload: Wenn der Browser ein Dokument von der Anzeige entfernt, tritt vorher noch dieses Ereignis auf. Es darf ebenfalls nur bei <BODY> und <FRAMESET> als Attribut verwendet werden.

Die zweite Gruppe von Ereignissen hängt mit Aktionen mit der Maus zusammen. Sie können die Ereignisse bei praktisch allen HTML-Elementen als Attribute verwenden und eine Skriptaktion auslösen.

- onclick: Tritt auf, wenn der Leser mit dem Mauszeiger auf das Element klickt.

- ondblclick: Tritt beim Doppelklick auf ein Element auf.

- onmousedown: Tritt beim Drücken des Mausknopfes über einem Element auf.

- onmouseup: Beim Loslassen des Mausknopfes über einem Element tritt das Ereignis ein.

- onmouseover: Der Mauszeiger steht über einem Element.

- onmousemove: Tritt auf, wenn der Mauszeiger über ein Element bewegt wird.

- onmouseout: Tritt beim Wegbewegen des Mauszeigers von einem Element auf.

Die folgenden drei Ereignisse werden von Aktionen mit der Tastatur ausgelöst. Auch sie lassen sich bei praktisch allen Tags als Attribut verwenden.

- onkeypress: Eine Taste wird gedrückt.

- onkeydown: Eine Taste wird heruntergedrückt.

- onkeyup: Eine Taste wird losgelassen.

Die letzte Gruppe von Ereignissen hat mit Formularen und Aktionen auf Formularfeldern zu tun:

- onsubmit: Tritt bei <FORM> auf, wenn die Formulareingaben bestätigt werden.

- onreset: Die Formulareingaben wurden bei <FORM> zurückgesetzt.

- onfocus: Wird ein Element für Eingaben aktiviert, tritt das Ereignis auf. Das Setzen des Cursors in ein Textfeld eines Formulars ist eine solche Aktivierung, da erst dann auch Text eingegeben werden kann. Das Ereignis kann nur bei den Tags <LABEL>, <BUTTON>, <INPUT>, <SELECT> und <TEXTAREA> als Attribut verwendet werden.

- onblur: Das Element war zur Eingabe aktiviert und wird nun deaktiviert. Betrifft wiederum nur <LABEL>, <BUTTON>, <INPUT>, <SELECT> und <TEXTAREA>.

- onselect: In einem Eingabefeld wurde Text mit der Maus markiert. Betrifft lediglich <INPUT> und <TEXTAREA>.

- onchange: Ein Eingabe- oder Auswahlfeld wurde verändert. Betrifft die Tags <INPUT>, <TEXTAREA> und <SELECT>.

Wirklich ausgefeilte Beispiele für die Behandlung von Ereignissen würden Kenntnisse über JavaScript voraussetzen, die im Rahmen dieses Buchs keinen Platz haben. Daher abschließend nur ein sehr einfaches Beispiel:

```
<HTML><HEAD><TITLE>Beispiel</TITLE>
<SCRIPT LANGUAGE="JavaScript">
function mitteilung(m) {
 alert(m); return true;
}
</SCRIPT>
</HEAD>
```

18 Programme im Web – Java und Skriptsprachen

```
<BODY onload="mitteilung('Hallo')"
 onunload="mitteilung('Tsch"u"s')">
<A HREF="http://www.w3.org"
 onMouseOver="window.status='Zum W3 Konsortium';
              return true">W3C</A>
</BODY></HTML>
```

Das Skript am Anfang definiert eine Funktion, die eine Mitteilung in einer Dialogbox ausgibt. Diese Funktion wird nach dem Laden der Seite mit der Meldung »Hallo« und beim Verlassen der Seite mit »Tschüß« aufgerufen. Zusätzlich verändert sich bei einer Mausbewegung über den Link die Statuszeile des Browser-Fensters.

Abbildung 18.2
Die Skriptaktionen

In Abbildung 18.2 sehen Sie die Ergebnisse der Ereignisbehandlung. Beachten Sie, daß beim onMouseOver Ereignis anstelle des Aufrufs einer vorher definierten Funktion ein Fragment JavaScript als Wert angegeben ist.

19 Ausblick

Das Web entwickelt sich mit rasender Geschwindigkeit. Viele Bestandteile wie HTML werden laufend weiterentwickelt, neue Elemente kommen hinzu. In diesem Kapitel gehen wir auf einige Entwicklungen ein, die allesamt schon in Ansätzen Realität sind.

19.1 Erweiterbares HTML: XML

In Abschnitt 2.1 auf Seite 9 hatten Sie kurz etwas über die Verbindung von HTML und SGML erfahren. SGML ist ein Mechanismus zur Beschreibung der Syntax einer Auszeichnungssprache, darunter versteht man die Festlegung verwendbarer Tags und grammatikalischer Regeln zu ihrer Verwendung. Er dient heute als formaler Rahmen zur Definition des HTML-Standards. Die dabei verwendete Sprachdefinition – »Document Type Definition«, DTD – ist sehr umfangreich und ohne genauere Kenntnisse über SGML nicht zu verwenden.

Bei der Beschreibung des Tags <DIV> in Abschnitt 12.4 auf Seite 148 hatten wir angemerkt, daß es natürlich Bedarf für eine Unmenge von Tags geben könnte, die Abschnitte entsprechend ihrem Inhalt logisch auszeichnen.

Interessant ist eine solche logische Auszeichnung nicht nur für die Darstellung im Browser, sondern auch zur Verwendung als Textformat, in dem Daten über das Netz zugänglich sind und weiterverarbeitet werden können.

So könnte eine Bank Börsenkurse für ihre Kunden aufbereiten und als HTML-Tabellen darstellen. Für ein Programm ist die Verarbeitung dieser Tabellen sehr schwierig, weil bei den einzelnen Zahlen nicht vermerkt ist, welche Bedeutung sie haben – handelt es sich bei einer Zahl um den heutigen oder gestrigen Kurs?

Wären alle aktuellen Kurse mit einem Tag <KURSHEUTE> ausgezeichnet, würde die Darstellung in einem Browser nicht verändert – ein Programm könnte so aber beispielsweise einfach einen individuellen Depotwert errechnen. Allerdings ist dieses Tag nicht Bestandteil von HTML und wird es auch nicht werden.

Da es aber viele Anwendungen geben kann, die eine solche logische Auszeichnung jenseits der normalen HTML-Tags brauchen können, arbeitet das W3C an einem Sprachentwurf unter dem Namen »Extensible Markup Language«, XML, mit dem Dokumentenautoren eigene Tags definieren können.

XML ist eine vereinfachte Version von SGML, die auf viele der dortigen komplizierten Mechanismen verzichtet. Ein XML-Dokument besteht aus einer Beschreibung der verwendeten Tags und dem eigentlichen Text. Die Tag Beschreibung entspricht einer vereinfachten DTD für eigene Auszeichnungsstrukturen.

Damit ein solches Dokument verarbeitet werden kann, ist eine XML-Anwendung nötig, die diese DTD verarbeitet. Bei ihr muß es sich nicht unbedingt um einen allgemeinen Web-Browser handeln, es kann auch ein Programm zur Verarbeitung entsprechend ausgezeichneter Datensätze sein – im obigen Beispiel das Programm, das den Depotwert errechnet.

Es existieren erste XML-Anwendungen, die zumeist in Java geschrieben sind. Ein Beispiel ist eine XML-Definition für die Auszeichnung chemischer Formeln und ein entsprechendes Java-Applet, das die resultierenden Moleküle darstellt. Es bleibt abzuwarten, ob die Hersteller von Web-Software die XML-Entwicklung aufnehmen. Eine Vorreiterrolle könnten XML-Editoren spielen, die von Herstellern von SGML-Editoren immerhin schon angekündigt sind. Weitere Informationen zu XML finden Sie auf dem Web-Server des W3C unter *http://www.w3.org/XML*.

19.2 Formelsatz im Web: MathML

Der Satz mathematischer Formeln ist eine anspruchsvolle Aufgabe. Mathematische Typografie beruht auf einer Unmenge sehr feiner Regeln für eine Darstellung von Formeln entsprechend ihrer mathematischen Bedeutung.

W3C HTML 3

In HTML ist momentan kein Mechanismus zur Formelauszeichnung vorhanden, obwohl schon im HTML 3-Entwurf ein Tag <MATH> und ein erster Satz von Strukturen für einfache Formeln vorgesehen waren. Die Entwickler waren sich einerseits nicht sicher, ob die vorgeschlagenen Konzepte angemessen waren, andererseits gab es kaum brauchbare Implementierungen, wenn man von reinen Demonstrationsprojekten absieht.

Allerdings hat sich beim W3C eine Arbeitsgruppe etabliert, die an einem ausgereiften Konzept für mathematische Informationen im Web arbeitet. Diese Auszeichnungssprache als Ergänzung zu HTML trägt den Namen MathML für »Mathematical Markup Language«.

Der inzwischen vorhandene Entwurf ist noch in einem Diskussionsstadium, so daß wir auf eine Darstellung an dieser Stelle verzichten. Technisch handelt es sich um eine Erweiterung von HTML, also findet XML wahrscheinlich eine erste ernsthafte Anwendung mit MathML.

Auf dem Web Server des W3C finden Sie Informationen zum aktuellen Stand der Arbeiten unter der URL *http://www.w3.org/ Math*.

19.3 Dynamisches HTML mit Skripten

In Abschnitt 11.2 auf Seite 140 hatten wir beim Tag <LAYER> angesprochen, daß man mit JavaScript Seitenschichten aufdecken und verstecken kann. Dadurch eröffnet sich die Möglichkeit, HTML-Seiten während des Anschauens zu verändern, ohne daß Kontakt mit dem Server zum Neuladen aufgenommen werden müßte.

Unter dem Schlagwort »Dynamic HTML« versuchen Netscape und Microsoft solche Techniken bereitzustellen. Sie beruhen auf der Kombination folgender Bausteine:

- ❑ JavaScript oder VBScript als Programmiersprachen, in denen Manipulationen an der HTML-Seite ausgedrückt werden.

- ❑ Dem Zugang zum dargestellten Dokument und dessen Bestandteilen als Objekt, das von JavaScript oder VBScript aus verändert werden kann.

- ❑ Ereignisse, die JavaScript- oder VBScript-Funktionen starten.

So kann eine Seite JavaScript-Code enthalten, der das COLOR-Attribut eines <FONT>-Tags verändert, wenn die Maus sich über diesem Text befindet.

Diese Kombination eröffnet neue Möglichkeiten der Seitengestaltung: Während mit normalen Mitteln HTML-Seiten spätestens von einem CGI-Skript beim Server dynamisch erzeugt werden, sind sie mit dynamischem HTML selbst noch im Browser aktiv und verändern sich.

19 Ausblick

Allerdings weicht diese Technik weit von der ursprünglichen Idee von HTML als Auszeichnungssprache ab und stellt Java-Script- oder VBScript-Programmierung in den Vordergrund.

Die in den letzten Versionen der Netscape- und Microsoft-Browsern implementierten Arten von dynamischem HTML weichen darüber hinaus voneinander ab, da unterschiedliche Schnittstellen zum Dokumenteninhalt verwendet werden. Als Ergebnis läßt sich der JavaScript-Code nicht mehr unter beiden Browsern ausführen.

Dynamisches HTML ist ein sinnvoller Weg zu noch flexibleren HTML-Darstellungen im Web. Allerdings ist der hohe Programmieraufwand zu beachten, und die Hersteller müssen sich vor einer sinnvollen Verwendbarkeit auf kompatible Schnittstellen und Standards einigen.

Zum Zeitpunkt der Drucklegung dieser Auflage beschrieben Netscape und Microsoft ihre Implementierungen von dynamischem HTML online unter den URLs *http://home.netscape.com/comprod/products/communicator/features/Dynamic HTML.html* sowie *http://www.microsoft.com/workshop/prog/aplatfrm/dynhtml.htm*. Falls sich diese Adressen ändern sollten, werden Ihnen die jeweiligen Suchfunktionen der Server weiterhelfen.

19.4 Die Virtual Reality Modeling Language VRML

In den letzten Jahren ist unter dem Titel *Virtual Reality* – kurz VR – eine Technologie in das Interesse von Computerindustrie und -anwendern gerückt, mit der künstliche Welten dreidimensional grafisch dargestellt werden sollen und in denen es möglich sein soll, sich wie in der realen Welt bewegen zu können. VR erfordert zumeist eine hohe Rechenleistung und spezielle Ein- und Ausgabegeräte. Ihre Anwendungen findet VR beispielsweise in Simulationen, Ausbildung oder auch Computerspielen.

Für das World Wide Web liegt die Idee nahe, sich einen Informationsraum vorzustellen, in dem man sich nicht mehr per Mausklick »bewegt«, sondern geht, läuft oder zu Informationen springt. Eine solche virtuelle Welt wäre bevölkert von Informationseinheiten, dreidimensionalen Körpern oder anderen Teilnehmern. Ein Stadtinformationssystem wäre dann nicht eine Sammlung von Hypertextseiten, Fotos und Videos, sondern eine Simulation der Stadt selber, in der man einen virtuellen Spaziergang unternimmt. Das Klicken auf einen Link könnte ersetzt werden durch eine kurze Fahrt mit einem simulierten Taxi.

19.4 Die Virtual Reality Modeling Language VRML

Für den Aufbau solcher virtueller Welten ist eine Sprache notwendig, die – anders als HTML – Räume beschreibt. Ein Browser wäre dann für deren dreidimensionale Darstellung zuständig.

Parallel zu HTML entstand in den letzten Jahren die Virtual Reality Modeling Language VRML. Die Sprachversion 1.0 wurde von Gavin Bell, Anthony Parisi und Mark Pesce vorgelegt ([1], [15]). Inzwischen existiert ein VRML 2.0, das insbesondere die Integration von Java in 3D-Szenen ermöglicht: Körper müssen nicht mehr nur statisch durch ihre Geometrie vorgegeben sein, sie können auch zum Anzeigezeitpunkt von einem Programm erzeugt werden. Das Verhalten dieser Objekte kann per Programm dynamisch auf die virtuelle Umgebung reagieren.

Einer der ersten Browser für VRML war der WebSpace-Browser von Silicon Graphics. In Abbildung 19.1 sehen Sie eine Beispielszene. Inzwischen erhalten Sie für alle wichtigen Web Browser Plugins, die VRML-Szenen darstellen können – zunehmend auch für die Sprachversion 2.0.

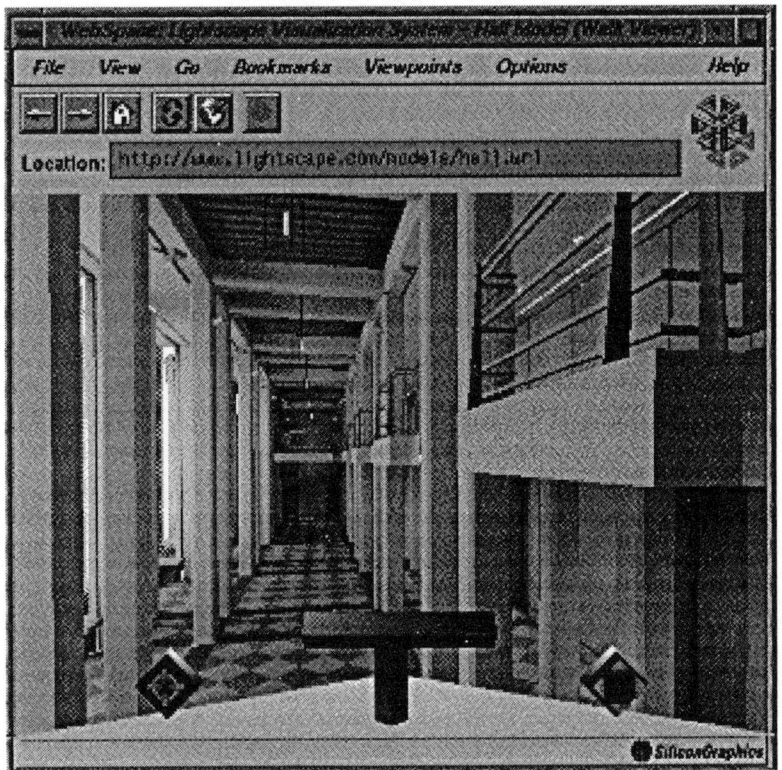

Abbildung 19.1
Der WebSpace-Browser von SGI

VRML ist keine Erweiterung von HTML, sondern eine eigenständige Entwicklung, die allerdings durch die Verwendung des Web engen Bezug zu HTML hat. Syntaktisch hat VRML keine Ähnlichkeit mit HTML.

In einer VRML-Datei wird eine Szene der virtuellen Welt beschrieben. Sie besteht aus verschiedenen Objekten, wie dreidimensionalen Körpern und deren Oberflächen, Lichtquellen etc. VRML definiert eine Grundmenge solcher Objekte und eine Reihe von möglichen Parametern wie die Farbe von Objekten, die Position von Lichtquellen oder die Struktur einer Oberfläche.

Hinzu kommen spezielle Objekte, die VRML an das Web anbinden. So gibt es WWW-Ankerobjekte, die sich ähnlich HTML-Ankern auswählen lassen und eine neue Szene von einem WWW-Server laden. Auch »normale« Web-Seiten lassen sich in eine Szene einbauen, in der sie als eine Fläche erscheinen, die quasi einen Web-Browser enthält.

Ähnlich wie bei der HTML-Entwicklung gibt es auch für die Definition von VRML ein Konsortium, das die Weiterentwicklung betreibt. Unter der URL *http://www.vrml.org* finden Sie daher alle relevanten Informationen zu VRML.

19.5 Verteilte Anwendungen im Web

Die Ausführung von Programmen im Web war anfangs mit dem CGI-Mechanismus an Server gebunden. Durch Java – und eingeschränkt auch JavaScript – wurde es möglich, im Browser Programme laufen zu lassen.

Allerdings sind damit verteilte Programme im Netz nur eingeschränkt möglich. Bei ihnen sind Komponenten auf verschiedene Rechner verteilt und kommunizieren miteinander. Applets können aber nicht miteinander sprechen, weil sie aus Sicherheitsgründen lediglich zu dem Server eine Internet-Verbindung öffnen können, von dem sie geladen wurden.

Wollen Sie eine Datenbank per Web zugänglich machen, so arbeitet eine Anbindung über CGI wie in Abbilding 19.2 auf der nächsten Seite. Dabei wird im Browser ein HTML-Formular angezeigt, in dem der Nutzer Eingaben macht. Die kodierten Angaben werden an den Server per HTTP zurückgeschickt. Dort leitet sie der Server an das CGI-Programm weiter, das darauf basierend seinerseits mit der Datenbank interagiert. Die Ergebnisse werden aufbereitet und als HTML an den Browser zurückgeschickt.

19.5 Verteilte Anwendungen im Web

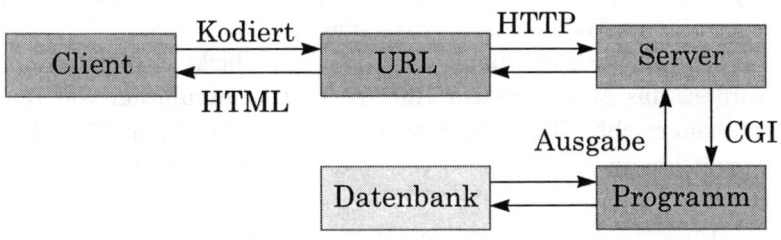

Abbildung 19.2
Verteilte Anwendungen mit CGI

Insgesamt findet Verarbeitung lediglich beim Server statt, und jede Interaktion des Nutzers mit der Datenbank muß als HTTP über den Web-Server laufen. Mit einem Applet läßt sich die Kommunikation etwas vereinfachen.

Wie in Abbildung 19.3 illustriert, kann ein Applet direkt mit der Datenbank kommunizieren und Daten ohne HTML-Aufbereitung und HTTP-Kodierung austauschen. Die Aufbereitung zur Anzeige ist Aufgabe des Applets. Damit ist die Verarbeitung schon etwas verteilt, allerdings muß die Datenbank auf demselben Rechner wie der Web-Server laufen.

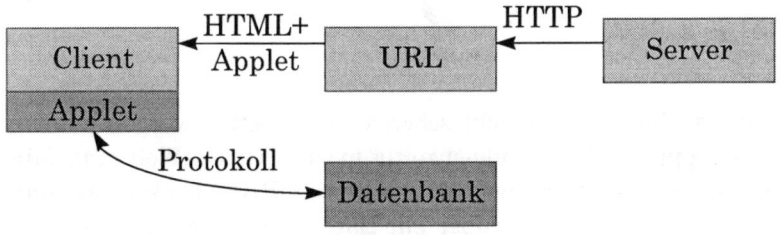

Abbildung 19.3
Verteilte Anwendungen mit Applets

Wünschenwert wäre es, die Datenbank und das Applet als gleichwertig zu betrachten und eine direkte Kommunikation zwischen ihnen zu ermöglichen. Seit 1989 wurde für offene verteilte Systeme von der Object Management Group (OMG) – inzwischen dem weltweit größten Softwarekonsortium – eine objektorientierte Plattform für verteilte Anwendungen unter dem Namen Object Management Architecture (OMA) entwickelt.

Komponenten einer verteilten Anwendung werden dabei als Objekte verstanden, die über eine Kommunikationsschicht gegenseitig Methoden aufrufen. Zentral in dieser Kommunikationsschicht ist eine Vermittlungskomponente, die weiß, welche Objekte welche Methoden anbieten und wo sie aufzufinden sind. Dieser Vermittler folgt der Common Object Request Broker Architecture (CORBA). Die Abkürzung CORBA wird allgemein synonym für die gesamte OMA verwendet. Informationen über OMA finden Sie im Web bei *http://www.omg.org*.

Die besagte Datenbank würde als ein Objekt implementiert werden, das Methoden zur Abfrage und Manipulation von Daten beherrscht. Beim Start meldet sie sich bei einem CORBA-Vermittler an und kann so von anderen Objekten aufgefunden werden.

Im Netscape-Browser der Version 4 ist ein entsprechender CORBA-Zugang eingebaut und für Java-Applets zugänglich. Dadurch werden auch Applets zu Objekten, und CORBA bietet ihnen eine Kommunikationsmöglichkeit jenseits von HTTP.

Abbildung 19.4 zeigt die resultierende Struktur unserer kleinen Beispielanwendung. Der Nutzer macht Eingaben bei dem

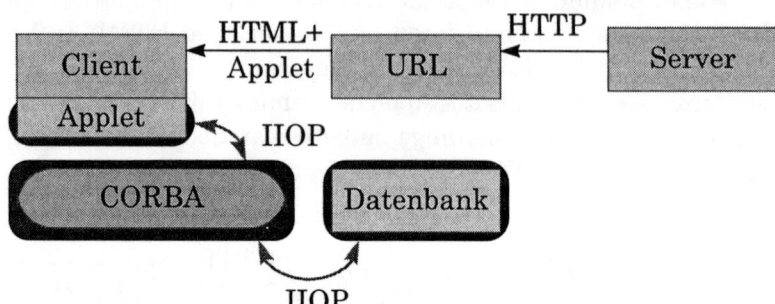

Abbildung 19.4
Verteilte Anwendungen mit CORBA

Applet, die hier vielleicht schon vorverarbeitet werden können. Das Applet selber ist gleichzeitig in die CORBA-Welt eingebunden und kann über Java mit anderen CORBA-Objekten kommunizieren. Es sucht darüber ein Datenbankobjekt, und der Vermittler leitet Anfragen zu dem vorher registrierten Objekt weiter.

Dieses liefert direkt die ermittelten Daten an das Applet, das sie zur Darstellung aufarbeitet. Damit ist die Kommunikation über HTTP und den Web-Server erheblich vermindert und Verarbeitung von Daten findet auch innerhalb des Browsers statt.

Auf diese Weise lassen sich verteilte Anwendungen auf eine dafür entworfene Plattform – die OMA – aufsetzen, ohne den Umweg über HTTP und das Web zu nehmen. Eine besonders wichtige Eigenschaft von CORBA ist die Unabhängigkeit der verwendeten Programmiersprache und des Betriebssystems.

CORBA-Anbindungen sind beispielsweise für die Sprachen Ada95, C++, Cobol und Smalltalk vorhanden und laufen auf den unterschiedlichsten Betriebssystemen von Windows bis zu Unix-Varianten.

Das Vorhandensein einer CORBA-Schnittstelle in einem weitverbreiteten Browser bedeutet einen Durchbruch für die OMA-Technologie – bisher mußte man diesen Zugang mit vierstelligen Lizenzgebühren erkaufen.

Der Markt für solche verteilte Anwendungen ist riesig; dementsprechend gibt es auch auf diesem Feld massive Konkurrenz der wichtigsten Software-Hersteller. Microsoft verfolgt seit mehreren Jahren einen CORBA-ähnlichen Ansatz unter dem Namen Microsoft DCOM, der aber hauptsächlich auf Windows-Plattformen abzielt. Allerdings sind inzwischen auch Portierungen auf Unix-Betriebssysteme in Arbeit.

Für rein Java-basierte Anwendungen hat Sun in Java 1.1 den »Remote Method Invocation« (Java RMI) Mechanismus eingebaut. Mit ihm ist es ebenfalls möglich, Methoden zwischen verteilten Objekten aufzurufen, allerdings können diese nur in Java programmiert sein.

Die beschriebenen Mechanismen sind sehr aufwendig und erfordern viel Programmierung. Allerdings sind sie wahrscheinlich der Schlüssel zu wirklich verteilten Anwendungen im Internet mit Web-Schnittstellen und den bisherigen CGI-basierten Systemen weit überlegen.

19.6 Das Web in 12 Monaten

Dieses Buch war 1995 eine der ersten deutschsprachigen Einführungen in die Nutzung des Web. Die vorliegende dritte Auflage ist gegenüber dem ersten Text um eine ganze Reihe von Konzepten erweitert worden, die in Abständen von ungefähr sechs Monaten von Software-Herstellern eingeführt wurden und sehr schnelle Verbreitung gefunden haben.

Anfangs war das Web ein statisches Hypertextsystem mit einfachen Interaktionen durch Formulare und CGI-Programme. In hohem Tempo sind neue Konzepte und Möglichkeiten hinzugekommen. Die Darstellungsmöglichkeiten von HTML sind erheblich erweitert worden und bieten heute brauchbare Informationspräsentationen in hoher Qualität.

Durch Java und JavaScript hat das Web an Dynamik gewonnen. Waren noch vor zwei Jahren nur statische Seiten möglich, versteht man heute das Web als Nutzerschnittstelle zu weltweit verteilten Anwendungen und als integrierte Netzwerkkomponente für ernstzunehmende Anwendungssoftware.

Das Web und das Internet sind für kommerzielle Unternehmungen interessant geworden und haben sich zu einem Massen-

19 Ausblick

medium in der Qualität von Zeitung und Buch entwickelt. Institutionen wie Ministerien oder die EU-Kommission stellen sich im Web dar. Zeitschriften und Tageszeitungen werden auf Papier und im Internet angeboten. In fast jedem Werbespot wird auf die URL des Anbieters hingewiesen.

Wer die Zukunft des Web in 12 Monaten vorhersagen will, muß weit über dessen heutige Form hinausdenken. Wahrscheinlich werden zunehmend herkömmliche Medien wie Fernseher mit dem Web verbunden werden. Sie werden Ihren Fernsehapparat anschalten und das Programm mit einem Web-Browser auswählen, der über Telefon direkt mit den Sendern kommuniziert. Auch wenn es seltsam klingt – Sie werden eines Tages selbst das Webbasierte Nutzerinterface Ihrer heimischen Kaffeemaschine mit HTML gestalten können.

Wie die Entwicklung auch verlaufen mag, das Internet und das Web werden die dominierende Plattform für verteilte Anwendungen und Informationssysteme sein. Um sich und seine Informationen im Web zu präsentieren, bildet HTML die Basis, und dieses Buch sollte dem Leser dafür einen Einstieg ermöglichen und wird hoffentlich auch weiterhin als Nachschlagewerk ein wichtiges Arbeitsmittel bleiben.

A Sprachcodes nach ISO 639

Im ISO-Standard 639 sind Abkürzungen für Sprachen definiert, die jeweils aus zwei Buchstaben bestehen. Sie finden in HTML beim LANG-Attribut Verwendung. Die Tabelle zeigt diese Codes.

aa	Afar	ab	Abkhazian	af	Afrikaans	am	Amharic
ar	Arabic	as	Assamese	ay	Aymara	az	Azerbaijani
ba	Bashkir	be	Byelorussian	bg	Bulgarian	bh	Bihari
bi	Bislama	bn	Bengali	bo	Tibetan	br	Breton
ca	Catalan	co	Corsican	cs	Czech	cy	Welch
da	Danish	de	German	dz	Bhutani	el	Greek
en	English	eo	Esperanto	es	Spanish	et	Estonian
eu	Basque	fa	Persian	fi	Finnish	fj	Fiji
fo	Faeroese	fr	French	fy	Frisian	ga	Irish
gd	Scots Gaelic	gl	Galician	gn	Guarani	gu	Gujarati
ha	Hausa	hi	Hindi	hr	Croatian	hu	Hungarian
hy	Armenian	ia	Interlingua	ie	Interlingue	ik	Inupiak
in	Indonesian	is	Icelandic	it	Italian	iw	Hebrew
ja	Japanese	ji	Yiddish	jw	Javanese	ka	Georgian
kk	Kazakh	kl	Greenlandic	km	Cambodian	kn	Kannada
ko	Korean	ks	Kashmiri	ku	Kurdish	ky	Kirghiz
la	Latin	ln	Lingala	lo	Laothian	lt	Lithuanian
lv	Latvian, Lettish	mg	Malagasy	mi	Maori	mk	Macedonian
ml	Malayalam	mn	Mongolian	mo	Moldavian	mr	Marathi
ms	Malay	mt	Maltese	my	Burmese	na	Nauru
ne	Nepali	nl	Dutch	no	Norwegian	oc	Occitan
om	(Afan) Oromo	or	Oriya	pa	Punjabi	pl	Polish
ps	Pashto, Pushto	pt	Portuguese	qu	Quechua	rm	Rhaeto-Romance
rn	Kirundi	ro	Romanian	ru	Russian	rw	Kinyarwanda
sa	Sanskrit	sd	Sindhi	sg	Sangro	sh	Serbo-Croatian
si	Singhalese	sk	Slovak	sl	Slovenian	sm	Samoan
sn	Shona	so	Somali	sq	Albanian	sr	Serbian
ss	Siswati	st	Sesotho	su	Sudanese	sv	Swedish
sw	Swahili	ta	Tamil	te	Tegulu	tg	Tajik
th	Thai	ti	Tigrinya	tk	Turkmen	tl	Tagalog
tn	Setswana	to	Tonga	tr	Turkish	ts	Tsonga
tt	Tatar	tw	Twi	uk	Ukrainian	ur	Urdu
uz	Uzbek	vi	Vietnamese	vo	Volapuk	wo	Wolof
xh	Xhosa	yo	Yoruba	zh	Chinese	zu	Zulu

B Ländercodes nach ISO 3166

Im ISO-Standard 3166 sind Abkürzungen für Länder definiert, die jeweils aus zwei Buchstaben bestehen. Sie finden in HTML beim LANG-Attribut Verwendung. Die folgende Tabelle zeigt diese Codes.

Afghanistan	AF	Albania	AL
Algeria	DZ	American Samoa	AS
Andorra	AD	Angola	AO
Anguilla	AI	Antarctica	AQ
Antigua and Barbuda	AG	Argentina	AR
Armenia	AM	Aruba	AW
Australia	AU	Austria	AT
Bahamas	BS	Bahrain	BH
Bangladesh	BD	Barbados	BB
Belgium	BE	Belize	BZ
Benin	BJ	Bermuda	BM
Bhutan	BT	Bolivia	BO
Bosnia-Herzegowina	BA	Botswana	BW
Bouvet Island	BV	Brazil	BR
British Indian Ocean Territory	IO	Brunei Darussalam	BN
Bulgaria	BG	Burkina Faso	BF
Burundi	BI	Cambodia	KH
Cameroon	CM	Canada	CA
Cape Verde	CV	Cayman Islands	KY
Central African Rep.	CF	Chad	TD
Chile	CL	China	CN
Christmas Island	CX	Cocos (Keeling) Islands	CC
Colombia	CO	Comoros	KM
Congo	CG	Cook Islands	CK
Costa Rica	CR	Cote D'Ivoire	CI
Croatia	HR	Cuba	CU
Cyprus	CY	Czech Republic	CZ
Denmark	DK	Djibouti	DJ
Dominica	DM	Dominican Rep.	DO
East Timor	TP	Ecuador	EC
Egypt	EG	El Salvador	SV
Equatorial Guinea	GQ	Eritrea	ER
Estonia	EE	Ethiopia	ET

Falkland Islands (Malvinas)	FK	Faroe Islands	FO
Fiji	FJ	Finland	FI
France	FR	French Guiana	GF
French Polynesia	PF	French Southern Territories	TF
Gabon	GA	Gambia	GM
Georgia	GE	Germany	DE
Ghana	GH	Gibraltar	GI
Greece	GR	Greenland	GL
Grenada	GD	Gudeloupe	GP
Guam	GU	Guatemala	GT
Guinea	GN	Guinea-Bissau	GW
Guyana	GY	Haiti	HT
Heard and Mc Donald Islands	HM	Honduras	HN
Hong Kong	HK	Hungary	HU
Iceland	IS	India	IN
Indonesia	ID	Iran (Islamic Rep. of)	IR
Iraq	IQ	Ireland	IE
Israel	IL	Italy	IT
Jamaica	JM	Japan	JP
Jordan	JO	Kazakhstan	KZ
Kampuchea, Democratic	KH	Kenya	KE
Kiribati	KI	Korea, Democr. People's Rep.	KP
Korea, Rep. of	KR	Kuwait	KW
Kyrgyz Republic	KG	Lao People's Democr. Rep.	LA
Latvia	LV	Lebanon	LB
Lesotho	LS	Liberia	LR
Libyan Arab Jamahiriya	LY	Liechtenstein	LI
Lithuania	LT	Luxembourg	LU
Macau	MO	Macedonia	MK
Madagascar	MG	Malawi	MW
Malaysia	MY	Maldives	MV
Mali	ML	Malta	MT
Marshall Islands	MH	Martinique	MQ
Mauritania	MR	Mauritius	MU
Mayotte	YT	Mexico	MX
Micronesia	FM	Moldova	MD
Monaco	MC	Mongolia	MN
Montserrat	MS	Morocco	MA
Mozambique	MZ	Myanmar	MM
Namibia	NA	Nauru	NR
Nepal	NP	Netherlands	NL
Netherlands Antilles	AN	Neutral Zone	NT
New Caledonia	NC	New Zealand	NZ
Nicaragua	NI	Niger	NE
Nigeria	NG	Niue	NU
Norfolk Island	NF	Northern Mariana Islands	MP
Norway	NO	Oman	OM
Pakistan	PK	Palau	PW

Panama	PA	Papua New Guinea	PG
Paraguay	PY	Peru	PE
Philippines	PH	Pitcairn Island	PN
Poland	PL	Portugal	PT
Puerto Rico	PR	Qatar	QA
Reunion	RE	Romania	RO
Russian Federation	RU	Rwanda	RW
St. Helena	SH	Saint Kitts and Nevis	KN
Saint Lucia	LC	St. Pierre and Miquelon	PM
Saint Vincent/Grenadines	VC	Samoa	WS
San Marino	SM	Sao Tome and Principe	ST
Saudia Arabia	SA	Senegal	SN
Seychelles	SC	Sierra Leones	SL
Singapore	SG	Slovakia	SK
Slovenia	SI	Solomon Islands	SB
Somalia	SO	South Africa	ZA
Spain	ES	Sri Lanka	LK
Sudan	SD	Suriname	SR
Svalbard/Jan Mayen Islands	SJ	Swaziland	SZ
Sweden	SE	Switzerland	CH
Syrian Arab Rep.	SY	Taiwan, Province of China	TW
Tajikistan	TJ	Tanzania, United Rep. of	TZ
Thailand	TH	Togo	TG
Tokelau	TK	Tonga	TO
Trinidad and Tobago	TT	Tunisia	TN
Turkey	TR	Turkmenistan	TM
Turks and Caicos Islands	TC	Tuvalu	TV
Uganda	UG	Ukranian SSR	UA
United Arab Emirates	AE	United Kingdom	GB
United States	US	United States Minor Islands	UM
Uruguay	UY	Uzbekistan	UZ
Vanuatu	VU	Vatican City State (Holy See)	VA
Venezuela	VE	Vietnam	VN
Virgin Islands (British)	VG	Virgin Islands (U.S.)	VI
Wallis and Futuna Islands	WF	Western Sahara	EH
Yemen, Republic of	YE	Yugoslavia	YU
Zaire	ZR	Zambia	ZM
Zimbabwe	ZW		

C Übersicht der HTML-Tags

C.1 Struktur

`<!DOCTYPE>`	SGML-Typ des Dokuments und HTML-Version
`<HTML>`	Umschließt ein HTML-Dokument
`<HEAD>`	Umschließt den Kopfteil eines Dokuments Attribut: PROFILE
`<BODY>`	Umschließt den Inhaltsteil des Dokuments Attribute: ALINK BACKGROUND BGCOLOR BGPROPERTIES LANG LEFTMARGIN LINK onload onunload TEXT TOPMARGIN VLINK
`<BGSOUND>`	Hintergrundmusik während der Darstellung einer Seite Attribute: DELAY LOOP SRC
`<SOUND>`	Hintergrundmusik während der Darstellung einer Seite Attribute: DELAY LOOP SRC

C.2 Tags im Kopfteil

`<BASE>`	URL des Dokuments Attribute: HREF TARGET
`<TITLE>`	Titel des Dokuments
`<META>`	Erzeugt zusätzlichen Header für eine HTML-Seite bei der HTTP-Übertragung Attribute: CHARSET CONTENT HTTP-EQUIV NAME SCHEME
`<LINK>`	Beziehung des Dokuments zu einem anderen Attribute: HREF REL REV TARGET TITLE TYPE
`<NEXTID>`	Für Editoren zum Vermerken des nächsten freien Labels Attribut: N
`<ISINDEX>`	Die Seite ist eine Suchseite Attribut: PROMPT

C.3 Umbruch, Trennungen

`<WBR>`	Potentielle Trennstelle
`<TAB>`	Tabulator
	Attribute: `ALIGN ID INDENT TO`
` `	Zeilenumbruch
	Attribut: `CLEAR`
`<NOBR>`	An dieser Stelle kein Wortumbruch
`<P>`	Absatzbeginn
	Attribute: `ALIGN NOWRAP`
`<SPACER>`	Leerraum erzeugen
	Attribute: `ALIGN HEIGHT SIZE TYPE WIDTH`

C.4 Überschriften

`<H1>`	Überschrift der ersten Stufe
`<H2>`	Überschrift der zweiten Stufe
`<H3>`	Überschrift der dritten Stufe
`<H4>`	Überschrift der vierten Stufe
`<H5>`	Überschrift der fünften Stufe
`<H6>`	Überschrift der sechsten Stufe

C.5 Schriftarten

`<B>`	Fettschrift
`<I>`	Kursive Schrift
`<S>`	Durchgestrichener Text
`<STRIKE>`	Durchgestrichener Text
`<TT>`	Schreibmaschinenschrift
`<U>`	Unterstreichung
`<BLINK>`	Blinkender Text
`<BDO>`	Umkehrung der Schreibrichtung im Quellcode
`<MARQUEE>`	Textuelles Laufband
	Attribute: `ALIGN BEHAVIOR BGCOLOR DIRECTION HEIGHT HSPACE LOOP SCROLLAMOUNT SCROLLDELAY VSPACE WIDTH`

C.6 Schriftauszeichnung

`<ACRONYM>`	Kürzel
`<CITE>`	Literaturreferenz

`<CODE>`	Programmausschnitt
`<DEL>`	Gelöschter Text
	Attribute: CITE DATETIME
`<EM>`	Hervorhebung
`<INS>`	Eingefügter Text
	Attribute: CITE DATETIME
`<KBD>`	Etwas, das auf der Tastatur eingegeben wird
`<SAMP>`	Beispiel einer Programmausgabe
`<STRONG>`	Hervorhebung
`<VAR>`	Variablenname

C.7 Schriftgröße

`<BASEFONT>`	Legt die Schriftgröße für den folgenden Text fest
	Attribut: SIZE
`<FONT>`	Auswahl der Schriftgröße
	Attribute: COLOR FACE SIZE
`<BIG>`	Größere Schrift
`<SMALL>`	Kleinere Schrift

C.8 Blöcke

`<COMMENT>`	Kommentar
`<!-- ... -->`	Kommentar
`<HR>`	Horizontale Linie
	Attribute: ALIGN COLOR NOSHADE SIZE WIDTH
`<DIV>`	Auszeichnung eines logischen Abschnitts der einen Textblock ergibt
	Attribute: ALIGN NOWRAP
`<SPAN>`	Auszeichnung eines logischen Abschnitts innerhalb eines Textblocks
`<ADDRESS>`	Adressenangabe
`<FN>`	Fußnote
	Attribut: ID
`<NOTE>`	Anmerkung
	Attribute: CLASS ID ROLE
`<PRE>`	Vorformatierter Abschnitt
	Attribut: WIDTH
`<XMP>`	Ein Programmbeispiel (veraltetes HTML)
`<PLAINTEXT>`	Vorformatierter Text (veraltetes HTML)
`<LISTING>`	Ein Programmlisting (veraltetes HTML)
`<BLOCKQUOTE>`	HTML-Zitat
	Attribut: CITE

`<BQ>`	Längeres HTML-Zitat (Siehe `<BLOCKQUOTE>`)
`<Q>`	Kurzes HTML-Zitat Attribut: CITE
`<BANNER>`	Fester Kopfteil einer Seite
`<MULTICOL>`	Darstellung in Textspalten Attribute: COLS GUTTER WIDTH
`<CENTER>`	Horizontale Zentrierung
`<DIV>`	Auszeichnung eines logischen Abschnitts der einen Textblock ergibt Attribute: ALIGN NOWRAP

C.9 Listen

`<OL>`	Geordnete Liste Attribute: CONTINUE SEQNUM START TYPE
`<UL>`	Ungeordnete Liste Attribut: TYPE
`<DIR>`	Directory-Liste
`<MENU>`	Menü-Liste
`<LI>`	Eintrag in einer Liste Attribute: TYPE VALUE
`<DL>`	Beschreibungsliste Attribut: COMPACT
`<DT>`	Definierter Ausdruck
`<DD>`	Definition

C.10 Formulare

`<FORM>`	Formular Attribute: ACTION ENCTYPE METHOD onreset onsubmit TARGET
`<INPUT>`	Eingabefeld Attribute: ACCEPT ALIGN CHECKED DISABLED MAXLENGTH NAME onblur onchange onfocus onselect READONLY SIZE TABINDEX TYPE VALUE
`<SELECT>`	Auswahlfeld in Formularen Attribute: DISABLED MULTIPLE NAME onblur onchange onfocus SIZE TABINDEX
`<OPTION>`	Auswahlpunkt innerhalb von `<SELECT>` Attribute: DISABLED SELECTED VALUE

`<TEXTAREA>`	Editorfeld im Formular Attribute: COLS DISABLED NAME onblur onchange onfocus onselect READONLY ROWS TABINDEX VALUE WRAP
`<BUTTON>`	Schaltknopf Attribute: DISABLED NAME onblur onfocus TABINDEX TYPE VALUE
`<LABEL>`	Anklickbarer Beschreibungstext für ein Feld Attribute: ACCESSKEY DISABLED FOR onblur onfocus
`<FIELDSET>`	Gruppierung von Formularfeldern
`<LEGEND>`	Beschreibung einer Feldgruppe Attribute: ACCESSKEY ALIGN

C.11 Tabellen

`<TABLE>`	Tabelle Attribute: ALIGN BGCOLOR BORDER BORDERCOLOR BORDERCOLORDARK BORDERCOLORLIGHT CELLPADDING CELLSPACING COLS FRAME NOWRAP RULES VALIGN WIDTH
`<TH>`	Tabellenkopfzelle Attribute: ALIGN AXIS BGCOLOR BORDERCOLOR BORDERCOLORDARK BORDERCOLORLIGHT CHAR COLSPAN NOWRAP ROWSPAN VALIGN
`<TR>`	Tabellenzeile Attribute: ALIGN BGCOLOR BORDERCOLOR BORDERCOLORDARK BORDERCOLORLIGHT CHAR CHAROFF VALIGN
`<TD>`	Tabellenzelle Attribute: ALIGN AXES BGCOLOR BORDERCOLOR BORDERCOLORDARK BORDERCOLORLIGHT CHAR CHAROFF COLSPAN NOWRAP ROWSPAN VALIGN
`<THEAD>`	Kopfabschnitt einer Tabellen Attribute: ALIGN CLASS ID STYLE VALIGN
`<TBODY>`	Tabellenkörper Attribute: CLASS ID STYLE
`<TFOOT>`	Fußteil einer Tabelle Attribute: CLASS ID STYLE

`<COLGROUP>`	Attribute: ALIGN CHAR CHAROFF SPAN VALIGN WIDTH Spaltengruppe Attribute: ALIGN CHAR CHAROFF HALIGN SPAN VALIGN WIDTH

C.12 Abbildungen

`<IMG>`	Grafik Attribute: ALIGN ALT BORDER CONTROLS DYNSRC HEIGHT HSPACE ISMAP LOOP LOWSRC SRC START USEMAP VSPACE WIDTH
`<OVERLAY>`	Überlagerung einer Grafik
`<CAPTION>`	Abbildungsunterschrift Attribute: ALIGN VALIGN
`<CREDIT>`	Quellenangabe
`<MAP>`	Eine Browser-seitige Imagemap-Beschreibung Attribut: NAME
`<AREA>`	Anklickbare Fläche in einer `<MAP>` Attribute: ALT COORDS HREF NOHREF SHAPE TABINDEX TARGET

C.13 Formeln

`<SUB>`	Index a`<SUB>`i`<SUB>`j`</SUB></SUB>` ergibt a_{i_j}
`<SUP>`	Exponent a`<SUP>`i`<SUP>`j`</SUP></SUP>` ergibt a^{i^j}

C.14 Browser-Darstellung

`<STYLE>`	Style Sheet-Definition Attribute: NOTATION TYPE
`<FRAMESET>`	Mehrere Dokumente in einem Browser-Fenster Attribute: BORDER BORDERCOLOR COLS FRAMEBORDER onload onunload ROWS
`<FRAME>`	Ein Dokument in einem Unterfenster (siehe `<FRAMESET>`) Attribute: MARGINHEIGHT MARGINWIDTH NAME NORESIZE SCROLLING SRC
`<IFRAME>`	Ein Dokument in einem beweglichen Unterfenster (siehe `<FRAMESET>`)

	Attribute: ALIGN FRAMEBORDER HEIGHT MARGINHEIGHT MARGINWIDTH NAME SCROLLING SRC WIDTH
`<NOFRAMES>`	Inhalt für Browser ohne `<FRAMESET>`
`<LAYER>`	Darstellungsschicht
	Attribute: ABOVE BACKGROUND BELOW BGCOLOR CLIP INFLOW LEFT NAME TOP VISIBILITY WIDTH Z-INDEX
`<ILAYER>`	Darstellungsschicht mit Platzbedarf
	Attribute: ABOVE BACKGROUND BELOW BGCOLOR CLIP LEFT NAME TOP VISIBILITY WIDTH Z-INDEX

C.15 Applets, Skripte und Objekte

`<APPLET>`	Ein Java-Applet
	Attribute: ALIGN ALT ARCHIVE CODE CODEBASE HEIGHT HSPACE NAME OBJECT VSPACE WIDTH
`<PARAM>`	Parameter für ein Java-Applet
	Attribute: NAME TYPE VALUE VALUETYPE
`<TEXTFLOW>`	Formal notwendig in leerer `<APPLET>`-Klammerung
`<SCRIPT>`	Ausführbares Skript
	Attribute: LANGUAGE SRC TYPE
`<NOSCRIPT>`	Text zur Darstellung in skriptunfähigem Browser
`<OBJECT>`	Objekt einbetten
	Attribute: ALIGN BORDER CLASSID CODEBASE CODETYPE DATA HEIGHT HSPACE ID NAME SHAPES STANDBY TABINDEX TYPE USEMAP VSPACE WIDTH
`<EMBED>`	Objekt einbetten
	Attribute: HEIGHT HIDDEN NAME PALETTE PLUGINSPAGE SRC TYPE UNITS WIDTH
`<BODYTEXT>`	Formal notwendig in leerer `<EMBED>`-Klammerung

C.16 Sonstige (aber nicht unwichtige) Tags

`<A>`	Anker
	Attribute: ACCESSKEY COORDS HREF NAME REL REV SHAPE TABINDEX TARGET TITLE

D Symbolische Werte von Attributen

ALIGN
ABSBOTTOM	Ausrichtung am Zeilenunterrand
ABSMIDDLE	Ausrichtung an der Zeilenmitte
BASELINE	Ausrichung an der Grundlinie
BLEEDLEFT	Ausrichtung am linken Fensterrand
BLEEDRIGHT	Ausrichtung am rechten Fensterrand
BOTTOM	Ausrichtung unten
CENTER	Ausrichtung mittig
CHAR	Ausrichtung an einem Zeichen
JUSTIFY	Randausgleich
LEFT	Ausrichtung links
MIDDLE	Ausrichtung mittig
RIGHT	Ausrichtung rechts
TEXTBOTTOM	Ausrichtung an der Unterkante der Textzeile
TEXTMIDDLE	Ausrichtung an der Mitte der Textzeile
TEXTTOP	Ausrichtung am Zeilenoberrand
TOP	Ausrichtung oben

BEHAVIOR
ALTERNATE	Laufband hin- und herbewegen
SCROLL	Laufband durchlaufen lassen
SLIDE	Laufband hereinlaufen lassen

BGPROPERTIES
FIXED	Hintergrundbild einer Seite nicht mitscrollen

CLASS
CAUTION	Anmerkung: Vorsicht!
NOTE	Anmerkung: Bemerkung
WARNING	Anmerkung: Warnung

CLEAR

ALL	Keine beweglichen Abbildungen
LEFT	Keine beweglichen Abbildungen links
NONE	Bewegliche Abbildungen an beiden Rändern
RIGHT	Keine beweglichen Abbildungen rechts

CONTENT

no-cache	Keine Cache Speicherung

DIR

LTR	Schrift von links nach rechts
RTL	Schrift von rechts nach links

DIRECTION

LEFT	Laufbandrichtung links
RIGHT	Laufbandrichtung rechts

FRAME

ABOVE	Nur oberer Tabellenrand
BELOW	Nur unterer Tabellenrand
BORDER	Ganzer Tabellenrand
BOX	Ganzer Tabellenrand
HSIDES	Nur horizontale Tabellenränder
LHS	Nur linker Tabellenrand
RHS	Nur rechter Tabellenrand
VOID	Keine Tabellenränder
VSIDES	Nur vertikale Tabellenränder

FRAMEBORDER

0	Frames mit normalem Rand darstellen
1	3D-Effekt bei Frames einschalten
NO	Frames mit normalem Rand darstellen
YES	3D-Effekt bei Frames einschalten

HALIGN

CENTER	Ausrichtung mittig
LEFT	Ausrichtung links
RIGHT	Ausrichtung rechts

HIDDEN

FALSE	Eingebettetes Objekt normal darstellen
TRUE	Eingebettetes Objekt unsichtbar machen

HTTP-EQUIV

`Cache-Control`	Cache-Steuerung
`Content-Type`	Inhaltstyp des Dokuments
`Expires`	Verfallsdatum des Dokuments
`PICS-Label`	Inhaltsbewertung nach PICS
`Pragma`	Cache-Steuerung
`Refresh`	Client-Pull

INFLOW

`TRUE`	Layer nimmt Platz ein

LANGUAGE

`JavaScript`	JavaScript als Sprache
`VBScript`	VBScript als Sprache

LOOP

`INFINITE`	Hintergrundmusik wird endlos wiederholt

METHOD

`GET`	`<FORM>` mit angehängten Feldwerten schicken
`POST`	Feldwerte über Standardeingabe schicken

NAME

`Author`	Autor des Dokuments
`Classification`	Klassifikation des Dokuments
`Description`	Textuelle Beschreibung des Dokuments
`Generator`	Editor des Dokuments
`Keywords`	Schlüsselwörter für das Dokument

NOTATION

`CSS`	»Cascading Style Sheets«-Notation

REL

`alternate`	Verweis auf eine andere Version
`bookmark`	Verweis auf einen Verweis
`contents`	Verweis auf ein Inhaltsverzeichnis
`copyright`	Verweis auf eine Copyright-Seite
`glossary`	Verweis auf eine Glossarseite
`help`	Verweis auf eine Hilfeseite

`index`	Verweis auf eine Registerseite
`next`	Verweis auf die nächste Seite
`previous`	Verweis auf die vorherige Seite
`search`	Verweis auf eine Suchseite
`start`	Verweis auf die Eingangsseite
`stylesheet`	Verweis auf ein Style Sheet
`top`	Verweis auf die Eingangsseite

REV

`alternate`	Verweis von einer anderen Version
`bookmark`	Verweis von einem Verweis
`contents`	Verweis vom Inhaltsverzeichnis
`copyright`	Verweis von einer Copyright-Seite
`glossary`	Verweis von einer Glossarseite
`help`	Verweis von einer Hilfeseite
`index`	Verweis von einer Registerseite
`made`	Verweis zurück auf den Autor
`next`	Verweis von der nächsten Seite
`previous`	Verweis von der vorherigen Seite
`search`	Verweis von einer Suchseite
`start`	Verweis von der Eingangsseite
`stylesheet`	Verweis von einem Style Sheet
`top`	Verweis von der Eingangsseite

ROLE

`CAUTION`	Anmerkung: Vorsicht!
`NOTE`	Anmerkung: Bemerkung
`WARNING`	Anmerkung: Warnung

RULES

`ALL`	Linien zwischen Tabellenzellen
`BASIC`	Linien zwischen Tabellenzellen und -abschnitten
`COLS`	Linien zwischen Tabellenspalten
`NONE`	Keine Linien zwischen Tabellenzellen
`ROWS`	Linien zwischen Tabellenzeilen

SCROLLING

`AUTO`	Browser setzt Scrollbars im Frame
`NO`	Keine Scrollbars im Frame
`YES`	Immer Scrollbars im Fame

SHAPE

CIRC	Kreisförmige anklickbare Fläche
CIRCLE	Kreisförmige anklickbare Fläche
POLY	Anklickbares Polygon
POLYGON	Anklickbares Polygon
RECT	Rechteckige anklickbare Fläche
RECTANGLE	Rechteckige anklickbare Fläche

START

FILEOPEN	Film sofort abspielen
MOUSEOVER	Film bei Überfahren mit Maus starten

TARGET

_blank	Neue Seite in neues Fenster laden
_parent	Neue Seite in umgebendes Frameset laden
_self	Neue Seite in selbes Frame laden
_top	Neue Seite in gesamtes Browser-Fenster laden

TYPE

1	Arabisch numeriert
A	Großbuchstaben
a	Kleinbuchstaben
BLOCK	Leerraumfläche
BUTTON	Button soll Skript auslösen
CHECKBOX	Formularfeld zum Auswählen
CIRCLE	Listeneintrag mit Kreis markiert
DISC	Listeneintrag mit ausgefülltem Kreis markiert
FILE	Dateiübermittlung im Formular
HIDDEN	Verstecktes Formularfeld
HORIZONTAL	Horizontaler Leerraum
I	Römische Großbuchstaben
i	Römische Kleinbuchstaben
IMAGE	Grafik als anklickbares Eingabefeld
PASSWORD	Feld zur Eingabe eines Paßworts
RADIO	Radio-Button
RESET	Button zum Zurücksetzen der Eingabefelder
SQUARE	Listeneintrag mit Quadraten markiert
SUBMIT	Button zum Abschicken des Formulars
TEXT	Eingabefeld für Text
text/css	Medientype für Style Sheets
VERTICAL	Vertikaler Leerraum

UNITS
    EN   Einheit ist die Breite von N
    PIXELS   Einheit ist Pixel

VALIGN
    BASELINE   Ausrichtung an der Grundlinie
    BOTTOM   Ausrichtung unten
    MIDDLE   Ausrichtung mittig
    TOP   Ausrichtung oben

VALUETYPE
    DATA   Wert sind die Daten
    OBJECT   Wert ist Objektverweis
    REF   Wert ist URL

VISIBILITY
    HIDE   Schicht unsichtbar
    INHERIT   Schicht sichtbar wie umgebende Schicht
    SHOW   Schicht sichtbar

WIDTH
    40   Vorformatierter Text in breiter Schrift
    80   Vorformatierter Text in normaler Schrift
    132   Vorformatierter Text in enger Schrift

WRAP
    HARD   Netscape erzeugt Umbruch in <TEXTAREA>
    OFF   Keine Umbrüche in <TEXTAREA> einfügen
    SOFT   Umbrüche nur für die Darstellung einfügen

E Eigenschaften in Style Sheets

E.1 Zeichensätze

font-family	Schriftschnitt
	Werte: `cursive fantasy monospace sans-serif serif`
font-style	Schriftstil
	Werte: `italic normal oblique`
font-variant	Schriftvariante
	Werte: `normal small-caps`
font-weight	Schriftdickte
	Werte: `100 200 300 400 500 600 700 800 900 bold bolder lighter normal`
font-size	Schriftgrad
	Werte: `large larger medium small smaller x-large x-small xx-large xx-small`
font	Abkürzung Schrifteigenschaften

E.2 Seitenhintergrund

color	Farbe des Elements
background-color	Hintergrundfarbe
	Wert: `transparent`
background-image	Hintergrundbild
	Wert: `none`
background-repeat	
	Wiederholung des Hintergrundbilds
	Werte: `no-repeat repeat repeat-x repeat-y`
background-attachment	
	Verschiebbarkeit des Hintergrundbilds
	Werte: `fixed scroll`

background-position
Position des Hintergrundbilds
Werte: `background bottom center left right top`
background Abkürzung Hintergrundeigenschaften

E.3 Zeichen- und Wortabstände

word-spacing Abstand zwischen Worten
Wert: `normal`
letter-spacing Sperrung
Werte: `blink line-through none normal overline underline`
white-space Beachtung von Leerzeichen und Zeilenenden
Werte: `normal nowrap pre`
text-decoration Unter-, Über-, Durchstreichung und Blinken
Werte: `blink line-through none overline underline`
vertical-align Vertikale Ausrichtung von Elementen
Werte: `baseline bottom middle sub super text-bottom text-top top`
text-transform Textmanipulation
Werte: `capitalize lowercase none uppercase`
text-align Textausrichtung
Werte: `center justify left right`
text-indent Einrückung am Absatzanfang
line-height Zeilenabstand
Wert: `normal`

E.4 Ränder

margin-top Rand um Umrandung oben
margin-right Rand um Umrandung rechts
margin-bottom Rand um Umrandung unten
margin-left Rand um Umrandung links
margin Ränder um Umrandung
padding-top Oberer Abstand von Inhalt bis Umrandung
padding-right Rechter Abstand von Inhalt bis Umrandung
padding-bottom Unterer Abstand von Inhalt bis Umrandung

`padding-left`   Linker Abstand von Inhalt bis Umrandung
`padding`   Abstände zwischen Inhalt und Umrandung

E.5 Umrandungen

`border-top-width` Raum für Umrandung oben
                   Werte: `medium thick thin`
`border-right-width`
                   Raum für Umrandung rechts
                   Werte: `medium thick thin`
`border-bottom-width`
                   Raum für Umrandung unten
                   Werte: `medium thick thin`
`border-left-width`
                   Raum für Umrandung links
                   Werte: `medium thick thin`
`border-width`   Raum für Umrandung
                   Werte: `medium thick thin`
`border-color`   Randfarbe
`border-style`   Randart
                   Werte: `dashed dotted double groove inset none outset ridge solid`
`border-top`   Umrandungsdicke oben
`border-right`   Umrandungsdicke rechts
`border-bottom`   Umrandungsdicke unten
`border-left`   Umrandungsdicke links
`border`   Dicke der Umrandungen

E.6 Ausmaße und Position

`width`   Breite des Elements
            Wert: `auto`
`height`   Höhe des Elements
            Wert: `auto`
`top`   Vertikale Verschiebung
            Wert: `auto`
`left`   Horizontale Verschiebung
            Wert: `auto`
`float`   Gleitende Elemente
            Werte: `left none right`
`clear`   Formatieren der Randelemente
            Werte: `both left none right`
`clip`   Beschneidung von Elementen

overflow	Wert: `auto` Verhalten bei Größenüberschreitung Werte: `clip none scroll`
display	Darstellungsklassifikation Werte: `block inline list-item none`
position	Positionierungmodus Werte: `absolute auto left relative static`

E.7 Listen

list-style-type	Markierungsart bei Listeneinträgen Werte: `none circle decimal disc lower-alpha lower-roman none square upper-alpha upper-roman`
list-style-image	URL eines Bilds für Eintragsmarkierung Wert: `none`
list-style-position	Position der Listenmarkierung Werte: `inside outside`
list-style	Listeneigenschaften

E.8 Lage

z-index	Stapelung von Elementen Wert: `auto`
visibility	Sichtbarkeit von Elementen Werte: `hidden inherit visible`

E.9 Seitengrenzen

page-break-before	Seitenumbruch vor Element Werte: `allways auto left right`
page-break-after	Seitenumbruch nach Element Werte: `allways auto left right`
size	Format der Druckseite Werte: `auto landscape portrait`
marks	Markierung des Druckbereichs Werte: `crop cross none`

Literaturverzeichnis

[1] Gavin Bell, Anthony Parisi, and Mark Pesce. The Virtual Reality Modeling Language. `http://vrml.wired.com/vrml.tech/vrmlspec.html`.

[2] T. Berners-Lee and D. Connolly. Hypertext Markup Language - 2.0. RFC 1866, `ftp://ds.internic.net/rfc/rfc1866.txt`.

[3] T. Berners-Lee, R. Fielding, and H. Nielsen. Hypertext Transfer Protocol – HTTP/1.0. RFC 1945, Internet Engineering Task Force, May 1996.

[4] N. Borenstein and N. Freed. MIME (Multipurpose Internet Mail Extensions) Part One: Mechanisms for Specifying and Describing the Format of Internet Message Bodies. RFC 1521, Internet Engineering Task Force, September 1993.

[5] T. Boutell. PNG (Portable Network Graphics) Specification. RFC 2083, `ftp://ds.internic.net/rfc/rfc2083.txt`.

[6] R. Braden. Requirements for Internet hosts - application and support. STD 3, RFC 1123, Internet Engineering Task Force, October 1989.

[7] Charles F. Goldfarb and Yuri Rubinsky. *The SGML handbook*. 1990.

[8] M. Horton and R. Adams. Standard for interchange of USENET messages. RFC 1036, Internet Engineering Task Force, December 1987.

[9] ISO/IEC JTC1. Standard Generalized Markup Language (SGML), 1986. ISO/IEC IS 8879.

[10] Stefan Koch. *JavaScript – Einführung, Programmierung und Referenz*. dpunkt, Heidelberg, 1996. ISBN 3-920993-64-0.

[11] Patrick J. Lynch. Yale C/AIM WWW Style Manual. `http://www.med.yale.edu/caim/StyleManual_Top.HTML`.

[12] Rainer Maurer. *HTML und CGI-Programmierung*. dpunkt, Heidelberg, 1996. ISBN 3-920993-28-4.

[13] K. Moore. MIME (Multipurpose Internet Mail Extensions) Part Two: Message Header Extensions for Non-ASCII Text. RFC 1522, Internet Engineering Task Force, September 1993.

[14] E. Nebel and L. Masinter. Form-based File Upload in HTML. RFC 1867, `ftp://ds.internic.net/rfc/rfc1867.txt`.

[15] Mark Pesce. *VRML – Browsing and Building Cyberspace*. New Riders, Indianapolis, 1995. ISBN 1-56205-498-8.

[16] Dave Raggett. HyperText Markup Language Specification Version 3.0. `http://www.w3.org/hypertext/WWW/MarkUp/html3/CoverPage.html`.

[17] Alan Richmond. A Basic HTML Style Guide. `http://guinan.gsfc.nasa.gov/Web/Style.html`.

[18] J. Seidman. A Proposed Extension to HTML: Client-Side Image Maps. RFC 1980, `ftp://ds.internic.net/rfc/rfc1980.txt`.

[19] James Tilton. Composing Good HTML. `http://www.willamette.edu:80/html-composition/strict-html.html`.

[20] Robert Tolksdorf. *Internet: Aufbau und Dienste*. International Thomson Publishing, 1996. ISBN 3-8266-0257-9.

Index

In diesem Register verweist eine Seitenzahl in **halbfetter** Schrift auf die Einführung und Erklärung eines Begriffs, Tags oder Attributs. Mit normaler Schrift sind Seiten gekennzeichnet, auf denen ein Begriff genannt wird, zusätzliche Informationen stehen oder ein Tag oder Attribut in einem Beispiel Anwendung findet.

Symbole
<!-- ... -->, 271
<!DOCTYPE>, 13, **13**, 16, 269
!important, 149
/* ... */, 148
:first-letter Pseudoelement, 150
:first-line Pseudoelement, 150
@import, 145
@page, 173
LaTeX, 218
_blank
    Wert von
        TARGET Attribut, **133**, 281
_parent
    Wert von
        TARGET Attribut, **133**, 281
_self
    Wert von
        TARGET Attribut, **133**, 281
_top
    Wert von
        TARGET Attribut, **133**, 281

0-9
0
    Wert von
        FRAMEBORDER Attribut, **130**, 278
1
    Wert von
        FRAMEBORDER Attribut, **130**, 278
        TYPE Attribut, **51**, 281

40
    Wert von
        WIDTH Attribut, **55**, 282
80
    Wert von
        WIDTH Attribut, **55**, 282
100 Wert
    bei font-weight Eigenschaft, **166**, 283
132
    Wert von
        WIDTH Attribut, **55**, 282
200 Wert
    bei font-weight Eigenschaft, **166**, 283
300 Wert
    bei font-weight Eigenschaft, **166**, 283
400 Wert
    bei font-weight Eigenschaft, **166**, 283
500 Wert
    bei font-weight Eigenschaft, **166**, 283
600 Wert
    bei font-weight Eigenschaft, **166**, 283
700 Wert
    bei font-weight Eigenschaft, **166**, 283
800 Wert
    bei font-weight Eigenschaft, **166**, 283

Index

900 Wert
    bei `font-weight` Eigenschaft, **166**, 283

none Wert
    bei `list-style-type` Eigenschaft, 286

A

`<A>`, 40, 55–57, 73, 95, 110, 132, 151, 223, 275

A
    Wert von
        `TYPE` Attribut, **51**, 281

a
    Wert von
        `TYPE` Attribut, **51**, 281

`A:active` Pseudoelement, 151
`A:link` Pseudoelement, 151
`A:visited` Pseudoelement, 151

ABOVE
    Wert von
        `FRAME` Attribut, 123, 278

ABOVE Attribut
    bei `<ILAYER>`, **140**, 275
    bei `<LAYER>`, **140**, 275

ABSBOTTOM
    Wert von
        `ALIGN` Attribut, **40**, 245, 277

ABSMIDDLE
    Wert von
        `ALIGN` Attribut, **40**, 245, 277

absolute Wert
    bei `position` Eigenschaft, **157**, 286

ACCEPT Attribut
    bei `<INPUT>`, **75**, 272

`Accept:` HTTP-Header, **180**, 185, 186, 198

`Accept-Charset:` HTTP-Header, **180**

`Accept-Encoding:` HTTP-Header, **181**, 186

`Accept-Language:` HTTP-Header, **181**

ACCESSKEY Attribut
    bei `<A>`, **73**, 275
    bei `<LABEL>`, **73**, 273
    bei `<LEGEND>`, **73**, 273

`<ACRONYM>`, **38**, 270

ACTION Attribut
    bei `<FORM>`, **61**, 65, 67, 272

ActiveX, 109
`<ADDRESS>`, **55**, 225, 231, 271

ALIGN Attribut
    bei `<APPLET>`, 245, 275
    bei `<CAPTION>`, **117**, 274
    bei `<COL>`, **122**, 274
    bei `<COLGROUP>`, **121**, 274
    bei `<DIV>`, 45, 271, 272
    bei `<HR>`, 43, **43**, 271
    bei `<IFRAME>`, **135**, 275
    bei `<IMG>`, **40**, 91, 171, 274
    bei `<INPUT>`, 69, 272
    bei `<LEGEND>`, **72**, 273
    bei `<MARQUEE>`, **47**, 270
    bei `<OBJECT>`, 108, 275
    bei `<P>`, **44**, 270
    bei `<SPACER>`, **47**, 270
    bei `<TAB>`, **46**, 270
    bei `<TABLE>`, **114**, 273
    bei `<TD>`, **119**, 273
    bei `<TH>`, **119**, 273
    bei `<THEAD>`, **121**, 273
    bei `<TR>`, 113, **113**, **117**, 273
    bei Überschriften, **49**

ALINK Attribut
    bei `<BODY>`, **28**, 151, 232, 269

ALL
    Wert von
        `CLEAR` Attribut, **44**, 278
        `RULES` Attribut, 123, 280

`Allow:` HTTP-Header, 186, **190**

always Wert
    bei `page-break-after` Eigenschaft, **173**, 286
    bei `page-break-before` Eigenschaft, **173**, 286

ALT Attribut
    bei `<APPLET>`, 245, 275
    bei `<AREA>`, **101**, 274
    bei `<IMG>`, **39**, 110, 225, 274

ALTERNATE
    Wert von
        `BEHAVIOR` Attribut, 47, 277

alternate
    Wert von
        `REL` Attribut, 18, 279
        `REV` Attribut, 18, 280

AmiPro, 218
Andreesen, Mark, 6
Anfangs-Tag, 223
Announce It, 238

Index

AOLpress, 217
Apache, 182
Apple Macintosh, 31, 88, 99, 104, 164, 208, 210, 234
<APPLET>, 243, 245, 247, 275
aqua Farbwert
    in CSS, 152
    in HTML, 26
Arachnid, 210
ARCHIVE Attribut
    bei <APPLET>, 246, 275
<AREA>, 73, **100**, 132, 274
Arena, 113
asWedit, 208
Attribute
    in HTML 3, *siehe* HTML 3, Tags und Attribute
    in HTML 3.2, *siehe* HTML 3.2, Tags und Attribute
    in Internet Explorer, *siehe* Internet Explorer, Tags und Attribute
    in Lynx, *siehe* Lynx, Tags und Attribute
    in Mosaic, *siehe* Mosaic, Tags und Attribute
    in Netscape, *siehe* Netscape, Tags und Attribute
    unbekannte, 11
AUTH_TYPE Variable, **198**
Author
    Wert von
        NAME Attribut, **20**, 279
Authorization: HTTP-Header, **183**
AUTO
    Wert von
        SCROLLING Attribut, **131**, 280
auto Wert
    bei clip Eigenschaft, **160**, 286
    bei height Eigenschaft, **153**, 285
    bei left Eigenschaft, **157**, 285
    bei page-break-after Eigenschaft, **173**, 286
    bei page-break-before Eigenschaft, **173**, 286
    bei position Eigenschaft, 286
    bei size Eigenschaft, **173**, 286
    bei top Eigenschaft, **157**, 285
    bei width Eigenschaft, **153**, 285
    bei z-index Eigenschaft, **160**, 286

AVI, 88
awk, 235
AXES Attribut
    bei <TD>, 118, 273
AXIS Attribut
    bei <TH>, 118, 273

B

<B>, 32, **32**, 224, 225, 270
BACKGROUND Attribut
    bei <BODY>, **22**, 23, 161, 232, 269
    bei <ILAYER>, **140**, 275
    bei <LAYER>, **140**, 275
background Eigenschaft, 162, 284
background Wert
    bei background-position Eigenschaft, 284
background-attachment Eigenschaft, 162, 283
background-color Eigenschaft, 161, 162, 283
background-image Eigenschaft, 161, 162, 283
background-position Eigenschaft, 162, 284
background-repeat Eigenschaft, 161, 162, 283
<BANNER>, **28**, 272
<BASE>, 15, **15**, 16, 59, 131, 222, 269
<BASEFONT>, **35**, 37, 271
BASELINE
    Wert von
        ALIGN Attribut, **40**, **108**, **121**, **122**, 245, 277
        VALIGN Attribut, **118**, 282
baseline Wert
    bei vertical-align Eigenschaft, **170**, 284
BASIC
    Wert von
        RULES Attribut, 123, 280
<BDO>, **39**, 270
BEHAVIOR Attribut
    bei <MARQUEE>, **47**, 270
Bell, Gavin, 257
BELOW
    Wert von
        FRAME Attribut, 123, 278
BELOW Attribut
    bei <ILAYER>, **140**, 275
    bei <LAYER>, **140**, 275

Index

Berners-Lee, Tim, 2, 4, 175
BGCOLOR Attribut
    bei `<BODY>`, 24, **27**, 161, 232, 269
    bei `<ILAYER>`, **140**, 275
    bei `<LAYER>`, **140**, 275
    bei `<MARQUEE>`, **47**, 270
    bei `<TABLE>`, **116**, 273
    bei `<TD>`, **119**, 273
    bei `<TH>`, **119**, 273
    bei `<TR>`, **118**, 273
BGPROPERTIES Attribut
    bei `<BODY>`, **24**, 162, 269
`<BGSOUND>`, **28**, 269
`<BIG>`, **33**, 271
black Farbwert
    in CSS, 152
    in HTML, 26
BLEEDLEFT
    Wert von
        ALIGN Attribut, **115**, 277
BLEEDRIGHT
    Wert von
        ALIGN Attribut, **115**, 277
`<BLINK>`, **33**, 270
blink Wert
    bei letter-spacing Eigenschaft, 284
    bei text-decoration Eigenschaft, **168**, 284
BLOCK
    Wert von
        TYPE Attribut, **46**, 281
block Wert
    bei display Eigenschaft, **169**, 286
`<BLOCKQUOTE>`, **53**, 271
blue Farbwert
    in CSS, 152
    in HTML, 26
`<BODY>`, 13, **13**, 16, 22, 24, 27, 28, 33, 38, 128, 130, 151, 161, 182, 189, 221, 232, 269
`<BODYTEXT>`, **111**, 247, 275
bold Wert
    bei font-weight Eigenschaft, **166**, 283
bolder Wert
    bei font-weight Eigenschaft, **166**, 283

bookmark
    Wert von
        REL Attribut, 18, 279
        REV Attribut, 18, 280
BORDER
    Wert von
        FRAME Attribut, 123, 278
BORDER Attribut
    bei `<FRAMESET>`, **130**, 274
    bei `<IMG>`, **40**, 110, 274
    bei `<OBJECT>`, 110, 275
    bei `<TABLE>`, 113, **116**, 119, 273
border Eigenschaft, 154, 285
border-bottom Eigenschaft, 154, 285
border-bottom-width Eigenschaft, 154, 285
border-color Eigenschaft, 154, 285
border-left Eigenschaft, 154, 285
border-left-width Eigenschaft, 154, 285
border-right Eigenschaft, 154, 285
border-right-width Eigenschaft, 154, 285
border-style Eigenschaft, 154, 285
border-top Eigenschaft, 154, 285
border-top-width Eigenschaft, 154, 285
border-width Eigenschaft, 154, 285
BORDERCOLOR Attribut
    bei `<FRAMESET>`, **130**, 274
    bei `<TABLE>`, **116**, 273
    bei `<TD>`, **119**, 273
    bei `<TH>`, **119**, 273
    bei `<TR>`, **118**, 273
BORDERCOLORDARK Attribut
    bei `<TABLE>`, **116**, 273
    bei `<TD>`, **119**, 273
    bei `<TH>`, **119**, 273
    bei `<TR>`, **118**, 273
BORDERCOLORLIGHT Attribut
    bei `<TABLE>`, **116**, 273
    bei `<TD>`, **119**, 273
    bei `<TH>`, **119**, 273
    bei `<TR>`, **118**, 273
both Wert
    bei clear Eigenschaft, **171**, 285
BOTTOM
    Wert von
        ALIGN Attribut, 40, **40**, 47, 69, 72, **121**, **122**, 245, 277
        VALIGN Attribut, **115**, **117**, **118**, **121**, 282

Index

bottom Wert
    bei background-position Eigenschaft, **162**, 284
    bei vertical-align Eigenschaft, **170**, 284
BOX
    Wert von
        FRAME Attribut, 123, 278
<BQ>, **53**, 272

, **43**, 45, 114, 169, 270
<BUTTON>, **70**, 72, 73, 273
BUTTON
    Wert von
        TYPE Attribut, **70**, 281

C

Cache-Control
    Wert von
        HTTP-EQUIV Attribut, **23**, 279
capitalize Wert
    bei text-transform Eigenschaft, **168**, 284
<CAPTION>, **116**, 274
Cascading Style Sheets, *siehe* CSS
CAUTION
    Wert von
        CLASS Attribut, **60**, 277
        ROLE Attribut, **60**, 280
CELLPADDING Attribut
    bei <TABLE>, **114**, 115, 273
CELLSPACING Attribut
    bei <TABLE>, **114**, 115, 273
<CENTER>, 45, **45**, 272
CENTER
    Wert von
        ALIGN Attribut, **43**, **44**, **46**, **49**, **108**, 113, **115**, **117**, **121**, **122**, **135**, 277
        HALIGN Attribut, 278
center Wert
    bei background-position Eigenschaft, **162**, 284
    bei text-align Eigenschaft, **171**, 284
CERN, 3, 97, 183
CGI, **195–202**
CHAR
    Wert von
        ALIGN Attribut, 118, **121**, **122**, 277
CHAR Attribut
    bei <COL>, **122**, 274
    bei <COLGROUP>, **122**, 274
    bei <TD>, **119**, 273

    bei <TH>, **119**, 273
    bei <TR>, **117**, 273
CHAROFF Attribut
    bei <COL>, **122**, 274
    bei <COLGROUP>, **122**, 274
    bei <TD>, **119**, 273
    bei <TR>, **118**, 273
CHARSET Attribut
    bei <META>, **23**, 269
CHECKBOX
    Wert von
        TYPE Attribut, 66, 281
CHECKED Attribut
    bei <INPUT>, 66, **66**, 67, 272
Christo und Jeanne-Claude, 234
Churchyard, H., 235
CIRC
    Wert von
        SHAPE Attribut, **101**, 280
CIRCLE
    Wert von
        SHAPE Attribut, **101**, 281
        TYPE Attribut, **51**, 281
circle Wert
    bei list-style-type Eigenschaft, **171**, 286
<CITE>, **37**, 53, 270
CITE Attribut
    bei <BLOCKQUOTE>, **54**, 272
    bei <DEL>, **38**, 271
    bei <INS>, **38**, 271
    bei <Q>, **54**, 272
ClarisWorks, 218
CLASS Attribut, **142**, **147**
    bei <NOTE>, **60**, 271
    bei <TBODY>, **121**, 273
    bei <TFOOT>, **121**, 273
    bei <THEAD>, **121**, 273
CLASSID Attribut
    bei <OBJECT>, 109, 275
Classification
    Wert von
        NAME Attribut, **20**, 279
CLEAR Attribut
    bei <BR>, **43**, 270
clear Eigenschaft, 171, 285
CLIP Attribut
    bei <ILAYER>, **138**, 275
    bei <LAYER>, **138**, 160, 275
clip Eigenschaft, 160, 285
clip Wert
    bei overflow Eigenschaft, **159**, 286

Index

cm Einheit in CSS, 152
<CODE>, **37**, 271
CODE Attribut
    bei <APPLET>, 246, 275
CODEBASE Attribut
    bei <APPLET>, 246, 275
    bei <OBJECT>, 108, 275
CODETYPE Attribut
    bei <OBJECT>, 110, 275
<COL>, **122**, 273
<COLGROUP>, **121**, 274
COLOR Attribut, **161**
    bei <FONT>, **35**, 271
    bei <HR>, **43**, 271
color Eigenschaft, 161, 283
COLS
    Wert von
        RULES Attribut, 123, 280
COLS Attribut
    bei <FRAMESET>, **128**, 274
    bei <MULTICOL>, **53**, 272
    bei <TABLE>, **114**, 273
    bei <TEXTAREA>, **64**, 65, 273
COLSPAN Attribut
    bei <TD>, 119, **119**, 273
    bei <TH>, **119**, 273
<COMMENT>, **13**, 271
Common Object Request Broker Architecture, 259
COMPACT Attribut
    bei <DL>, **52**, 272
CompuServe, 88
Connolly, Dan, 4
CONTENT Attribut
    bei <META>, **20**, 22, **22**, 191, 269
Content-...: HTTP-Header, 186
Content-Encoding: HTTP-Header, 187, **189**
Content-Language: HTTP-Header, 187, **189**
Content-Length: HTTP-Header, **189**
Content-Transfer-Encoding: HTTP-Header, **189**
Content-Type: HTTP-Header, 187, **189**
Content-Type
    Wert von
        HTTP-EQUIV Attribut, **23**, 279
CONTENT_LENGTH Variable, **198**
CONTENT_TYPE Variable, **198**

contents
    Wert von
        REL Attribut, 18, 279
        REV Attribut, 18, 280
CONTINUE Attribut
    bei <OL>, **52**, 272
CONTROLS Attribut
    bei <IMG>, 42, **42**, 274
COORDS Attribut
    bei <A>, 110, 275
    bei <AREA>, **100**, 274
copyright
    Wert von
        REL Attribut, 18, 279
        REV Attribut, 18, 280
CORBA, siehe Common Object Request Broker Architecture
Corel Photopaint, 84
<CREDIT>, **53**, 274
crop Wert
    bei marks Eigenschaft, **174**, 286
cross Wert
    bei marks Eigenschaft, **174**, 286
CSE 3310 HTML Validator, 235
CSS, 142, 145
CSS
    Wert von
        NOTATION Attribut, 279
cursive Wert
    bei font-family Eigenschaft, **165**, 283
CyberSpyder, 240

D

dashed Wert
    bei border-style Eigenschaft, **155**, 285
DATA
    Wert von
        VALUETYPE Attribut, **111**, 282
DATA Attribut
    bei <OBJECT>, 108, 275
Date: HTTP-Header, **176**
DATETIME Attribut
    bei <DEL>, **38**, 271
    bei <INS>, **38**, 271
<DD>, **52**, 53, 229, 272
decimal Wert
    bei list-style-type Eigenschaft, **172**, 286
<DEL>, **38**, 271

Index

DELAY Attribut
    bei `<BGSOUND>`, **28**, 269
    bei `<SOUND>`, **28**, 269
DELETE-Methode in HTTP, **179**
Description
    Wert von
        NAME Attribut, **20**, 279
`<DIR>`, **49**, 272
DIR Attribut, **38**
DIRECTION Attribut
    bei `<MARQUEE>`, **47**, 270
DISABLED Attribut
    bei `<BUTTON>`, **72**, 273
    bei `<INPUT>`, **64**, **72**, 272
    bei `<LABEL>`, **72**, 273
    bei `<OPTION>`, **72**, 272
    bei `<SELECT>`, **72**, 272
    bei `<TEXTAREA>`, **72**, 273
DISC
    Wert von
        TYPE Attribut, **51**, 281
disc Wert
    bei list-style-type Eigenschaft, **171**, 286
display Eigenschaft, 168, 286
`<DIV>`, 45, **45**, 142, **148**, 253, 271, 272
`<DL>`, **52**, 53, 272
Document Type Definition, *siehe* DTD
dotted Wert
    bei border-style Eigenschaft, **155**, 285
double Wert
    bei border-style Eigenschaft, **155**, 285
dpunkt-Verlag, 2
`<DT>`, **52**, 53, 224, 272
DTD, **10**, 13, 105, 111, 211, 247, 253
DYNSRC Attribut
    bei `<IMG>`, 42, **42**, 274

E

`<EM>`, 11, **37**, 224, 228, 271
em Einheit in CSS, 152
emacs, 206
`<EMBED>`, 103, **105**, 107, 245, 275
EN
    Wert von
        UNITS Attribut, 105, 281
en Einheit in CSS, 152
ENCTYPE Attribut
    bei `<FORM>`, **63**, 75, 272
Ende-Tag, 223

Entitaten, 30
Expires: HTTP-Header, **189**
Expires
    Wert von
        HTTP-EQUIV Attribut, **23**, 279
exposeURL, 238

F

FACE Attribut
    bei `<FONT>`, **35**, 271
FALSE
    Wert von
        HIDDEN Attribut, 105, 278
fantasy Wert
    bei font-family Eigenschaft, **165**, 283
Farbnamen, 26, 35, 43, 47, 106, 116, 130, 140
Fielding, Roy T., 175, 239
`<FIELDSET>`, **72**, 273
FILE
    Wert von
        TYPE Attribut, **75**, 281
FILEOPEN
    Wert von
        START Attribut, **42**, 281
FIXED
    Wert von
        BGPROPERTIES Attribut, **24**, 277
fixed Wert
    bei background-attachment Eigenschaft, **162**, 284
float Eigenschaft, 171, 285
`<FN>`, 271
`<FONT>`, 26, **34**, 35, 166, 271
font Eigenschaft, 167, 283
font-family Eigenschaft, 164, 169, 283
font-size Eigenschaft, 166, 283
font-style Eigenschaft, 165, 283
font-variant Eigenschaft, 167, 283
font-weight Eigenschaft, 166, 283
FOR Attribut
    bei `<LABEL>`, **71**, 273
`<FORM>`, **61**, 65, 67, **75**, 107, 132, 200, 272
Forwarded: HTTP-Header, **177**
`<FRAME>`, **131**, 229, 274
FRAME Attribut
    bei `<TABLE>`, **123**, 273
Frame, 127

Index

FRAMEBORDER Attribut
    bei <FRAMESET>, **130**, 274
    bei <IFRAME>, **135**, 275
FrameMaker, 218
<FRAMESET>, **128**, 274
Framesets, **127–135**
From: HTTP-Header, **182**
fuchsia Farbwert
    in CSS, 152
    in HTML, 26

G

Gates, Bill, 6
GATEWAY_INTERFACE Variable, **196**
Generator
    Wert von
        NAME Attribut, **20**, 279
GET
    Wert von
        METHOD Attribut, **61**, 201, 279
GET-Methode in HTTP, 62, **178**, 182, 184, 185
GIF, 39, 63, 81, 88, 103
    Animierte, 86
    Interlaced, 84, 226
GIF Animator, 88
GIF Construction Set, 86
GifBuilder, 88
giftool, 83, 85
giftool, 84
giftrans, 85
glossary
    Wert von
        REL Attribut, 18, 279
        REV Attribut, 18, 280
GnnPress, 217
gray Farbwert
    in CSS, 152
    in HTML, 26
green Farbwert
    in CSS, 152
    in HTML, 26
groove Wert
    bei border-style Eigenschaft, **155**, 285
GUTTER Attribut
    bei <MULTICOL>, **53**, 272

H

<H1>, **49**, 50, 270
<H2>, **49**, 50, 270
<H3>, **49**, 50, 270
<H4>, **49**, 270
<H5>, **49**, 270
<H6>, **49**, 270
HALIGN Attribut
    bei <COLGROUP>, 274
HARD
    Wert von
        WRAP Attribut, **65**, 282
<HEAD>, 13, **13**, 16, 21, 221, 269
HEAD-Methode in HTTP, **178**, 184, 187
HEIGHT Attribut
    bei <APPLET>, 245, 275
    bei <EMBED>, 105, 275
    bei <IFRAME>, **135**, 275
    bei <IMG>, **41**, 90, 105, **226**, 274
    bei <MARQUEE>, **47**, 270
    bei <OBJECT>, 107, 275
    bei <SPACER>, **47**, 270
height Eigenschaft, 153, 285
help
    Wert von
        REL Attribut, 18, 279
        REV Attribut, 18, 280
HIDDEN
    Wert von
        TYPE Attribut, 74, 281
HIDDEN Attribut
    bei <EMBED>, 105, 275
hidden Wert
    bei visibility Eigenschaft, **160**, 286
HIDE
    Wert von
        VISIBILITY Attribut, **140**, 282
hm-menu-mode, 206
HORIZONTAL
    Wert von
        TYPE Attribut, **46**, 281
HotJava, *siehe* Java, 243
HoTMetaL, 211
<HR>, 10, 26, **42**, 43, 90, 271
HREF Attribut
    bei <A>, 56, **56**, 57, **59**, 95, 275
    bei <AREA>, **101**, 274
    bei <BASE>, 15, **15**, 16, 269
    bei <LINK>, **17**, 144, 222, 269
HSIDES
    Wert von
        FRAME Attribut, 123, 278

Index

HSPACE Attribut
    bei <APPLET>, 245, 275
    bei <IMG>, **41**, 274
    bei <MARQUEE>, **47**, 270
    bei <OBJECT>, 107, 275
htimage, 97
HTMgen, 215
HTML
    Dynamisches, **255–256**
<HTML>, 13, **13**, 16, 221, 269
HTML 2, 4, 61
HTML 3
    Tags und Attribute, 4, 19, 22, 41, 43, 45, 52, 53, 59, 64, 99, 115, 254
HTML 3.2
    Tags und Attribute, 5, 15–17, 22, 26, 33, 44, 45, 49, 58, 113, 114, 116
HTML 4
    Tags und Attribute, 5, 15, 17, 19, 21, 23, 31, 33, 36, 38, 45, 50, 54, 70, 73, 94, 114, 116–121, 123, 127, 134, 142, 144, 147, 247, 248, 250
HTML Validator, 235
htmlchek, 235
HTTP, 21, 57, **175–193**
HTTP-EQUIV Attribut
    bei <META>, 22, **22**, 175, 185, 191, 269
HTTP_ACCEPT Variable, **198**
HTTP_USER_AGENT Variable, **198**
Hypertext Transfer Protocol, *siehe* HTTP

I
<I>, 32, **32**, 224, 270
I
    Wert von
        TYPE Attribut, **51**, 281
i
    Wert von
        TYPE Attribut, **51**, 281
ID Attribut, **71**, **148**
    bei <FN>, **59**, **60**, 271
    bei <NOTE>, **60**, 271
    bei <OBJECT>, 107, 275
    bei <TAB>, **46**, 270
    bei <TBODY>, **121**, 273
    bei <TFOOT>, **121**, 273
    bei <THEAD>, **121**, 273
If-Modified-Since: HTTP-Header, 178, **182**, 185

<IFRAME>, **135**, 245, 274
<ILAYER>, **137**, 275
IMAGE
    Wert von
        TYPE Attribut, 69, 226, 281
imagemap, 96
<IMG>, 11, **39**, 42, 70, 81, 82, 90, **95**, 103, 107, 110, 114, 171, 225, 245, 274
in Einheit in CSS, 152
INDENT Attribut
    bei <TAB>, **46**, 270
index
    Wert von
        REL Attribut, 18, 280
        REV Attribut, 18, 280
INFINITE
    Wert von
        LOOP Attribut, **28**, **42**, **47**, 279
INFLOW Attribut
    bei <LAYER>, **137**, 275
InfoLink, 240
INHERIT
    Wert von
        VISIBILITY Attribut, **140**, 282
inherit Wert
    bei visibility Eigenschaft, **160**, 286
inline Wert
    bei display Eigenschaft, **169**, 286
<INPUT>, **64**, 65, **66**, 67, **68**, 69, **69**, 72–74, **75**, 226, 272
INRIA, 3
<INS>, **38**, 271
inset Wert
    bei border-style Eigenschaft, **155**, 285
inside Wert
    bei list-style-position Eigenschaft, **172**, 286
Interlacing, *siehe* GIF, Interlaced
Interleaf, 218
Internet Assistent, 214
Internet Explorer, 233
Internet Explorer 3.x
    Tags und Attribute, 103
    Tags und Attribute, 6, 24, 28, 35, 41, 43, 47, 106, 116, 118–120, 127, 142, 162

Index

`<ISINDEX>`, **16**, 199, 269
ISMAP Attribut
    bei `<IMG>`, **95**, 101, 274
ISO, 23, 29, 31, 180, 189, 263, 265
`italic` Wert
    bei `font-style` Eigenschaft, **166**, 283

J

JAR, 246
Java Archive, *siehe* JAR
Java RMI, 261
Java Virtual Machine, *siehe* JVM
JavaScript, 140, 248, 255
JavaScript
    Wert von
        LANGUAGE Attribut, **249**, 279
JPEG, 81, *siehe auch* GIF, *siehe auch* JPG
    Progressive, 85
JPG, 39, 103
JUSTIFY
    Wert von
        ALIGN Attribut, **115**, 117, 121, 122, 277
`justify` Wert
    bei `text-align` Eigenschaft, **171**, 284
JVM, 244

K

Kammerer, Christine ♡, 2, 165
`<KBD>`, **37**, 271
Keio Universität, 3
Keywords
    Wert von
        NAME Attribut, **20**, 279
KIT, *siehe* Projektgruppe KIT/FLP
Kommentare, *siehe* `<!-- ... -->`, `<COMMENT>`

L

`<LABEL>`, **71**, 72, 73, 273
`landscape` Wert
    bei `size` Eigenschaft, **173**, 286
LANG Attribut, **38**, **263**, **265**
    bei `<BODY>`, **22**, 38, 182, 189, 269
LANGUAGE Attribut
    bei `<SCRIPT>`, **249**, 275
`large` Wert
    bei `font-size` Eigenschaft, **166**, 283

`larger` Wert
    bei `font-size` Eigenschaft, **166**, 283
Last-Modified: HTTP-Header, **190**
`<LAYER>`, **137**, 160, 255, 275
LEFT
    Wert von
        ALIGN Attribut, 40, **43**, **44**, **46**, **49**, 69, **72**, 91, **108**, 113, **115**, **117**, **121**, 122, **122**, **135**, 245, 277
        CLEAR Attribut, **44**, 278
        DIRECTION Attribut, 47, 278
        HALIGN Attribut, 278
LEFT Attribut
    bei `<ILAYER>`, **138**, 275
    bei `<LAYER>`, **138**, 275
`left` Eigenschaft, 157, 285
`left` Wert
    bei `background-position` Eigenschaft, **162**, 284
    bei `clear` Eigenschaft, **171**, 285
    bei `float` Eigenschaft, **171**, 285
    bei `page-break-after` Eigenschaft, **173**, 286
    bei `page-break-before` Eigenschaft, **173**, 286
    bei `position` Eigenschaft, 286
    bei `text-align` Eigenschaft, **170**, 284
LEFTMARGIN Attribut
    bei `<BODY>`, **28**, 269
`<LEGEND>`, **72**, 73, 273
`letter-spacing` Eigenschaft, 167, 284
LHS
    Wert von
        FRAME Attribut, 123, 278
`<LI>`, 49–51, 272
`lighter` Wert
    bei `font-weight` Eigenschaft, **166**, 283
`lime` Farbwert
    in CSS, 152
    in HTML, 26
`line-height` Eigenschaft, 167, 170, 284
`line-through` Wert
    bei `letter-spacing` Eigenschaft, 284
    bei `text-decoration` Eigenschaft, **168**, 284

<LINK>, **17**, 58, 132, **144**, 222, 269
LINK Attribut
    bei <BODY>, **27**, 151, 232, 269
list-item Wert
    bei display Eigenschaft, **169**, 286
list-style Eigenschaft, 172, 286
list-style-image Eigenschaft, 172, 286
list-style-position Eigenschaft, 172, 286
list-style-type Eigenschaft, 171, 286
Listen, **49–52**
<LISTING>, 55, 271
LiveScript, *siehe auch* JavaScript, 248
Location: HTTP-Header, 185, **190**
LOOP Attribut
    bei <BGSOUND>, **28**, 269
    bei <IMG>, **42**, 274
    bei <MARQUEE>, **47**, 270
    bei <SOUND>, **28**, 269
lower-alpha Wert
    bei list-style-type Eigenschaft, **172**, 286
lower-roman Wert
    bei list-style-type Eigenschaft, **172**, 286
lowercase Wert
    bei text-transform Eigenschaft, **168**, 284
LOWSRC Attribut
    bei <IMG>, **41**, 274
LTR
    Wert von
        DIR Attribut, **38**, 278
Lynx, 19, 32, 39, 222, 225, 233, 234
Lynx 2.7
    Tags und Attribute, 7, 19, 28, 45, 48, 52, 53, 59, 60, 64

M

Mac-ImageMap, 99
Macintosh, *siehe* Apple Macintosh
MacWrite, 218
made
    Wert von
        REV Attribut, 19, 280
<MAP>, **100**, 274
mapedit, 99
margin Eigenschaft, 155, 173, 284
margin-bottom Eigenschaft, 155, 173, 284

margin-left Eigenschaft, 155, 173, 284
margin-right Eigenschaft, 155, 173, 284
margin-top Eigenschaft, 155, 173, 284
MARGINHEIGHT Attribut
    bei <FRAME>, **131**, 274
    bei <IFRAME>, **135**, 275
MARGINWIDTH Attribut
    bei <FRAME>, **131**, 274
    bei <IFRAME>, **135**, 275
marks Eigenschaft, 174, 286
maroon Farbwert
    in CSS, 152
    in HTML, 26
<MARQUEE>, **47**, 270
MathML, 255
MAXLENGTH Attribut
    bei <INPUT>, **64**, 65, 272
medium Wert
    bei border-bottom-width Eigenschaft, **154**, 285
    bei border-left-width Eigenschaft, **154**, 285
    bei border-right-width Eigenschaft, **154**, 285
    bei border-top-width Eigenschaft, **154**, 285
    bei border-width Eigenschaft, **154**, 285
    bei font-size Eigenschaft, **166**, 283
Mehrspaltiger Text, 52, 119
<MENU>, **49**, 272
Message-ID: HTTP-Header, **177**
<META>, **19**, 22, 175, 185, 191, 239, 269
METHOD Attribut
    bei <FORM>, **61**, 65, 67, 75, 201, 272
Microsoft, 6, 109, 214
Microsoft DCOM, 261
Microsoft Internet Explorer, *siehe* Internet Explorer
Microsoft Windows, 36, 104, 164, 208, 211, 234, 235, 240
Microsoft Word, 218

Index

MIDDLE
  Wert von
    ALIGN Attribut, **40**, 47, 69, **108**, **121**, **122**, 245, 277
    VALIGN Attribut, **118**, **121**, 282
middle Wert
  bei vertical-align Eigenschaft, **170**, 284
MIME, **63**, 104, 106, 109, 110, 144, 177, 180, 189, 192, 249
MIME-Version: HTTP-Header, **177**
MIT, 3
mm Einheit in CSS, 152
MOMspider, 239
monospace Wert
  bei font-family Eigenschaft, **165**, 283
Mosaic, *siehe auch* Mosaic 3.x, Tags und Attribute, 2, 234
Mosaic 3.x
  Tags und Attribute, 6, 18, 28, 44
MOUSEOVER
  Wert von
    START Attribut, **42**, 281
<MULTICOL>, **52**, 119, 272
MULTIPLE Attribut
  bei <SELECT>, **66**, 272

N

N Attribut
  bei <NEXTID>, **16**, 269
NAME Attribut
  bei <A>, **55**, 56, 275
  bei <APPLET>, 246, 275
  bei <BUTTON>, **70**, 273
  bei <EMBED>, 105, 107, 275
  bei Formularen, **63**
  bei <FRAME>, **131**, 274
  bei <IFRAME>, **135**, 275
  bei <ILAYER>, **140**, 275
  bei <INPUT>, **64**, **68**, **69**, 226, 272
  bei <LAYER>, **140**, 275
  bei <MAP>, **100**, 274
  bei <META>, **20**, **22**, 269
  bei <OBJECT>, 107, 275
  bei <PARAM>, **111**, 247, 275
  bei <SELECT>, **66**, 272
  bei <TEXTAREA>, **64**, 273

navy Farbwert
  in CSS, 152
  in HTML, 26
Netcolorz, 26
Netscape, 6, 233, 234
  alias Mozilla, 182
  Client-Pull, **191**
  Server-Push, **192**
  Tags und Attribute, 6, 40, 44, 51, 190
Netscape 2.x
  Tags und Attribute, 103
  Tags und Attribute, 6, 33, 35, 58, 65, 75, 100, 103, 127, 248
Netscape 3.x
  Tags und Attribute, 6, 35, 46, 52, 91, 155, 212
Netscape 4.x
  Tags und Attribute, 6, 137, 142, 155, 260
Netscape Communicator, 6, 137
Netscape Gold, 212
Netscape Navigator, *siehe* Netscape, Tags und Attribute
next
  Wert von
    REL Attribut, 18, 280
    REV Attribut, 18, 280
<NEXTID>, 16, **16**, 269
Nielsen, Hendrik Frystyk, 175
NO
  Wert von
    FRAMEBORDER Attribut, **130**, 278
    SCROLLING Attribut, **131**, 280
no-cache
  Wert von
    CONTENT Attribut, **23**, 278
no-repeat Wert
  bei background-repeat Eigenschaft, **162**, 283
<NOBR>, **44**, 45, 169, 270
<NOFRAMES>, **130**, 275
NOHREF Attribut
  bei <AREA>, **101**, 274
NONE
  Wert von
    CLEAR Attribut, **44**, 278
    RULES Attribut, 123, 280
none Wert
  bei background-image Eigenschaft, **161**, 283

Index

bei `border-style` Eigenschaft, **155**, 285
bei `clear` Eigenschaft, **171**, 285
bei `display` Eigenschaft, **169**, 286
bei `float` Eigenschaft, **171**, 285
bei `letter-spacing` Eigenschaft, 284
bei `list-style-image` Eigenschaft, 286
bei `list-style-type` Eigenschaft, **172**, 286
bei `marks` Eigenschaft, **174**, 286
bei `overflow` Eigenschaft, **159**, 286
bei `text-decoration` Eigenschaft, **168**, 284
bei `text-transform` Eigenschaft, **168**, 284
NORESIZE Attribut
    bei <FRAME>, **131**, 274
normal Wert
    bei `font-style` Eigenschaft, **166**, 283
    bei `font-variant` Eigenschaft, **167**, 283
    bei `font-weight` Eigenschaft, **166**, 283
    bei `letter-spacing` Eigenschaft, **167**, 284
    bei `line-height` Eigenschaft, **167**, 284
    bei `white-space` Eigenschaft, **169**, 284
    bei `word-spacing` Eigenschaft, **167**, 284
<NOSCRIPT>, **249**, 275
NOSHADE Attribut
    bei <HR>, 43, **43**, 271
NOTATION Attribut
    bei <STYLE>, 274
<NOTE>, **60**, 271
NOTE
    Wert von
        CLASS Attribut, **60**, 277
        ROLE Attribut, **60**, 280
NOWRAP Attribut
    bei <DIV>, 271, 272
    bei <P>, **45**, 270
    bei <TABLE>, **114**, 273
    bei <TD>, **119**, 273
    bei <TH>, **119**, 273

nowrap Wert
    bei `white-space` Eigenschaft, **169**, 284

O

<OBJECT>, 73, 106, 111, 245, 247, 275
OBJECT
    Wert von
        VALUETYPE Attribut, **111**, 282
OBJECT Attribut
    bei <APPLET>, 246, 275
Object Management Architecture, 259
Object Management Group, 259
oblique Wert
    bei `font-style` Eigenschaft, **166**, 283
OFF
    Wert von
        WRAP Attribut, **65**, 282
Office95, 214
Office97, 215
<OL>, 51, **51**, 52, 172, 272
OLE, 109
olive Farbwert
    in CSS, 152
    in HTML, 26
OMA, siehe Object Management Architecture
OMG, siehe Object Management Group
on als Wert von Formularfeldern, 66, 69
onblur Attribut
    bei <BUTTON>, **251**, 273
    bei <INPUT>, **251**, 272
    bei <LABEL>, **251**, 273
    bei <SELECT>, **251**, 272
    bei <TEXTAREA>, **251**, 273
onchange Attribut
    bei <INPUT>, **251**, 272
    bei <SELECT>, **251**, 272
    bei <TEXTAREA>, **251**, 273
onclick Attribut, **250**
ondblclick Attribut, **250**
onfocus Attribut
    bei <BUTTON>, **251**, 273
    bei <INPUT>, **251**, 272
    bei <LABEL>, **251**, 273
    bei <SELECT>, **251**, 272
    bei <TEXTAREA>, **251**, 273
onkeydown Attribut, **251**
onkeypress Attribut, **251**
onkeyup Attribut, **251**

Index

onload Attribut
  bei <BODY>, **250**, 269
  bei <FRAMESET>, **250**, 274
onmousedown Attribut, **250**
onmousemove Attribut, **250**
onmouseout Attribut, **250**
onmouseover Attribut, **250**
onmouseup Attribut, **250**
onreset Attribut
  bei <FORM>, **251**, 272
onselect Attribut
  bei <INPUT>, **251**, 272
  bei <TEXTAREA>, **251**, 273
onsubmit Attribut
  bei <FORM>, **251**, 272
onunload Attribut
  bei <BODY>, **250**, 269
  bei <FRAMESET>, **250**, 274
<OPTION>, **66**, 72, 272
outset Wert
  bei border-style Eigenschaft, **155**, 285
outside Wert
  bei list-style-position Eigenschaft, **172**, 286
overflow Eigenschaft, 159, 286
<OVERLAY>, 137, 274
overline Wert
  bei letter-spacing Eigenschaft, 284
  bei text-decoration Eigenschaft, **168**, 284

P

<P>, **44**, 45, 270
padding Eigenschaft, 153, 285
padding-bottom Eigenschaft, 153, 284
padding-left Eigenschaft, 153, 285
padding-right Eigenschaft, 153, 284
padding-top Eigenschaft, 153, 284
page-break-after Eigenschaft, 173, 286
page-break-before Eigenschaft, 173, 286
PageMaker, 218
PALETTE Attribut
  bei <EMBED>, 106, 275
<PARAM>, 107, **111**, **247**, 275
Parisi, Anthony, 257
PASSWORD
  Wert von
    TYPE Attribut, **64** 72, 281

PATH_INFO Variable, **197**
PATH_TRANSLATED Variable, **197**
pc Einheit in CSS, 152
Perl, 195, 235
Pesce, Mark, 257
PICS-Label
  Wert von
    HTTP-EQUIV Attribut, **23**, 279
PIXELS
  Wert von
    UNITS Attribut, 105, 282
<PLAINTEXT>, 55, 271
Plugin, 103, 104
PLUGINSPAGE Attribut
  bei <EMBED>, 105, 275
PNG, 39, 88
POLY
  Wert von
    SHAPE Attribut, **101**, 281
POLYGON
  Wert von
    SHAPE Attribut, **101**, 281
Portable Network Graphics, *siehe* PNG
portrait Wert
  bei size Eigenschaft, **173**, 286
position Eigenschaft, 155, 286
POST
  Wert von
    METHOD Attribut, 75, 77, 201, 279
POST-Methode in HTTP, 62, **179**
PostMaster, 238
Pragma: HTTP-Header, **183**
Pragma
  Wert von
    HTTP-EQUIV Attribut, **23**, 279
<PRE>, **54**, 55, 169, 223, 271
pre Wert
  bei white-space Eigenschaft, **169**, 284
previous
  Wert von
    REL Attribut, 18, 280
    REV Attribut, 18, 280
PROFILE Attribut
  bei <HEAD>, **21**, 269
Projektgruppe KIT/FLP, 2, 234
PROMPT Attribut
  bei <ISINDEX>, **16**, 269
Proxy, 177
Pseudoelemente, 150, 151
Pseudoklassen, 150

Index

pt Einheit in CSS, 152
purple Farbwert
    in CSS, 152
    in HTML, 26
PUT-Methode in HTTP, **178**, 179, 186, 187
px Einheit in CSS, 152

Q

<Q>, **38**, **54**, 272
QuarkXPress, 218
QUERY_STRING Variable, **197**, 201
Quicktime, 88

R

RADIO
    Wert von
        TYPE Attribut, 66, **66**, 281
Ragget, Dave, 5
READONLY Attribut
    bei <INPUT>, **72**, 272
    bei <TEXTAREA>, **72**, 273
Real Audio, 104
RECT
    Wert von
        SHAPE Attribut, **101**, 281
RECTANGLE
    Wert von
        SHAPE Attribut, **101**, 281
red Farbwert
    in CSS, 152
    in HTML, 26
REF
    Wert von
        VALUETYPE Attribut, **111**, 282
Referer: HTTP-Header, **183**
Refresh: HTTP-Header, **191**
Refresh
    Wert von
        HTTP-EQUIV Attribut, **23**, 279
REL Attribut
    bei <A>, **58**, 275
    bei <LINK>, **17**, **19**, **144**, 269
relative Wert
    bei position Eigenschaft, **156**, 286
Remote Method Invocation, *siehe* RMI
REMOTE_ADDR Variable, **198**
REMOTE_HOST Variable, **197**
REMOTE_IDENT Variable, **198**
REMOTE_USER Variable, **198**

repeat Wert
    bei background-repeat Eigenschaft, **161**, 283
repeat-x Wert
    bei background-repeat Eigenschaft, **162**, 283
repeat-y Wert
    bei background-repeat Eigenschaft, **162**, 283
Request-Mitteilung, **175**, **178–183**
REQUEST_METHOD Variable, **197**
RESET
    Wert von
        TYPE Attribut, **69**, **70**, 281
Response-Mitteilung, **175**, **184–188**
Retry-After: HTTP-Header, 188, **188**
REV Attribut
    bei <A>, **58**, 275
    bei <LINK>, **17**, 222, 269
RFC, **3**, 175, 176
RGB-Kodierung, 24, 35, 43, 47, 106, 116, 130, 140, 152
RHS
    Wert von
        FRAME Attribut, 123, 278
ridge Wert
    bei border-style Eigenschaft, **155**, 285
RIGHT
    Wert von
        ALIGN Attribut, 40, **43**, **44**, **46**, **49**, 69, **72**, **108**, 113, **115**, **117**, **121**, **122**, **135**, 245, 277
        CLEAR Attribut, **44**, 278
        DIRECTION Attribut, 47, 278
        HALIGN Attribut, 278
right Wert
    bei background-position Eigenschaft, **162**, 284
    bei clear Eigenschaft, **171**, 285
    bei float Eigenschaft, **171**, 285
    bei page-break-after Eigenschaft, **173**, 286
    bei page-break-before Eigenschaft, **173**, 286
    bei text-align Eigenschaft, **171**, 284
RIGHT
    Wert von
        ALIGN Attribut, 122

Index

ROLE Attribut
    bei <NOTE>, **60**, 271
ROWS
    Wert von
        RULES Attribut, 123, 280
ROWS Attribut
    bei <FRAMESET>, **128**, 274
    bei <TEXTAREA>, **64**, 65, 273
ROWSPAN Attribut
    bei <TD>, 119, **119**, 273
    bei <TH>, **119**, 273
RTL
    Wert von
        DIR Attribut, **38**, 278
RULES Attribut
    bei <TABLE>, 123, 273

S
<S>, **33**, 270
<SAMP>, **37**, 271
sans-serif Wert
    bei font-family Eigenschaft, **165**, 283
SCHEME Attribut
    bei <META>, **21**, 269
<SCRIPT>, 22, **248**, 275
SCRIPT_NAME Variable, **197**
SCROLL
    Wert von
        BEHAVIOR Attribut, 47, 277
scroll Wert
    bei background-attachment Eigenschaft, **162**, 284
    bei overflow Eigenschaft, **159**, 286
SCROLLAMOUNT Attribut
    bei <MARQUEE>, **48**, 270
SCROLLDELAY Attribut
    bei <MARQUEE>, **48**, 270
SCROLLING Attribut
    bei <FRAME>, **131**, 274
    bei <IFRAME>, **135**, 275
search
    Wert von
        REL Attribut, 18, 280
        REV Attribut, 18, 280
Seitenlänge, 230
<SELECT>, **66**, 72, 73, 272
SELECTED Attribut
    bei <OPTION>, **67**, 272
SEQNUM Attribut
    bei <OL>, **52**, 272

serif Wert
    bei font-family Eigenschaft, **165**, 283
Server: HTTP-Header, **188**
SERVER_NAME Variable, **196**
SERVER_PORT Variable, **197**
SERVER_PROTOCOL Variable, **197**
SERVER_SOFTWARE Variable, **196**
SGML, 9, 13, 105, 211, 253
SHAPE Attribut
    bei <A>, 110, 275
    bei <AREA>, **100**, 274
SHAPES Attribut
    bei <OBJECT>, 110, 275
SHOW
    Wert von
        VISIBILITY Attribut, **140**, 282
silver Farbwert
    in CSS, 152
    in HTML, 26
SIZE Attribut
    bei <BASEFONT>, **35**, 271
    bei <FONT>, **34**, 166, 271
    bei <HR>, 43, **43**, 271
    bei <INPUT>, **64**, 65, 272
    bei <SELECT>, **66**, 272
    bei <SPACER>, **46**, 270
size Eigenschaft, 173, 286
SLIDE
    Wert von
        BEHAVIOR Attribut, 47, 277
<SMALL>, **33**, 271
small Wert
    bei font-size Eigenschaft, **166**, 283
small-caps Wert
    bei font-variant Eigenschaft, **167**, 283
smaller Wert
    bei font-size Eigenschaft, **166**, 283
SOFT
    Wert von
        WRAP Attribut, **65**, 282
solid Wert
    bei border-style Eigenschaft, **155**, 285
Sonderzeichen, **30**, 222
    in <TITLE>, 14
<SOUND>, **28**, 269
<SPACER>, **46**, 91, 92, 155, 270
<SPAN>, 38, 142, **148**, 271

SPAN Attribut
    bei <COL>, **122**, 274
    bei <COLGROUP>, **121**, 274
SpiderPad, 209
SQUARE
    Wert von
        TYPE Attribut, **51**, 281
square Wert
    bei list-style-type Eigenschaft, **171**, 286
SRC Attribut
    bei <BGSOUND>, **28**, 269
    bei <EMBED>, 105, 108, 275
    bei <FRAME>, 128, **131**, 274
    bei <IFRAME>, **135**, 275
    bei <IMG>, 11, **39**, 82, 274
    bei <SCRIPT>, **248**, 275
    bei <SOUND>, **28**, 269
STANDBY Attribut
    bei <OBJECT>, 110, 275
StarOffice, 215
START Attribut
    bei <IMG>, **42**, 274
    bei <OL>, **51**, 52, 272
start
    Wert von
        REL Attribut, 18, 280
        REV Attribut, 18, 280
Start-Tag, *siehe* Anfangs-Tag
static Wert
    bei position Eigenschaft, **155**, 286
<STRIKE>, **33**, 270
<STRONG>, **37**, 224, 229, 271
<STYLE>, 22, **144**, 274
STYLE Attribut, **145**
    bei <TBODY>, **121**, 273
    bei <TFOOT>, **121**, 273
    bei <THEAD>, **121**, 273
Style Sheets, 5, 33, 36, 50, 141, **174**
stylesheet
    Wert von
        REL Attribut, 18, 19, **144**, 280
        REV Attribut, 18, 280
<SUB>, **33**, 274
sub Wert
    bei vertical-align Eigenschaft, **170**, 284
SUBMIT
    Wert von
        TYPE Attribut, 68, **68**, **70**, 281

<SUP>, **33**, 274
super Wert
    bei vertical-align Eigenschaft, **170**, 284

T
<TAB>, **45**, 270
Tabellen, **113–124**
TABINDEX Attribut
    bei <A>, **73**, 275
    bei <AREA>, **73**, 274
    bei <BUTTON>, **73**, 273
    bei <INPUT>, **73**, 272
    bei <OBJECT>, **73**, 275
    bei <SELECT>, **73**, 272
    bei <TEXTAREA>, **73**, 273
<TABLE>, 113, **113**, 115, 119, 123, 273
Tags
    bei HTML 3, *siehe* HTML 3, Tags und Attribute
    bei HTML 3.2, *siehe* HTML 3.2, Tags und Attribute
    bei Internet Explorer, *siehe* Internet Explorer, Tags und Attribute
    bei Lynx, *siehe* Lynx, Tags und Attribute
    bei Mosaic, *siehe* Mosaic, Tags und Attribute
    bei Netscape, *siehe* Netscape, Tags und Attribute
    Ende-Tags, **10**
    unbekannte, 11
TARGET Attribut
    bei <A>, **58**, 132, 275
    bei <AREA>, **101**, 132, 274
    bei <BASE>, **59**, 131, 269
    bei <FORM>, **63**, 132, 272
    bei <LINK>, 132, 269
<TBODY>, **120**, 273
tcl, 248
<TD>, 113, **113**, 115, **118**, 119, 273
teal Farbwert
    in CSS, 152
    in HTML, 26
TEXT
    Wert von
        TYPE Attribut, **64**, 65, 72, 281
TEXT Attribut
    bei <BODY>, **27**, 28, 269
text-align Eigenschaft, 170, 284

Index

text-bottom Wert
  bei vertical-align Eigenschaft, **170**, 284
text-decoration Eigenschaft, 168, 284
text-indent Eigenschaft, 171, 284
text-top Wert
  bei vertical-align Eigenschaft, **170**, 284
text-transform Eigenschaft, 168, 284
text/css
  Wert von
    TYPE Attribut, **144**, 281
<TEXTAREA>, 62, **64**, 72, 73, 201, 272
TEXTBOTTOM
  Wert von
    ALIGN Attribut, **108**, 277
<TEXTFLOW>, **247**, 275
TEXTMIDDLE
  Wert von
    ALIGN Attribut, **108**, 277
TEXTTOP
  Wert von
    ALIGN Attribut, **40**, **108**, 245, 277
<TFOOT>, **120**, 273
<TH>, 113, **113**, **118**, 273
<THEAD>, **120**, 273
thick Wert
  bei border-bottom-width Eigenschaft, **154**, 285
  bei border-left-width Eigenschaft, **154**, 285
  bei border-right-width Eigenschaft, **154**, 285
  bei border-top-width Eigenschaft, **154**, 285
  bei border-width Eigenschaft, **154**, 285
thin Wert
  bei border-bottom-width Eigenschaft, **154**, 285
  bei border-left-width Eigenschaft, **154**, 285
  bei border-right-width Eigenschaft, **154**, 285
  bei border-top-width Eigenschaft, **154**, 285
  bei border-width Eigenschaft, **154**, 285

<TITLE>, **14**, 16, 190, 222, 269
TITLE Attribut, **15**
  bei <A>, **56**, **58**, 275
  bei <LINK>, **18**, 19, **144**, 269
Title: HTTP-Header, **190**
TO Attribut
  bei <TAB>, **46**, 270
TOP
  Wert von
    ALIGN Attribut, 40, **40**, 47, 69, 72, **121**, **122**, 245, 277
    VALIGN Attribut, **115**, **117**, **118**, **121**, 282
TOP Attribut
  bei <ILAYER>, **138**, 275
  bei <LAYER>, **138**, 275
top
  Wert von
    REL Attribut, 18, 280
    REV Attribut, 18, 280
top Eigenschaft, 157, 285
top Wert
  bei background-position Eigenschaft, **162**, 284
  bei vertical-align Eigenschaft, **170**, 284
TOPMARGIN Attribut
  bei <BODY>, **28**, 269
<TR>, 113, **113**, **115**, **117**, 119, 273
transparent Wert
  bei background-color Eigenschaft, **161**, 283
troff, 218
TRUE
  Wert von
    HIDDEN Attribut, 105, 278
    INFLOW Attribut, **137**, 279
<TT>, 11, 32, **32**, 223, 270
TU-Berlin, 2, 59, 234
TYPE Attribut
  bei <BUTTON>, **70**, 273
  bei <EMBED>, 106, 275
  bei <INPUT>, **64**, 65, 66, **68**, 69, 72, **74**, **75**, 226, 272
  bei <LI>, **51**, 272
  bei <LINK>, **144**, 269
  bei <OBJECT>, 109, 275
  bei <OL>, **51**, 52, 172, 272
  bei <SCRIPT>, **249**, 275
  bei <SPACER>, **46**, 270
  bei <STYLE>, **144**, 274
  bei <UL>, **51**, 172, 272

Index

TYPE Attribut
    bei <PARAM>, **111**, 275

U

<U>, **33**, 270
Überschriften, 50, 228, 231
<UL>, **49**, 50, 172, 272
Umlaute, *siehe* Sonderzeichen
underline Wert
    bei letter-spacing Eigenschaft, 284
    bei text-decoration Eigenschaft, **168**, 284
Uniform Resource Locator, *siehe* URL
UNITS Attribut
    bei <EMBED>, 105, 275
Unix, 2, 36, 206, 208, 211
upper-alpha Wert
    bei list-style-type Eigenschaft, **172**, 286
upper-roman Wert
    bei list-style-type Eigenschaft, **172**, 286
uppercase Wert
    bei text-transform Eigenschaft, **168**, 284
URI: HTTP-Header, 184, 185, 190, **190**
URL, **57**
    Wert von
        ACTION Attribut, **61**
        BACKGROUND Attribut, **22**
        BASE Attribut, **15**
        HREF Attribut, **56**
        SRC Attribut, **39**, **69**
USEMAP Attribut
    bei <IMG>, **100**, 274
    bei <OBJECT>, 110, 275
User-Agent: HTTP-Header, **182**, 188, 198

V

VALIGN Attribut
    bei <CAPTION>, **117**, 274
    bei <COL>, **122**, 274
    bei <COLGROUP>, **121**, 274
    bei <TABLE>, **115**, 273
    bei <TD>, **119**, 273
    bei <TH>, **119**, 273
    bei <THEAD>, **121**, 273
    bei <TR>, **118**, 273

VALUE Attribut, **72**
    bei <BUTTON>, **70**, 273
    bei <INPUT>, **64**, 66, 67, **68**, **69**, 272
    bei <LI>, **52**, 272
    bei <OPTION>, **67**, 272
    bei <PARAM>, **111**, 247, 275
    bei <TEXTAREA>, **64**, 273
VALUETYPE Attribut
    bei <PARAM>, **111**, 275
<VAR>, **37**, 271
VBScript, 248, 255
VBScript
    Wert von
        LANGUAGE Attribut, **249**, 279
VERTICAL
    Wert von
        TYPE Attribut, **46**, 281
vertical-align Eigenschaft, 170, 284
Virtual Reality, 256
VISIBILITY Attribut
    bei <ILAYER>, **140**, 275
    bei <LAYER>, **140**, 160, 275
visibility Eigenschaft, 160, 286
visible Wert
    bei visibility Eigenschaft, **160**, 286
VLINK Attribut
    bei <BODY>, **28**, 151, 232, 269
VOID
    Wert von
        FRAME Attribut, 123, 278
VRML, **256–258**
VSIDES
    Wert von
        FRAME Attribut, 123, 278
VSPACE Attribut
    bei <APPLET>, 245, 275
    bei <IMG>, **41**, 274
    bei <MARQUEE>, **47**, 270
    bei <OBJECT>, 108, 275

W

W3-Konsortium, 3, 5, 39, 103, 106, 208, 234
W3-Organisation, 3
W3C, *siehe* W3-Konsortium
WARNING
    Wert von
        CLASS Attribut, **60**, 277
        ROLE Attribut, **60**, 280
<WBR>, **44**, 270

Index

Web Hotspots, 98
WebSpace, 257
white Farbwert
    in CSS, 152
    in HTML, 26
white-space Eigenschaft, 169, 284
WIDTH Attribut
    bei `<APPLET>`, 245, 275
    bei `<COL>`, **122**, 274
    bei `<COLGROUP>`, **121**, 274
    bei `<EMBED>`, 105, 107, 275
    bei `<HR>`, 43, **43**, 271
    bei `<IFRAME>`, **135**, 275
    bei `<ILAYER>`, **138**, 275
    bei `<IMG>`, **41**, 90, 105, **226**, 274
    bei `<LAYER>`, **138**, 275
    bei `<MARQUEE>`, **47**, 270
    bei `<MULTICOL>`, **53**, 272
    bei `<OBJECT>`, 107, 275
    bei `<PRE>`, **55**, 271
    bei `<SPACER>`, **47**, 270
    bei `<TABLE>`, **114**, 273
width Eigenschaft, 153, 285
Windows 95, *siehe* Microsoft Windows
Windows NT, 234
Word Perfect, 218
word-spacing Eigenschaft, 167, 284
WRAP Attribut
    bei `<TEXTAREA>`, **65**, 273
WWW-Authenticate: HTTP-Header, 186, **188**

X

X-...: HTTP-Header, **177**, **190**
x-large Wert
    bei font-size Eigenschaft, **166**, 283
x-small Wert
    bei font-size Eigenschaft, **166**, 283
X-Windows, 1, 2, 26, 99, 182, 208, 234
XML, **253**–**254**, 255
XMosaic, *siehe* Mosaic, 6
`<XMP>`, 55, 271
xx-large Wert
    bei font-size Eigenschaft, **166**, 283
xx-small Wert
    bei font-size Eigenschaft, **166**, 283

Y

yellow Farbwert
    in CSS, 152
    in HTML, 26
YES
    Wert von
        FRAMEBORDER Attribut, **130**, 278
        SCROLLING Attribut, **131**, 280

Z

Z-INDEX Attribut
    bei `<ILAYER>`, **140**, 275
    bei `<LAYER>`, **140**, 160, 275
z-index Eigenschaft, 160, 286